Edizioni PensareDiverso.
Collana Cenacolo Jung Pauli.

Metafisica della non-località.

Bruno Del Medico

Non-località quantistica, entanglement e fenomeni psichici

Una giustificazione scientifica delle realtà paranormali?

Sommario.

Sommario. 5

Introduzione. 12

Capitolo 1. La località nella fisica classica. 14

Definizione del concetto di località in fisica. 15

Teorie contrastanti. 19
Contesto culturale e impatto storico. 21
Dalla località alla non-località. 23
Influenza dei concetti filosofici e metafisici. 23
Personaggi notevoli e collegamenti culturali 25
Concetti fondamentali e origine storica. 30
Il principio di separabilità di Einstein e la fisica classica. 34

Meccanica classica 36

Principi fondamentali e modelli. 36
Una teoria alquanto presuntuosa. 37
Torniamo a una visione rassicurante e ordinata. 39
Il ruolo della località nell'interpretazione meccanicistica. 42

Relatività e località. 45

La relatività ristretta di Einstein. 45
La relatività generale e la curvatura dello spazio-tempo... 50

Sfide alla località nella fisica classica. 55

Teorie emergenti e limiti della località. 55

Capitolo 2. La non-località quantistica. **59**

Introduzione alla Meccanica Quantistica. **60**

I paradigmi controintuitivi della meccanica quantistica. ... 60
Principi fondamentali e postulati della fisica quantistica. . 65
Fenomeni quantistici e differenze con la fisica classica. 67

L'entanglement quantistico. **70**

Introduzione all'entanglement quantistico. 70
Interconnessione profonda e immediatezza. 75
Ricerca attuale e sviluppi teorici. 75
Applicazioni nella tecnologia. 79
Domande e sfide aperte. 87
Intuizione e scoperta dell'entanglement quantistico. 94
Il paradosso EPR (Einstein-Podolsky-Rosen). 94

Altri fenomeni di non-località. **98**

Collegamenti culturali e il fascino della non-località 98
L'effetto Aharonov-Bohm. La distanza è relativa. 102
L'Effetto Casimir. Forze che nascono dal vuoto quantistico.
.... 104
L'Effetto tunnel e l'interferenza quantistica. 106
Teoria dei campi quantistici e non-località. 108

Capitolo 3. Localismo e non-località. *111*

Confronto di principi. **112**

*Località fisica e non-località. Differenze teoriche
fondamentali.* 112
*Impossibilità di simultaneità e implicazioni sui principi di
causalità.* 113

Modelli interpretativi **116**

Interpretazioni e protagonisti: *116*
Importanza dei modelli interpretativi nell'economia della non-località *120*
L'Interpretazione di Copenaghen. *122*
L'Interpretazione a molti mondi. *127*
L'interpretazione Bohmiana. *131*
L'interpretazione a storie consistenti di Gell-Mann e Hartle. *135*
Una visione alternativa delle realtà non fisiche e paranormali. *136*
Realismo locale e realismo non-locale. *143*

Capitolo 4. Le prove della non-località **145**

Teoria della non-località **146**

Equazioni fondamentali e soluzioni tipiche. *146*

Esperimenti storici e moderni. **148**

Capitolo 5. Implicazioni metafisiche e filosofiche. ... **153**

Rivisitazione dei fondamenti metafisici **154**

Metafisica applicata al campo quantistico: *155*
L'effetto del vuoto quantistico. *156*
La non-località e il concetto di "realtà". *157*
L'impatto della non-località sulle teorie dell'ontologia... *165*
Cogliere l'invisibile. Metafisica o semplicemente fisica? *168*
L'effetto Zeno. *169*

Coscienza e non-località **171**

Ipotesi sulla connessione tra mente e fenomeni quantistici. *172*
Carl Jung e le sue audaci intuizioni. *173*

Etica e non-località...**183**

Possibili cambiamenti nelle concezioni etiche moderne. . 184

Prospettive filosofiche......................................**187**

Come la non-località ridefinisce la comprensione dell'universo. *187*

Capitolo 6. Un approccio diverso al paranormale. .. *189*

Introduzione ai fenomeni paranormali...........................**190**

Un dialogo tra fisica e mistero. *190*
Annullare il concetto di tempo. *191*
Archibald Wheeler. fino a che punto le nostre decisioni nel presente possono influenzare il passato? *192*
Definizione e storia dei fenomeni paranormali. *196*
Analisi storica: dai miti antichi allo spiritismo dell'Ottocento. *199*
Classificazione dei fenomeni: telepatia, chiaroveggenza, psicocinesi, euforie religiose. *202*

Scienza e paranormale: un vecchio conflitto **207**

Incapacità delle scienze classiche di spiegare il paranormale. *209*
Il crollo della visione deterministica della fisica classica. 212
La non-località. Una sfida alla causalità. *213*
Rivisitare i fenomeni paranormali alla luce della non-località. *213*
Connessioni istantanee a distanze infinite. *215*

Interpretazioni quantistiche dei fenomeni paranormali. **217**

Telepatia ed entanglement mentale......................**220**

Proposte teoriche. Connessioni tra mente e materia attraverso l'entanglement. 223
Studi e sperimentazioni: risultati e criticità. 227
Gli studi di Joseph Banks Rhine. 230
Risultati e criticità. 233

Psicocinesi. La mente che influenza la materia. 235

Psicocinesi e non-località. Un amalgama controverso. ... 235
Un dialogo infinito tra : scienza e cultura. 236
"Ubik" e l'influenza della mente sulla realtà, ... 238
Le tre stigmate di Palmer Eldritch. 240
Carl Jung e il concetto di sincronicità. 241
Spostamento degli oggetti. Il poltergeist. 244
La mente come potente agente trasformativo nel buddismo e nel taoismo. 249
Ciò che è, e ciò che potrebbe essere. 250
Esperimenti e modelli interpretativi nella meccanica quantistica. 251
La profezia autoavverante" di William Thomas. 255
Il tunneling quantistico. 256
La "psico-navigazione" e il controllo mentale. 258

Premonizioni e visioni del futuro. 260

Voci dal passato. 260
Le "coincidenze significative" e la sincronicità di Carl Jung. 263
Il sogno come visione del futuro. 269
Il presente e il futuro dei misteri quantistici. 271

Predestinazione 274

Potere di guarigione. 277

Il potere della preghiera. 277
Il potere della mente. 282

L'auto-guarigione. 284
Connessioni tra la non-località e potere di guarigione.... 287
Risonanze scientifiche e culturali. 292
La preghiera ha un potere non-locale? 292

La potenza del pensiero. 295

I poteri paranormali sono poteri di non-località? 301

Opere che hanno influenzato il pensiero contemporaneo. 303

Dean Radin e "The Conscious Universe". 303
Fritjof Capra e il "Il Tao della fisica". 305
Lynne McTaggart, e "The Field". 307
Fred Alan Wolf e "Taking the Quantum Leap". 309

Il Velo di Maya. 314

La non-località quantistica e il Velo di Maya. 315

Una critica costruttiva. 318

Limiti empirici e teorici. 318
Carl Jung e Wolfgang Pauli. 319
Dubbi, errori e distorsioni comuni nella letteratura corrente. 323

La necessità di un nuovo paradigma. 325

Possibili integrazioni e sintesi di conoscenza. 328
Il ruolo degli scettici. 329
Implicazioni filosofiche e sociali. 330

Cambiamenti nella percezione della realtà. 334

L'effetto sui movimenti spirituali e religiosi. 336

Risonanze con le visioni cosmologiche orientali. *338*
Rinascita della spiritualità nell'epoca della scienza. *339*

Verso un nuovo rinascimento del sapere. **341**

La costruzione di una scienza più inclusiva. *344*

Verso una nuova epistemologia. **346**

Che cos'è la conoscenza? *348*
Come si acquisisce la conoscenza? *350*
Quali sono i limiti della conoscenza? *353*
Quando una credenza è giustificata? *354*
Qual è la natura della verità? *356*
Prospettive future e implicazioni per la conoscenza umana.
.... *358*

Bibliografia selezionata **360**

Bibliografia generale. **367**

Introduzione.

Nel regno della non-località quantistica si snodano le trame di una fisica che sfida l'intuito e mette in discussione le leggi della nostra comprensione tradizionale. È un dominio dove le meraviglie dell'entanglement sfidano la distanza e il tempo, tramutandosi in un enigma capace di scuotere le fondamenta dei nostri paradigmi scientifici e filosofici. La non-località quantistica solleva domande che si intrecciano con il reame del paranormale, suggerendo prospettive e parallelismi che, sebbene spesso racchiusi nella sfera del mistero, possono essere scrutati sotto una nuova luce concettuale e scientifica.

Questo libro nasce con l'intento di esplorare e delucidare i fondamenti di questa affascinante fenomenologia, iniziando con una chiara distinzione tra la nozione di località, emblematica della fisica classica, e il comportamento straordinario della non-località quantistica. Nella fisica classica, le interazioni tra oggetti avvengono in modo diretto, entro i confini dello spazio e del tempo: un approccio che rispetta rigorosamente il principio di separazione. In tale contesto, qualsiasi azione deve necessariamente avere luogo attraverso un qualche tipo di medium o tramite un'interazione misurabile. Tuttavia, la meccanica quantistica, fondata su un concetto probabilistico,, infrange tali limiti mostrando come particelle, una volta correlate, possano influenzarsi reciprocamente in modi che sfidano la separazione spaziale.

Nella seconda parte, il libro esplora le prove teoriche e sperimentali della non-località, attraverso gli esperimenti di Alain Aspect e il test di Bell, cruciali nel dimostrare che le predizioni quantistiche sono reali e verificabili. Tali esperimenti hanno costituito una pietra miliare nel cambiamento di paradigma da un universo deterministico a uno probabilistico, laddove le particelle, a distanze incommensurabili, condividono un legame più profondo, refrattario agli occhi esigenti del determinismo classico.

Le implicazioni fondamentali di questo approccio sono due. Da un lato, nasce la possibilità di ripensare il concetto di realtà, laddove la separazione non è più un vincolo invalicabile. Dall'altro lato si concretizza l'opportunità di interpretare sotto una nuova prospettiva i fenomeni in bilico tra la scienza riconosciuta e i margini del paranormale. Molti scienziati rinomati, come Dean Radin, psicologo e ricercatore della coscienza, suggeriscono che la non-località potrebbe spiegare esperienze quali la telepatia, la chiaroveggenza o persino la percezione extra-sensoriale, prestigiosi esempi di temi a lunga data associati al paranormale.

Il legame culturale e teorico tra fisica quantistica e il paranormale affonda le radici anche in figure come Erwin Schrödinger. Con il suo famoso paradosso del gatto, Schrödinger non solo propose un esperimento mentale che sfida la logica classica della simultaneità degli stati, ma avvicinò, seppur in modo ironico, la comunità scientifica a concetti che normalmente risiedono oltre il confine dell'ortodossia scientifica. Da qui nasce un campo fluido e dibattuto, un ponte controverso tra teorie scientifiche e credenze largamente popolari. Il libo esamina approfonditamente tutte le possibili connessioni. In conclusione, il testo guida il lettore lungo una strada che, mentre svela parti inesplorate dell'universo quantistico, ripercorre il sentiero degli interrogativi ontologici e filosofici sulla natura stessa della realtà e della coscienza. È una narrazione che si propone di far dialogare scienza e tradizioni, esperienza umana e matematiche teoriche, nella speranza di creare una tela intellettuale che esplori senza pregiudizi il potenziale della mente umana e della realtà in cui essa opera.

Capitolo 1. La località nella fisica classica.

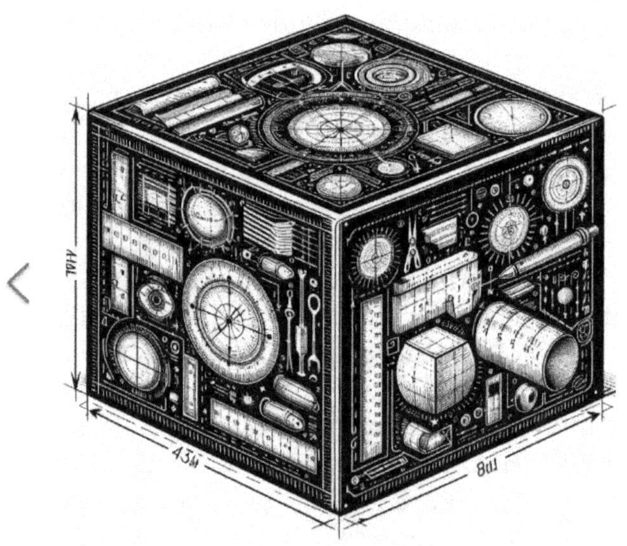

Definizione del concetto di località in fisica.

La non-località quantistica è un aspetto fondamentale della meccanica quantistica che sfida la nostra intuizione tradizionale. Questa nuova e sorprendente caratteristica della realtà apre una finestra su quello che potrebbe essere un nuovo rinascimento del sapere. Si tratta di un approccio che invita a esplorare una realtà più complessa e sfumata delle dimensioni fisiche e, perché no, anche delle dimensioni che oggi definiamo paranormali.

La nozione di località nella fisica classica rappresenta un concetto fondamentale che si ricollega alle idee di "causalità" e "interazione" tipiche del mondo fisico.

In termini semplici, località significa che gli oggetti influenzano direttamente le cose vicine nello spazio senza effetti immediati a distanza.

Nella fisica classica, il concetto di causalità si basa sull'idea che gli eventi nel mondo fisico avvengano secondo una sequenza temporale deterministica e lineare. Questo significa che ogni effetto ha una causa ben precisa che lo precede nel tempo, e che, date le condizioni iniziali di un sistema, è possibile prevedere il suo comportamento futuro con precisione.

Elementi chiave della causalità nella fisica classica.

Uno degli elementi chiave della causalità è il *determinismo*. La fisica classica, dominata dalle leggi di Newton, implica che, se si conoscono esattamente le condizioni iniziali di un sistema (ad esempio, posizione e velocità di tutti i corpi coinvolti), è possibile calcolare esattamente il corso futuro degli eventi. Questa prevedibilità è al cuore del determinismo classico.

Un altro elemento chiave è la *temporalità*. La causalità classica è temporalmente orientata. Le cause precedono temporaneamente gli effetti. Ad esempio, se un oggetto viene spinto (causa), esso inizia a muoversi (effetto) in un momento successivo alla spinta.

L'elemento chiave alla base degli argomenti di questo libro è la *località*. Secondo i principi della fisica classica, gli effetti devono avere cause che sono in qualche modo localmente collegate nel tempo e nello spazio. Non possono verificarsi azioni a distanza istantanee come quelle osservate nei fenomeni quantistici.

Infine, la *sequenzialità* prevede che eventi caotici o complessi nella fisica classica possono essere analizzati come sequenze di eventi più semplici e lineari. Questa visione consente di risolvere problemi usando un approccio passo-passo.

Un esempio illustrativo potrebbe essere quello di causare la caduta di un libro da un tavolo. Quando una mano spinge il libro, questo esercita una forza sul libro (causa) che avvia il suo movimento in discesa (effetto), seguendo le leggi del moto di Newton. La relazione causa-effetto in questo scenario è diretta e comprensibile.

Nella fisica classica, quindi, le leggi del moto di Newton, l'elettromagnetismo di Maxwell e la termodinamica sono tutte basate su relazioni causali definite e prevedibili. Questa comprensione della causalità ha dominato la scienza fino all'avvento della teoria della relatività e della meccanica quantistica, che hanno poi introdotto concetti più complessi e, a volte, controintuitivi.

Dunque, in fisica classica, la località afferma che un evento può influenzarne un altro solo attraverso eventi immediatamente adiacenti nel tempo e nello spazio. Questa idea è stata alla base delle teorie fisiche da Newton fino all'inizio del XX secolo, quando la meccanica quantistica ha cominciato a rivoluzionare il nostro modo di comprendere il mondo fisico. Per questo la fisica precedente alla scoperta dei fenomeni quantistici viene detta "fisica classica" o "fisica newtoniana".

Uno degli esempi più emblematici della località nella fisica classica è la legge di gravitazione universale di Isaac Newton. Secondo questa legge, ogni particella attrae ogni altra particella con una forza che è proporzionale al prodotto delle loro masse e inversamente proporzionale al quadrato della distanza tra i loro centri.

Newton e la forza di gravità.

Tuttavia, descrivendo la sua teoria, Newton ammetteva una sorta di "azione a distanza", una prospettiva che lui stesso trovava inquietante.

L'opera magistrale di Isaac Newton, "*Philosophiæ Naturalis Principia Mathematica*", ha posto le basi della fisica classica. Ma è interessante notare come Newton stesso, nonostante il rigore e la sistematicità delle sue teorie, si trovasse inquieto di fronte a uno dei principi chiave che ne emergeva: l'azione a distanza.

Nella teoria gravitazionale di Newton, due oggetti esercitano una forza l'uno sull'altro indipendentemente dalla distanza che li separa. Questa "azione a distanza" implicava una sorta di interazione senza contatto fisico diretto, (la gravità) un concetto che, per quanto oggi possa apparire ovvio, fu rivoluzionario e, al contempo, enigmatico. Newton stesso espresse il suo disagio in una lettera a Bentley (1692/93), affermando:

"Il fatto che una materia priva di qualunque sostanza solida possa agire a distanza su altra materia è per me assurdo. Non credo un uomo con una competente facoltà di pensiero possa mai accettarlo."

Eppure, questo fu solo l'inizio di un viaggio straordinario dalla fisica classica alle meraviglie della fisica quantistica. Nel XX secolo, la rivoluzione quantistica ha ampliato questo concetto, introducendo fenomeni come l'entanglement, dove due particelle, una volta correlate fisicamente, rimangono "collegate" anche se distanziate da anni luce. Albert Einstein descrisse questo concetto come "spooky action at a distance" (azione spettrale a distanza).

L'entanglement quantistico rappresenta una forma di negazione del principio di località (quindi, di non-località). Questo stimola il dibattito su realtà che sfidano i limiti del pensiero tradizionale, e ci porta inevitabilmente a considerare prospettive che vanno oltre il fisico. Molti scettici vedono nella non-località una suggestione per spiegare fenomeni paranormali come la telepatia o la precognizione, suggerendo che potrebbe esserci un livello di realtà in cui simili fenomeni possano essere studiati empiricamente piuttosto che relegati al regno del mistero.

Un esempio culturale significativo è la visione di Carlo Rovelli, uno dei protagonisti odierni della fisica teorica, che nei suoi scritti invita a vedere la realtà non come un edificio solido ma come una rete di eventi, una danza sfuggente e interconnessa. Questa visione risuona con la tradizione ermetica del rinascimento europeo, in cui l'universo era visto come un grande organismo vivente.

Questo nuovo rinascimento del sapere scientifico ci conduce inevitabilmente a un riconsiderare non solo le fondamenta delle nostre conoscenze fisiche ma anche linguaggi e metodologie che, fino a ieri, sembravano più appropriate per descrivere l'arte o la spiritualità che la scienza stessa. E proprio come nel rinascimento classico, dove l'interconnessione tra discipline diverse ha portato a un fiorire culturale senza precedenti, oggi abbiamo l'opportunità di rivisitare queste sinergie in chiave moderna.

In conclusione, la non-località diventa così non solo un fenomeno fisico quantistico, ma anche un simbolo di un mondo che ci invita a superare confini e limiti, a esplorare l'interconnettività delle nostre conoscenze e delle percezioni, in una ricerca che è tanto scientifica quanto filosofica. L'obiettivo è scoprire che forse, al di là del velo dell'apparente razionalità, c'è un universo ancora tutto da svelare.

Nonostante ciò, non dobbiamo dimenticare che la fisica newtoniana è prodigiosamente efficace nella pratica, come dimostrato dalla sua capacità di prevedere le orbite planetarie e altri fenomeni astronomici. Newton una volta dichiarò::

"Hypotheses non fingo," (Non faccio ipotesi) .

Egli si riferiva al fatto che era certo della sua interpretazioni relativa al meccanismo sottostante all'azione a distanza.

In sintesi, il concetto di località ha fornito le fondazioni su cui si sono costruite molte delle strutture del pensiero scientifico classico. Anche oggi è un tema centrale nel dibattito sul significato profondo della meccanica quantistica e delle implicazioni per le realtà più misteriose e poco comprese dell'universo che abitiamo.

Teorie contrastanti.

Nel cuore della fisica moderna, una delle concezioni più sconcertanti e affascinanti è quella della non-località quantistica. Questa idea, che invade il regno del microscopico come un vento di rivoluzione, ci invita a ripensare le nostre percezioni del mondo, evocando immagini di realtà non fisiche e paranormali. Lungi dall'essere un'assurdità metafisica, la non-località è una finestra aperta su possibilità che trascendono le leggi della fisica classica e ci avvicinano a un nuovo rinascimento del sapere.

Le teorie di Isaac Newton, basate sulla fisica classica, ci hanno regalato un'immagine del mondo precisa, meccanica, come un orologio immenso e perfettamente sincronizzato. Queste leggi si applicano estremamente bene alle esperienze quotidiane: il movimento dei pianeti, la caduta di una mela, le traiettorie dei proiettili. Tuttavia, con l'avvento del XX secolo, la fisica ha attraversato una delle sue epoche più tumultuose, segnando il passaggio dalla certezza classica alla probabilità quantistica. La fisica quantistica, incarnata dalla mente di geni come Albert Einstein e Niels Bohr, ci parla di una realtà sotto l'apparente solidità, in cui particelle subatomiche possono essere intrecciate a distanze cosmiche, un fenomeno che Einstein stesso definì, non senza un certo fastidio, "*azione spettrale a distanza*".

L'esperimento delle due fenditure, condotto per la prima volta alla fine del 1800, ci offre un esempio magistrale di questa ambiguità quantistica. Un elettrone, se viene osservato, si comporta come una particella e attraversa una fenditura. Ma, se l'elettrone non viene osservato, attraversa entrambe le fenditure simultaneamente, manifestandosi come un'onda. Questo comportamento duale è uno degli enigmi centrali che separano il mondo classico da quello quantistico.

Nonostante le loro apparenti incongruenze, le teorie newtoniane e quelle quantistiche coesistono in un equilibrio sorprendente. La fisica classica continua a essere straordinariamente efficace nelle dimensioni e velocità percepite dai nostri sensi, mentre la fisica quantistica si manifesta nel regno dell'infinitamente piccolo. Questa coesistenza non è solo utile ma necessaria, così come è utile continuare a leggere Tolstoj anche se oggi guardiamo i film di Christopher Nolan. Queste sono esperienze umane diverse ma ugualmente valide.

Affacciandoci alla finestra della non-località, emerge l'alba di una comprensione più profonda delle realtà non visibili. Dispositivi come il computer quantistico promettono di sfruttare queste proprietà per operazioni oggi inimmaginabili. La medicina, l'informatica, la criptografia potrebbero infatti evolvere in modi che oggi sembrano fantascienza, spinti da una conoscenza che esplora al di là dei nostri attuali confini mentali.

Nella cultura popolare, queste novità che abbracciano l'aspetto "paradigmatico" della fisica quantistica hanno trovato eco in opere varie, da "*Matrix*" con la sua domanda fondamentale sulla natura della realtà, a "*Doctor Strange*" che gioca con la flessibilità delle dimensioni e delle percezioni. Quest'esplorazione della non-località somiglia a quello che il filosofo tedesco Friedrich Schelling definì:

"Intimo bisogno di unificazione dell'Io con il Tutto",

offrendo una comprensione alternativa di fenomeni naturali e paranormali, forse componendo un nuovo mosaico in cui ciò che era invisibile comincia a rivelarsi.

In definitiva, il regno della non-località quantistica ci offre uno sguardo verso uno straordinario rinascimento del sapere, riportandoci allo stupore delle meraviglie dell'universo. La scienza non smette di invitare alla curiosità e alla scoperta, dimostrando che anche le domande più inveterate sulla realtà restano una frontiera aperta, in attesa di essere, un giorno, esplorate pienamente.

Contesto culturale e impatto storico.

La fiducia nella località è radicata in una visione del mondo che cerca l'ordine e la prevedibilità. La rivoluzione scientifica, che Newton stesso contribuì ad alimentare, ha generato una visione meccanicistica dell'universo: il mondo come un grande orologio, in cui ogni parte si muove secondo leggi precise e calcolabili. In ciò viene incluso l'assunto che le influenze si propagano attraverso il contatto diretto o, al massimo, attraverso campi mediatori come il campo gravitazionale o il campo elettromagnetico.

Nel cuore della fisica classica, la nozione di località emerge come una chiave di volta nella comprensione dell'universo come una macchina ben oliata. Questo principio ha radici profonde che affondano nella cultura e nella storia della scienza occidentale, e la sua influenza si estende ben oltre i confini della fisica stessa, permeando anche il nostro modo di concepire la realtà e la causalità.

La rivoluzione meccanicistica di Newton.

Nel XVII secolo, la rivoluzione scientifica mise in moto una trasformazione radicale del pensiero umano, puntellata dalle geniali intuizioni di Isaac Newton. Con la pubblicazione dei suoi "*Principia Mathematica*" nel 1687, Newton inaugurò una nuova era, quella dell'universo meccanicistico. La sua legge di gravitazione universale, secondo la quale ogni massa nell'universo attrae ogni altra massa con una forza proporzionale al loro prodotto e inversamente proporzionale al quadrato della loro distanza, divenne un emblema della località.

Newton vedeva l'universo come un gigantesco orologio, nel quale ogni ingranaggio muoveva l'altro in modo prevedibile e calcolabile. Newton sottolineava che il suo compito era di descrivere come l'universo funzionasse, non perché lo facesse. Nonostante questa avversione per la troppa speculazione, l'idea di un'azione a distanza nella sua legge gravitazionale lo lasciava perplesso perché rivelava uno dei primi segnali di tensione entro un sistema che richiedeva la località come elemento rigorosamente necessario per il suo buon funzionamento. La fiducia nella località rispecchiava un desiderio più ampio e intrinsecamente umano di ordine e prevedibilità, valori che la scienza occidentale ha lungamente abbracciato. Nel corso dei secoli, la visione del mondo proposta da Newton ha consentito di interpretare fenomeni naturali e tecnologici sotto una luce di rigore e certezza. Da Galileo a Maxwell, la fisica classica dipingeva un quadro del cosmo dotato di regolarità impeccabile, dove le interazioni erano mediate da forze ben comprese, come il campo elettromagnetico formalizzato da James Clerk Maxwell nel XIX secolo.

Questa visione meccanicistica ispirò generazioni di scienziati e pensatori. Ad esempio, i contributi di Pierre-Simon Laplace nel XVIII secolo offrirono una visione deterministica perfettamente allineata a quella di Newton. Laplace immaginava un universo dove, conoscendo la posizione e la velocità di ogni particella, un "demone" onnisciente avrebbe potuto prevedere ogni futuro stato del cosmo. Questa fiducia estrema nella prevedibilità e nella località permeò la cultura del tempo, incoraggiando un'era di progresso tecnologico e approfondimenti scientifici.

Dalla località alla non-località.

Nonostante l'efficacia della località nella fisica classica, essa è stata un concetto soggetto a discussione e modifiche significative con l'avvento della fisica moderna. Albert Einstein, pur accettando la località nella teoria della relatività, contribuì con la sua critica a dissociare questa visione nella meccanica quantistica.

Alla fine del XIX secolo e l'inizio del XX, con l'emergere della teoria della relatività di Albert Einstein assieme ala teoria della meccanica quantistica, cominciò a incrinarsi la roccaforte della località.

Einstein, benché iconico sostenitore della località, con il famoso aforisma "*Dio non gioca a dadi*", vide scomporsi il determinismo newtoniano alla luce delle nuove scoperte scientifiche. La non-località quantistica, che sfidava l'assunto di influenze limitate dal contatto diretto o da campi intermedi, aprì una discussione su realtà non fisiche e persino paranormali, offrendo una narrazione alternativa alla saga scientifica iniziata da Newton.

Influenza dei concetti filosofici e metafisici.

L'impatto del localismo fisico va oltre la fisica, affondando le radici nel pensiero filosofico. La dicotomia tra località e non-località riflette un dibattito tra il determinismo e l'idea che esistano interconnessioni più profonde nella natura della realtà. Filoni di pensiero metafisico, spesso visti come appartenenti alla cosiddetta "*Scienza patologica*" o esoterismo, interpretano la non-località quantistica come una sorta di "prova" per fenomeni paranormali o interconnessioni mentali, vedendo in essa un'apertura verso una realtà che sfida i dogmi materialistici e i dogmi scientifici tradizionali.

Nei vasti territori della fisica classica, la località ha sempre svolto un ruolo centrale. Definita in termini prettamente scientifici, essa postula che gli eventi fisici possono influenzarsi solo attraverso interazioni dirette, limitate nel tempo e nello spazio. Questo concetto ha supportato, per secoli, una visione deterministica della realtà, dove ogni effetto segue inesorabilmente la sua causa secondo regole immutabili.

Tuttavia, la nozione di località non è rimasta confinata alle tabelle dei fisici. Ha affondato le sue radici in profondità nel pensiero filosofico, modellando un'immagine del mondo che ha abbracciato l'illuminismo e il razionalismo. Immanuel Kant, ad esempio, con le sue categorie della percezione e le leggi della causalità, ha contribuito a cementare l'idea che il mondo sia un'orchestrazione ordinata e prevedibile.

Eppure, in questa rigida cornice, sono emerse crepe intriganti. Le teorie che mettono in discussione la località, soprattutto alla luce della fisica quantistica, stanno spingendo i filosofi a riconsiderare ciò che sappiamo sulla natura della realtà. La dicotomia tra località e non-località rispecchia infatti un dibattito intramontabile tra determinismo e la possibilità di interconnessioni più profonde e inesplicabili.

Una delle figure che meglio incarna questo dibattito è Albert Einstein. Nonostante il suo contributo pionieristico alla fisica moderna attraverso la relatività, Einstein rimase profondamente scettico nei confronti dei fenomeni quantistici che sembravano sfidare la località. Con il famoso paradosso EPR (Einstein-Podolsky-Rosen), tentò di dimostrare che il mondo quantico doveva comunque rispettare le leggi del realismo locale. Tuttavia, esperimenti successivi, come quelli proposti da John

Bell, hanno dimostrato la possibilità dell'esistenza di un livello di non-località, svelando inaspettate profondità nelle quali gli effetti quantistici potrebbero manifestarsi senza un'interazione diretta.

Questo scossone alle fondamenta della fisica ha, a sua volta, alimentato il fervore filosofico e metafisico. Alcuni filoni di pensiero, spesso relegati al margine dell'accademia marchiandoli di esoterismo, si sono appropriati di queste idee per argomentare la possibilità di realtà parallele e fenomeni paranormali. La non-località quantistica, quindi, non rappresenta solo una sfida per la fisica tradizionale, ma viene vista come un potenziale ponte verso un universo dove mente e materia sono inestricabilmente connessi.

Laddove le interpretazioni ortodosse della fisica vedono nella non-località solo un affascinante puzzle scientifico, voci più avventurose intravedono una validazione di antiche credenze mistiche. Sir Arthur Eddington, un astrofisico del secolo scorso, una volta affermò che:

> *"l'universo non solo è più strano di quanto immaginiamo, ma è più strano di quanto possiamo immaginare"*.

Questo riflette la crescente apertura verso le interpretazioni alternative del mondo quantistico che, per molti, annunciano una nuova era di "compatibilità" tra scienza e filosofia.

Infine, il crescente interesse culturale verso la non-località sottolinea un desiderio universale di oltrepassare i limiti del conosciuto, abbracciando una visione dell'universo che sia ricca di possibilità inedite. Un ponte tra la concretezza del determinismo classico e l'affascinante incognita dei legami invisibili che potrebbero ribaltare la nostra comprensione dell'esistenza stessa.

Personaggi notevoli e collegamenti culturali

La località fisica è stata messa alla prova da grandi fisici e pensatori non solo sul piano teorico, ma anche attraversando il confine verso la metafisica e oltre. Antoine Henri Becquerel, i Curie e Niels Bohr hanno lavorato su idee che richiedevano nuovi modi di pensare le interazioni distanti. Oppure prendiamo Erwin Schrödinger, che con il suo famoso "esperimento del gatto" suggerisce implicazioni sulla natura delle realtà quando località e non-località si intrecciano.

Questi pionieri non si sono limitati a rivoluzionare il mondo della fisica, ma hanno anche stimolato discussioni che valicano i confini della scienza, toccando le sponde della metafisica e del paranormale.

Nell'ultimo scorcio del XIX secolo, Antoine Henri Becquerel, attraverso le sue ricerche sui materiali fosforescenti, scoprì accidentalmente la radioattività, gettando le basi per un paradigma che interroga le nozioni di causalità e locale interazione. I Curie, con il loro instancabile lavoro su elementi come il radio e il polonio, portarono avanti la torcia di Becquerel. Marie Curie una volta disse:

"Nulla nella vita va temuto, tutto va compreso",

un chiaro invito a esplorare l'invisibile legame esistente tra le particelle a livello quantistico, che sembra non rispettare la distanza o il tempo in senso classico.

Trasportiamoci nei primi decenni del XX secolo, dove Niels Bohr con il suo modello atomico e il principio di complementarità estese la sfida alla località. Attraverso l'innovativa interpretazione della meccanica quantistica, Bohr sottolineò che gli stessi attributi fisici di un sistema quantistico dipendono dal tipo di misurazione eseguita, suggerendo un mondo in cui le proprietà degli oggetti non sono definite in modo assoluto fino a quando non vengono osservate. Questa visione, che si distacca dalla rigida causalità newtoniana, dove le cose esistono "a priori" e distintamente dalle altre cose, richiama in qualche modo le teorie olistiche della realtà, che vedono ogni parte di un sistema come interconnessa con il tutto.

E poi c'è Erwin Schrödinger, il cui famoso esperimento del "gatto", paradossale e intriso di umorismo intellettuale, continua a risuonare nella cultura popolare e scientifica. Immaginate un gatto chiuso in una scatola, insieme a un meccanismo letale attivato dal decadimento radioattivo. Finché la scatola rimane sigillata, il gatto si trova in uno stato indefinito di vita e/o morte. Solo l'osservazione, cioè l'apertura della scatola, determina la condizione del   gatto, cioè se   è vivo o morto. Questa paradossale esemplificazione sfida non solo la nostra comprensione della misurabilità della realtà su scala quantistica, ma intreccia la misura e l'osservazione alla coscienza, aprendo spazi per discutere connessioni con fenomeni paranormali, dove spesso esperienze soggettive sembrano slegarsi dai vincoli della realtà fisica tangibile.

La cultura non è rimasta indifferente a queste rivoluzioni scientifiche. La narrativa e la filosofia hanno abbracciato e adattato queste idee. Lo scrittore Jorge Luis Borges, ad esempio, ha esplorato concetti di realtà fluida e le multiple possibilità dell'essere, creazioni letterarie che riecheggiano le intuizioni quantistiche di probabilità e di stati non localizzati. Anche nel cinema, film come "Interstellar" o "The Matrix" giocano con le idee di realtà multiple e interconnesse, portando al grande pubblico una visione dell'universo che si avvicina a quelle che un tempo erano solo speculazioni audaci tra pensatori come Bohr e Schrödinger.

In sintesi, la sfida alla località nella fisica classica non solo ha trasformato la nostra comprensione dell'universo fisico, ma ha anche catalizzato una ricca conversazione culturale. Attraverso la lente della non-località quantistica, ci viene richiesto di ripensare la struttura della realtà stessa, invitandoci a esplorare una visione alternativa che celebra l'incerto, l'interconnesso e il misterioso.

Continuando a esplorare il concetto di località nella fisica classica e le sue ripercussioni filosofiche, occorre soffermarsi sul binomio tra la determinazione scientifica e il mistero delle interazioni a distanza. All'alba della fisica classica, il modello newtoniano regnava sovrano, sancendo che gli eventi fisici erano il risultato di interazioni che avvenivano localmente e che le forze si trasmettevano istantaneamente attraverso lo spazio, come se un filo invisibile tenesse tutto legato in un preciso, vasto ordito.

Questa concezione, seppur impeccabile nei suoi successi applicativi, ha suscitato dibattiti e curiosità che hanno trascinato scienziati e filosofi nei meandri della non-località. I pensatori del XVIII e XIX secolo, come Pierre-Simon Laplace, hanno portato all'estremo la predittività della fisica, immaginando un universo dove, se conosciuta la posizione e la velocità di ogni particella, il futuro sarebbe interamente calcolabile. Questa visione di un "universo orologio" ha avuto una profonda eco anche oltre i confini della scienza, influenzando dibattiti su libero arbitrio e predestinazione.

Nel XX secolo, tuttavia, l'emergere della teoria della relatività e della meccanica quantistica ha sfumato i confini di quella che sembrava un'inespugnabile fortezza dell'intuizione classica. Le teorie einsteiniane hanno riformulato il concetto di spazio e tempo, stabilendo un legame inscindibile tra loro e modificando la nostra comprensione della gravità. La relatività ha introdotto l'idea che nessuna informazione può viaggiare più velocemente della luce, ponendo un limite teorico alla trasmissione di cause ed effetti, sfidando così la percezione di azione immediata a distanza.

La meccanica quantistica, ancora più rivoluzionaria, con gli esperimenti di entanglement, ha dimostrato che due particelle, una volta correlate, possono mantenere una connessione istantanea indipendentemente dalla distanza che le separa. Questo fenomeno, contrariamente alla località classica, ha destabilizzato qualsiasi assunzione di predicibilità tradizionale, suggerendo universi in cui la probabilità e la connessione non locale aprono scenari affascinanti.

Nel regno della non-località quantistica, gli interrogativi sul confine tra il fisico e il metafisico sono ancor più consistenti, forzando le menti all'apertura verso una finestra di possibilità che abbracciano e rielaborano anche il paranormale. In questo modo, l'indagine sulle località classiche si trasforma in una riflessione sulla nostra incessante ricerca di comprendere l'invisibile, preservando la meraviglia di un universo che si dimostra incessantemente complesso e magnificamente misterioso.

Nel regno della fisica classica, la nozione di località rappresenta un pilastro fondamentale: le interazioni fisiche avvengono per contatto o attraverso un supporto mediatore che rispetta la contiguità spaziale. Questo principio, in linea con il determinismo classico, suggerisce che la posizione e lo stato di un oggetto in un dato momento sono determinabili con precisione dalle sue condizioni iniziali, garantendo così una prevedibilità inesorabile del comportamento della materia.

Tuttavia, la scoperta della meccanica quantistica e della relatività ha introdotto una tensione palpabile in questa visione rigida e localistica del mondo. L'avvento della relatività di Einstein, in particolare, ha rivoluzionato il concetto di simultaneità e ha integrato il tempo come una dimensione flessibile all'interno del tessuto spazio-temporale. La relatività ristruttura il concetto di interazione a distanza, indicando che nessuna informazione può viaggiare più veloce della luce, ponendo così un limite insormontabile che, paradossalmente, celebra ed al contempo sfida la località classica.

L'enigma diventa ancora più profondo con la meccanica quantistica, dove fenomeni come l'entanglement sembrano violare le leggi della località. Le particelle entangled, infatti, mostrano correlazioni che non possono essere spiegate dal tradizionale trasferimento di informazioni: una modifica nello stato di una particella provoca un cambiamento istantaneo nello stato della sua controparte, indipendentemente dalla distanza che le separa. Questo fenomeno ha messo in discussione la concezione di spazio e tempo.

Queste rivelazioni hanno innescato un dibattito acceso, che si dipana oltre le aule accademiche fino a toccare le sponde della filosofia e della metafisica. Se la natura ultima della realtà include elementi non-locali, cosa significa questo per il nostro concetto di causalità? E, in un contesto più ampio, come incide questa comprensione sulla nostra percezione della realtà stessa e sui fenomeni che trascendono la spiegazione scientifica convenzionale?

Dalla cosmologia all'epistemologia, passando per il pensiero metafisico, la collusione e l'intreccio tra località e non-località stimolano un terreno fertile per l'esplorazione intellettuale. Filosofi e fisici continuano a interrogarsi sulle implicazioni di una realtà non locale, aprendo porte a visioni alternative che intrecciano scienza, filosofia e persino angoli più eterei del pensiero umano. Questo dibattito rimane una delle questioni più affascinanti e provocatorie del nostro tempo, invitandoci a ripensare le fondamenta delle nostre credenze su cosa costituisca realmente il "reale".

Concetti fondamentali e origine storica.

Il concetto di località in fisica classica affonda le sue radici in un'epoca di idee illuminate, quando il mondo sembrava dispiegarsi con chiarezza meccanica davanti ai nostri occhi. Era il 1687 quando Isaac Newton presentò al mondo il suo *"Philosophiæ Naturalis Principia Mathematica"*, un'opera monumentale che stabilì un fondamentale senso di ordine nel cosmo. Durante il periodo di Newton, l'idea di località implicava che un oggetto potesse influenzare solo altri oggetti nelle sue immediate vicinanze, assicurando una catena di eventi ben definita e tangibile.

Tuttavia, anche Newton trovava problematico l'approccio all'azione a distanza nella sua stessa teoria della gravitazione universale. Sebbene descritta matematicamente con una precisione sbalorditiva, la gravità rimaneva una forza che agiva senza un mezzo visibile, sollevando interrogativi sulla sua conformità al concetto di località.

Questa visione ce la portiamo ancora oggi: un mondo meccanicista, concepito come un gigantesco orologio, in cui ogni rotella e ingranaggio trascina gli altri entro uno schema perfettamente ordinato. Pierre-Simon Laplace, figura di spicco di questo pensiero deterministico, immaginò un'intelligenza onnisciente in grado di prevedere il futuro grazie alla conoscenza perfetta del presente.

""Seppure questa realtà fosse vasta, sarebbe possibile calcolare con un singolo insieme di formule il passato e il futuro."

Il localismo fisico serviva dunque come baluardo della conoscenza, emblematico di un'epoca che desiderava prevedibilità e causalità. Il mondo classico offriva un universo comprensibile, un universo in cui la chiarezza razionale dominava l'ambiguità.

Ma la storia non si ferma, ed è alle porte del ventesimo secolo che la non-località fa il suo ingresso tumultuoso nella fisica. Mentre la meccanica quantistica inizia a battere i primi e secchi colpi sul cielo sereno della fisica classica, si schiude una nuova era. Una realtà molto più complessa e misteriosa di quanto Newton e Laplace potessero mai immaginare iniziava a emergere.

Eppure, per loro e per il mondo intero all'epoca, il concetto di località aveva instillato un senso di sicurezza e ordine. Era un tempo in cui l'universo era addomesticato dalle leggi stesse che stavano emergendo dal pensiero scientifico: previsioni che abbracciavano una struttura formale, simile a un passo di danza su spartiti d'inalterabile simmetria.

Attraverso la lente della storia, si può dunque apprezzare quanto stesse avvenendo: la transizione da un mondo classico, locale e deterministico a un universo in cui le certezze sono messe in discussione e dove anche l'azione a distanza è più di una mera questione metaforica. Per comprendere appieno il fascino odierno per la non-località quantistica, dobbiamo fare i conti con queste radici classiche, fondamenta di un lungo e appassionante viaggio scientifico e filosofico.

Mentre l'arazzo della fisica classica si dispiegava nel corso dei secoli, il principio fondamentale della località divenne un perno nella nostra comprensione dell'universo. La località afferma che gli oggetti sono influenzati direttamente solo dai loro immediati dintorni. Questo principio sembrava inattaccabile fino al XX secolo, quando l'avvento della meccanica quantistica ne mise in discussione le fondamenta.

Il concetto di non-località fu inizialmente accolto con scetticismo, poiché sembrava in contrasto con l'universo deterministico e meccanicistico immaginato da Newton e articolato da Laplace. Tuttavia, gli esperimenti pionieristici e le intuizioni di fisici come Einstein, Bohr e Schrödinger rivelarono crepe nell'edificio classico. Il disagio di Einstein con la non-località quantistica, notoriamente definita "*azione spettrale a distanza*", evidenziò il difficile matrimonio tra relatività e teoria quantistica. Einstein, insieme a Podolsky e Rosen, formulò il paradosso EPR, chiedendosi se la meccanica quantistica potesse fornire una descrizione completa della realtà. I tre scienziati intuirono che le particelle potessero essere aggrovigliate in modo tale che lo stato di una influenzasse istantaneamente lo stato di un'altra, indipendentemente dalla distanza e ne furono spaventati. Sarebbe stato un inquietante allontanamento dalla località classica.

Secondo EPR, il fatto che le particelle potessero influenzarsi a distanza oltrepassando i limiti della velocità della luce indicava chiaramente che la teoria era fondata su presupposti sbagliati, individuati in ipotetiche "variabili nascoste"

Il teorema di John Bell, formulato nel 1964, fornì la base matematica per testare i presupposti della teoria. Le sue "disuguaglianze" postulavano che, se variabili nascoste locali governassero la realtà, certe correlazioni statistiche previste dalla meccanica quantistica non si verificherebbero. Successivi esperimenti di Alain Aspect e altri confermarono le previsioni quantistiche, rafforzando la nozione controintuitiva di entanglement quantistico. Questi risultati suggerirono che l'universo potrebbe essere profondamente interconnesso, con particelle distanti che condividono istantaneamente informazioni, una realizzazione con ramificazioni sia filosofiche che tecnologiche.

Le implicazioni filosofiche della non-località si estendono a domande sulla natura della realtà stessa. Il nostro intuitivo "senso di separazione" maschera un ordine più profondo e interconnesso? In termini metafisici, la non-località allude a realtà che vanno oltre la nostra percezione immediata, alimentando discussioni sul transpersonale e sul paranormale. Questi fenomeni, spesso relegati ai margini dell'indagine scientifica, potrebbero trovare una spiegazione nel quadro dell'entanglement quantistico?

Questo dibattito non solo riformula la nostra visione scientifica del mondo, ma sfida anche l'approccio riduzionista che ha dominato il pensiero occidentale per secoli. Mentre la fisica classica abbracciava un universo disincantato, in cui ogni evento poteva essere ricondotto a una causa ed effetto specifici, la non-località invita a riconsiderare le prospettive antiche che enfatizzano l'interconnessione e l'esistenza di una realtà olistica.

Negli ultimi anni, le applicazioni della non-località si sono spostate dalle riflessioni teoriche alle tecnologie pratiche, come l'informatica quantistica e i metodi di comunicazione sicuri che utilizzano la crittografia quantistica. Queste tecnologie sfruttano gli stati entangled per eseguire calcoli che sarebbero irrealizzabili per le macchine classiche. Pertanto, l'eredità della non-località è duplice: approfondisce il nostro apprezzamento dei misteriosi meccanismi dell'universo e semina lo sviluppo di tecnologie trasformative, potenzialmente rimodellando l'interazione umana con il mondo fisico.

Mentre la scienza continua a svelare l'enigmatico tessuto della realtà, il dialogo tra la località classica e la non-località quantistica rimane fondamentale, una testimonianza della ricerca dell'umanità per comprendere il cosmo in tutta la sua complessa grandezza.

Il principio di separabilità di Einstein e la fisica classica.

Nel cuore del dibattito sulla località della fisica classica e sul suo confronto con le affascinanti sfide della meccanica quantistica, troviamo il principio di separabilità di Einstein. Fondamentale nella costruzione della fisica moderna, questo principio è stato messo alla prova dai misteri che la fisica quantistica continua a rivelare.

Il principio di separabilità, come proposto da Albert Einstein, si basa sull'idea che gli oggetti fisici distanti dovrebbero esistere indipendentemente e funzionare in modo separato. Questo pensiero si allinea perfettamente con il concetto di località nella fisica classica, che sostiene che un oggetto può influenzare altri oggetti solo attraverso interazioni locali. La teoria gravitazionale di Newton, ad esempio, pur avendo destato la sua stessa perplessità per il concetto di "azione a distanza", rimane un pilastro in cui le forze si trasmettono attraverso un mezzo quantificabile, rispettando apparentemente le leggi della località.

Ma il significato e il fascino del principio di separabilità di Einstein non si fermano qui. Durante la sua carriera, Einstein cercò di opporsi fermamente all'idea che la meccanica quantistica potesse infrangere questo principio attraverso fenomeni apparentemente inspiegabili, come l'entanglement. Nel famoso paradosso EPR (Einstein-Podolsky-Rosen), Einstein, insieme ai suoi colleghi, sollevò rilevanti obiezioni al modello quantistico, chiedendosi se la fisica quantistica fosse davvero una descrizione completa della realtà. "*Dio non gioca a dadi*", sostenne Einstein, riferendosi alla natura probabilistica ed indeterministica della meccanica quantistica, una visione che contrastava nettamente con il determinismo rassicurante della fisica classica.

È interessante notare come questo principio possa essere visto non solo come un baluardo della fisica classica, ma anche come una finestra aperta su discussioni che vanno oltre la scienza, toccando le corde culturali e filosofiche della nostra comprensione del reale. Il dibattito su separabilità e non-località viene infatti spesso richiamato dai sostenitori di realtà non fisiche e paranormali, che vedono in queste sfide alla fisica tradizionale una legittimazione delle proprie esperienze o credenze.

Einstein, con la sua incrollabile fede nel cosmo ordinato e intelligibile, rappresenta un punto fermo della cultura scientifica del suo tempo e oltre. La sua testarda difesa del principio di separabilità potrebbe essere vista come una dichiarazione d'amore per un universo che, sebbene vasto e complesso, non cessa di essere un ente logico e coerente. Eppure, la crescente accettazione di concetti quantistici come l'entanglement, oggi inevitabili protagonisti delle discussioni sulla natura ultima della realtà, ci invita a riconsiderare i confini tra scienza e filosofia, tra fisico e metafisico, sfidandoci ad accettare una comprensione potenzialmente più ampia e sfumata.

In definitiva, la storia del principio di separabilità di Einstein non è solo una narrazione scientifica, ma un viaggio attraverso il pensiero umano, il desiderio di comprendere l'universo e la costante tensione tra ciò che conosciamo e ciò che è ancora da esplorare.

Meccanica classica.

Principi fondamentali e modelli.

Nell'affascinante mondo della fisica, la distinzione tra località e non-località gioca un ruolo cruciale nel delineare le differenze tra la fisica classica e quella quantistica. Mentre oggi ci troviamo immersi nel mistero delle interconnessioni quantistiche, la meccanica classica rappresenta tuttora un pilastro fondamentale della scienza moderna, con princìpi che hanno modellato il nostro modo di comprendere l'universo.

La meccanica classica, formulata in maniera compiuta da Isaac Newton nel suo celebre "Philosophiæ Naturalis Principia Mathematica" del 1687, è il teatro in cui la località fisica gioca il ruolo del protagonista. In questo paradigma, l'universo è visto come un enorme orologio, un meccanismo perfettamente regolato dove ogni ingranaggio, oggetto, e particella interagisce con il suo immediato intorno attraverso forze definite e localizzate.

Per Newton, sebbene il suo principio di gravità sembrasse presentare un'azione a distanza, la struttura della meccanica classica presuppone un ordine locale. Le leggi del moto di Newton dipendono dalla condizione iniziale degli oggetti che descrivono, e qualsiasi alterazione nelle forze applicate immediatamente influenza il loro comportamento prevedibile.

Un aneddoto significativo della fisica classica è l'immagine evocata dal cosiddetto "Demone di Laplace". Pierre-Simon Laplace, un grande successore del pensiero newtoniano, immaginò un'entità in grado di conoscere tutte le posizioni e velocità delle particelle dell'universo in un dato momento. Con questa informazione, sosteneva Laplace, sarebbe stato possibile prevedere il futuro con assoluta precisione, un incubo deterministico e un tributo alla località fisica che domina nell'ordine classico.

Una teoria alquanto presuntuosa.

Quando, nel 1796, l'astronomo Laplace presentò a Napoleone Bonaparte la sua grande opera *Mécanique Céleste* sul funzionamento dell'universo l'imperatore gli chiese come mai non avesse citato l'intevento di Dio nella creazione. Laplace rispose che non ne aveva sentito il bisogno, perché tutto l'universo funzionava benissimo anche senza Dio.

In effetti, Laplace aveva una grandissima fiducia nelle leggi della fisica detta "deterministica". Per esempio, quando si imprime un colpo a una palla sul tavolo da biliardo, è possibile conoscere esattamente tutte le variabili del colpo (peso della palla, forza applicata, dimensioni del tavolo ecc.). Di conseguenza, è possibile calcolare esattamente il percorso della palla, dove andrà a colpire, che cosa farà l'oggetto colpito, e che cosa succederà in tutta la catena di avvenimenti che seguono. Conoscendo il contesto fisico in cui la palla si muove si potranno calcolare esattamente tutte le conseguenze di quel lancio fino all'eternità. Non solo, ma prendendo in considerazione un evento successivo derivante da quel lancio di palla, diciamo dieci anni dopo, si potranno calcolare all'indietro tutti gli eventi fino al momento della nascita dell'universo.

Tutte le leggi della fisica conosciute da Laplace possedevano questa caratteristica di predizione futura e di ricostruzione storica. Scriveva così Laplace:

"Immaginiamo una intelligenza che per un dato istante, conoscesse tutte le forze da cui è animata la natura e la situazione rispettiva degli esseri che la compongono, e che la stessa intelligenza fosse abbastanza acuta per sottomettere

questi dati all'analisi. In questo odo l'itelligenza abbraccerebbe nella stessa formula i movimenti dei più grandi corpi dell'universo e dell'atomo più leggero. Nulla sarebbe incerto per questa itelligenza, e l'avvenire, come il passato, sarebbero presenti ai suoi occhi".

Questa opzione della fisica classica, detta "determinismo", fa ancora parte dei programmi scolastici ed è teoricamente vera. L'unico problema è che mancherebbe lo strumento idoneo a eseguire la quantità di calcoli necessari. Tuttavia," teoricamente" sarebbe possibile. Teoricamente, grazie alle sole leggi della fisica classica, l'uomo potrebbe conoscere il suo passato e il suo futuro. L'uomo potrebbe comprendere se "il battito di ali di una farfalla in Brasile potrebbe provocare un uragano nel Texas". Non solo questo: l'uomo potrebbe calcolare e simulare meccanicamente un simile battito di ali con le caratteristiche idonee a far sì che realmente l'uragano nel Texas si verificasse.

L'uomo, ben sapendo che, sul piano pratico, non sarebbe mai stato capace di mettere in pratica questa teoria, ha immaginato un "essere" che sarebbe stato capace di farlo, in quanto dotato di poteri straordinari. Nasce così la figura del "Demone di Laplace", una intelligenza talmente vasta da riuscire a interrogare in un istante tutte le forze della natura per ricondurre le risposte ad una sintesi istantanea. Da questa capacità di sintesi poteva derivare la conoscenza di tutto l'universo nella sua evoluzione.

Peccato che, mentre si invoca questo demone così eccezionalmente dotato, sapendo bene che non esiste, si rinuncia a un altro "essere" che potrebbe esistere non tanto nella forma inferiore di demone, ma nella forma di Dio.

In effetti, lo "Spirito" o il "Tao" possiederebbero questi poteri. Perché vengono rifiutati? La differenza è che il demone, pur dotato di grandi capacità, è dominabile dall'uomo, mentre invece la divinità sovrasta l'uomo. Si sa che all'uomo non piace essere sovrastato. L'uomo può immaginare il demone di

Laplace come un immenso calcolatore capace di eseguire tutti i calcoli necessari. Ovviamente il calcolatore, per quanto immensamente capace, resta sempre opera dell'uomo.

Oggi si stanno costruendo i computer quantistici, con capacità di calcolo miliardi di volte più potenti di quelle degli attuali computer. Dunque, l'illusione che, in fondo il demone di Laplace possa diventare una realtà, continua a solleticare i cervelli di molti materialisti.

In effetti, però, non sarà mai possibile che un demone, anche nella forma di computer super-avanzato, possa scandagliare le profondità del passato e del futuro, perché non sarà mai possibile conoscere *tutte* le variabili in gioco nell'universo. La realtà quantistica esclude questa possibilità. La legge detta *"di indeterminazione"* ha decretato la morte del demone di Laplace e la contemporanea morte del determinismo, che rimane valido solo a livello macroscopico.

Nelle dimensioni subatomiche non esiste più la materia, esistono solamente vibrazioni energetiche che possono manifestarsi nella forma di onda o di particella, secondo criteri del tutto probabilistici. Il demone di Laplace non potrebbe mai sapere dove si trova esattamente una particella e con quale velocità si muove. Peccato. Il demone di Laplace non serve più, è un giocattolo rotto. Forse si potrebbe tornare all'idea di un Dio che conosce esattamente ogni posizione e ogni velocità. La fisica quantistica si sta avvicinando. Per esempio, il "potenziale quantico" di Bohm non solo conosce esattamente i dati di tutte le particelle, ma riesce anche a guidarle.

Torniamo a una visione rassicurante e ordinata.

La località newtoniana non solo definisce come le interazioni avvengono su scala micro e macro, ma sottolinea anche la sicurezza di una conoscenza totale e deterministica, una sicurezza che rispecchia una visione rassicurante e ordinata del funzionamento dell'universo. È come se la meccanica classica ci avesse finora narrato una storia in cui ogni pezzo trova il suo posto nel puzzle cosmico con perfetta armonia.

Nel considerare questo paradigma, non bisogna dimenticare l'influenza culturale della rivoluzione scientifica, che ha spostato il pensiero dall'alchimia e dal misticismo a una fiducia nella scienza e nella ragione. La visione meccanicistica dell'universo non era solo una descrizione scientifica, ma un riflesso del desiderio dell'umanità di comprendere e dominare il mondo attraverso le sue leggi.

Anche nel XXI secolo ci confrontiamo ancora con la meccanica quantistica e la sua sfida alla meccanica newtoniana, grazie a particelle intrecciate che sembrano comunicare istantaneamente a distanze siderali. Tuttavia, la meccanica classica continua a essere la base di cui ci serviamo per comprendere i fenomeni quotidiani. L'impatto delle sue intuizioni non solo ha costituito la base di tecnologie che oggi diamo per scontate, ma ha anche fissato standard per ciò che significa fare scienza: l'osservazione, la formulazione delle leggi, la previsione e la verifica.

E così, mentre varchiamo le porte della non-località quantistica e ci apriamo a nuove possibilità e realtà alternative, la località nella meccanica classica ci offre un appiglio rassicurante, una finestra aperta su un passato che continua a illuminare il nostro presente e a definire il campo della scienza e della ragione.

Un fenomeno alternativo.

La meccanica quantistica, emersa nel XX secolo con figure fondamentali come Max Planck, Albert Einstein, e Niels Bohr, iniziò a mettere in discussione le basi stesse su cui era stato costruito il mondo della fisica classica. Uno dei concetti chiave che sorse fu la nozione di entanglement quantistico.

Nella sua essenza, l'entanglement quantistico sfida il principio di località: particelle entangled sembrano essere in grado di influenzarsi reciprocamente istantaneamente, anche quando sono separate da distanze notevoli. Questa apparente violazione della località classica portò Albert Einstein, Boris Podolsky, e Nathan Rosen a formulare il famoso paradosso EPR, che intendeva mettere in discussione la completezza della meccanica quantistica.

Con la pubblicazione dell'articolo del fisico irlandese John Bell nel 1964, intitolato "*On the Einstein-Podolsky-Rosen Paradox*", il dibattito si intensificò. Bell sviluppò delle disuguaglianze, che, se violate, avrebbero indicato fenomeni non locali, sfidando le nozioni intuitive della fisica classica. Gli esperimenti successivi di Alain Aspect negli anni '80 portarono solide evidenze sull'entanglement, confermando che le predizioni della meccanica quantistica riguardo alla non-località erano corrette.

Questi risultati hanno avuto un impatto profondo non solo sulla fisica, ma sulla nostra comprensione filosofica del mondo naturale. L'idea di un universo interconnesso in modi che sfidano la percezione e l'intuizione comune stimola una nuova era di pensiero nel campo della fisica teorica e della metafisica.

Con l'evoluzione della tecnologia, le applicazioni pratiche dell'entanglement quantistico, come la crittografia quantistica e i computer quantistici, iniziano a concretizzarsi, sottolineando che l'accettazione e la comprensione di queste idee non sono solo rilevanti per la teoria, ma sono anche destinate a cambiare il modo in cui affrontiamo problemi pratici.

In sintesi, la sfida della meccanica quantistica alla località classica rappresenta un cambio di paradigma che altera radicalmente il nostro modo di vedere la realtà, spingendo sia i filosofi che gli scienziati a riconsiderare le fondamenta stesse della natura.

Il ruolo della località nell'interpretazione meccanicistica.

Nel quadro della fisica classica, la località riempie un ruolo cruciale, incarnando quel senso di ordine e predicibilità che ha caratterizzato il pensiero scientifico dal XVII secolo in poi. Quando Isaac Newton formulò le sue leggi del moto, concepì l'universo come un gigantesco orologio meccanico, in cui ogni ingranaggio interagisce con il successivo in un modo preciso e deterministico. Questo approccio, noto come interpretazione meccanicistica, si fonda sul principio di località: ogni evento è direttamente influenzato soltanto dalle condizioni e dalle forze presenti in quel preciso momento nello spazio circostante.

Questo modello di prevedibilità è stato portato all'estremo dal celebre pensatore francese Pierre-Simon Laplace. Egli immaginò una mente, spesso citata come "il demone di Laplace", capace di conoscere con totale precisione l'insieme delle variabili dell'universo in un dato momento. Secondo Laplace, se tale mente riuscisse nell'impresa di calcolare con esattezza queste variabili, il futuro diventerebbe completamente prevedibile. La visione di Laplace esalta il ruolo della località in questo immaginario universo meccanico: ogni singola parte svolge il suo compito secondo leggi prestabilite, senza alcun salto repentino o effetto a distanza non spiegato.

Non a caso, questa concezione ha avuto un impatto profondo non solo nella scienza, ma ha anche permeato la cultura dell'epoca. Durante il periodo dell'Illuminismo, il crescente distacco da alchimia e misticismo segnò il dominio della ragione e dell'osservazione empirica. Nella letteratura, autori e filosofi si sono spesso basati su questa interpretazione del mondo per esprimere idee di armonia e inevitabilità. Ad esempio, il Voltaire si ispirò pesantemente ai princìpi newtoniani, ammirando la chiarezza e l'ordine che offrivano.

Non a caso, mel contesto del suo pensiero illuminista, Voltaire utilizzò la metafora di Dio come *"orologiaio"* per rappresentare un universo guidato da leggi naturali e razionali.

Questa visione implica un creatore che, dopo aver messo in moto l'universo con precisione matematica, non interviene nei processi quotidiani del mondo. Tale concetto evidenzia l'idea di un ordine deterministico, in contrasto con il caos e l'indeterminismo che la fisica quantistica e fenomeni come la non-località sembrano suggerire. Voltaire, con questa immagine, contribuì a plasmare il pensiero occidentale, sottolineando una visione del divino come entità razionale e distante, un creatore di un sistema complesso quanto un orologio perfetto, ma fondamentalmente indipendente dai meccanismi quotidiani di funzione. In questo modo, aprì la strada a un dialogo profondo tra scienze e religioni, che continua a evolversi anche attraverso le scoperte scientifiche moderne.

La storia di Newton che osserva una mela cadere rappresenta uno dei più famosi aneddoti legati alla nascita della legge di gravità. Questa semplice osservazione locale ha portato alla comprensione di un principio universale, illustrando come le interazioni locali possono spiegare fenomeni su scala cosmica.

Anche se oggi la fisica quantistica mette in discussione alcuni di questi principi, l'eredità della meccanica classica persiste. La possibilità di spiegare il mondo attraverso un modello deterministico rimane una pietra miliare dell'ingresso nella modernità. La località, come concetto cardine, continua a radicarsi nel nostro modo di interpretare e predire i fenomeni di tutti i giorni, dal movimento di un pendolo al volo di una palla.

La non-località quantistica rappresenta un affascinante elemento di rottura rispetto ai principi della fisica classica, una rottura che non solo mette in discussione la nozione di località, ma sfida anche le intuizioni più fondamentali che abbiamo sulla natura del nostro universo. Nel contesto classico, la località è un concetto chiaro e ben definito: ogni evento fisico è influenzato direttamente solo da ciò che accade nelle sue immediate vicinanze. È una visione che affonda le sue radici nel lavoro di Isaac Newton e che viene elegantemente incarnata nelle leggi del moto e di gravità, dove le forze agiscono istantaneamente, ma sempre in campi ben definiti.

Questa concezione di località ha giocato un ruolo centrale nella formazione della fisica moderna, permettendo a scienziati come Maxwell ed Einstein di sviluppare teorie che spiegano i fenomeni elettromagnetici e relativistici su scala cosmica. Einstein, in particolare, con la sua teoria della relatività, ha salvaguardato il principio di località, affermando che nessuna informazione può viaggiare più velocemente della luce, mantenendo quindi una chiara separazione degli eventi nello spazio e nel tempo.

In sintesi, la meccanica classica, attraverso la sua ferma adesione alla località, ha modellato non solo la scienza, ma anche la nostra visione culturale del mondo e delle sue dinamiche, tracciando una linea ben definita tra il tangibile e il misterioso, tra l'immutabile e il potenziale trascendente.

Relatività e località.

La relatività ristretta di Einstein.

Nello scenario della fisica teorica, la relatività di Einstein rappresenta uno dei pilastri fondamentali su cui si è andata costruendo la comprensione moderna dell'universo. Nel nostro viaggio nel "regno della non-località quantistica", la relatività, e in particolare quella ristretta, offre un'introduzione illuminante su come vediamo il concetto di località, aiutandoci a comprendere meglio una sorprendente idea: forse la fisica classica non è il quadro completo della realtà.

La teoria della relatività ristretta di Albert Einstein, pubblicata nel 1905, è una delle più affascinanti definizioni del tempo e dello spazio, capace di sfidare e allargare i confini della nostra comprensione quotidiana. Prima del lavoro di Einstein, si pensava che spazio e tempo fossero elementi assoluti e separati, un concetto che aveva dominato il pensiero scientifico sin dall'epoca di Isaac Newton. Nel mondo newtoniano, i fenomeni fisici erano indipendenti dal movimento dell'osservatore. La località, cioè il principio secondo cui un evento può influenzarne un altro solo attraverso interazioni nello spazio e nel tempo, era la norma indiscutibile.

Einstein sconvolse questa visione introducendo l'idea rivoluzionaria che spazio e tempo siano interconnessi in un unico continuum chiamato *spaziotempo*. Nella sua relatività ristretta, le leggi della fisica sono le stesse per tutti gli osservatori in movimento rettilineo uniforme, e la velocità della luce è costante e insuperabile, indipendentemente dal moto dell'osservatore o della sorgente luminosa. Questa concezione ha implicazioni profonde per il concetto di località: due eventi che appaiono simultanei in un particolare contesto possono non esserlo se osservati da un altro sistema di riferimento in movimento relativo.

Una allegoria illuminante riguarda il famoso esperimento mentale del "treno di Einstein". Immaginate un treno in movimento e due lampi di luce che colpiscono contemporaneamente i due estremi del treno. Per un osservatore fermo su una banchina, i due lampi accadono simultaneamente. Tuttavia, per un passeggero al centro del treno in movimento, che si sposta verso uno dei lampi e si allontana dall'altro, la percezione della simultaneità cambia: uno dei lampi sarà visto prima dell'altro. Questo dimostra che simultaneità e quindi causalità e località possono essere relativi.

La relatività ristretta apre, dunque, una porta affascinante: essa è una delle prime teorie a suggerire che la nostra comprensione intuitiva della località potrebbe essere insufficiente. Questo concetto prepara il terreno per l'esplorazione di idee ancora più strane e controintuitive che emergono nella meccanica quantistica, come l'entanglement quantistico, dove particelle a grandi distanze sembrano influenzarsi istantaneamente, violando il principio di località.

Per quanto destabilizzante possa apparire, la relatività ristretta ci offre un'opportunità straordinaria: quella di ripensare la nostra visione del mondo e di accettare che esistono fenomeni che sfidano le nostre intuizioni radicate. Mentre la comunità scientifica continua a esplorare e a svelare i misteri del cosmo, la teoria di Einstein resta una guida imprescindibile, una chiave per comprendere che la realtà è più complessa, intrecciata e meravigliosa di quanto la nostra percezione possa suggerire. La relatività non solo arricchisce la nostra conoscenza scientifica, ma apre anche il cuore alla possibilità che, dietro il velo del nostro ordinario senso del mondo, si celi un regno immensamente più vasto e sorprendente, dove località e non-località si incontrano e si intrecciano in modi straordinari.

Nel contesto della relatività ristretta, la portata delle implicazioni sul concetto di località si estende ben oltre l'ambito strettamente scientifico. Esso comincia a permeare la cultura e la filosofia, sollevando domande fondamentali sulla natura della realtà percepita e delle leggi che la governano. La visione di Einstein non è semplicemente una revisione delle formule fisiche, ma una rivoluzione filosofica che ci costringe a rivalutare anche il modo in cui concepiamo la causalità e la connessione tra eventi apparentemente isolati.

Nella narrativa e nella speculazione filosofica, l'idea che eventi distanti possano essere legati in modi non prevedibili dalla fisica classica ha un forte richiamo. Letterati e pensatori hanno da sempre esplorato l'interconnessione della vita e dell'esistenza. Celebre è l'aforisma attribuito a John Donne: "*Nessun uomo è un'isola*", che riecheggia, in un altro campo, l'intuizione che la relatività ci suggerisce riguardo all'interazione tra spazio e tempo. Se queste idee, nel regno della fisica, trovano una rappresentazione rigorosa, ne aumentano però anche il fascino e la complessità al di là della pura applicazione scientifica.

Il concetto rivoluzionario di spaziotempo unificato prospera anche nella cultura popolare, ispirando film, romanzi e opere d'arte che giocano con le versioni immaginarie del viaggio nel tempo o dell'intricato intreccio di destini. Pensa, ad esempio, a film come "Interstellar", dove la relatività gioca un ruolo cruciale nella trama. Il film mostra come, a causa della relatività, lo scorrere del tempo possa variare per gli astronauti che viaggiano a velocità vicine a quella della luce rispetto a chi resta sulla Terra. Questi racconti riappropriano la fisica al grande pubblico, facendo delle idee scientifiche delle esplorazioni emozionali e cognitive.

Il film "Interstellar", diretto da Christopher Nolan, esplora diversi aspetti della fisica teorica, tra cui la relatività del tempo, e richiama il celebre paradosso dei gemelli di Einstein. Questo paradosso è un esperimento mentale che illustra uno dei prevedibili effetti della teoria della relatività speciale di Albert

Einstein: la dilatazione temporale. Secondo questa teoria, se un osservatore si muove a velocità prossime a quella della luce, il tempo per lui scorre più lentamente rispetto a un osservatore fermo.

Nel paradosso dei gemelli, uno dei due gemelli parte per un viaggio nello spazio a velocità relativistiche (molto vicine a quella della luce), mentre l'altro rimane sulla Terra. A causa della dilatazione temporale, al ritorno del gemello viaggiatore, quest'ultimo è più giovane di quanto sia il gemello rimasto sulla Terra. Questo effetto è dovuto al fatto che il tempo si contrae per il gemello in movimento rispetto al gemello stazionario.

In "Interstellar", questo principio è illustrato in modo spettacolare attraverso il viaggio dei protagonisti in prossimità del buco nero Gargantua. I personaggi si recano su un pianeta che orbita molto vicino al buco nero, dove la gravità straordinariamente elevata di Gargantua crea un effetto di dilatazione temporale. Su questa superficie, ogni ora corrisponde a sette anni terrestri. Questo effetto di dilatazione temporale non è causato dalla velocità, come nel paradosso dei gemelli, ma dalla gravità, illustrando la relatività generale di Einstein, che estende l'idea di dilatazione temporale agli effetti della gravità intensa.

Questa scena del film è particolarmente significativa perché non solo rende chiaro il fenomeno scientifico della relatività del tempo, ma pone anche dei dilemmi emotivi e filosofici. Quando i protagonisti tornano alla loro nave madre, si rendono conto che sono trascorse molte più ore terrestri e il pilota rimasto sull'Endurance, Romilly, è invecchiato di molto rispetto a loro. Il film utilizza questo fenomeno per esplorare il costo emotivo e le implicazioni umane di viaggiare nello spazio profondo, aggiungendo una dimensione personale ai principi della fisica teorica.

In questo contesto, "Interstellar" serve non solo come un racconto di avventura spaziale, ma agisce anche come esplorazione dei limiti della conoscenza umana e della percezione. La dilatazione temporale e l'esempio dei gemelli di

Einstein sono usati per porre profonde domande su come percepiamo il tempo, l'età e le nostre relazioni umane quando confrontate con le vastità dell'universo e le leggi che lo governano. La fisica in "Interstellar" si fonde con la narrazione per offrire al pubblico non solo una lezione sui principi della relatività, ma una riflessione su come questi principi influenzano la vita e le scelte dei personaggi.

D'altra parte, la relatività di Einstein non è solo un insieme di formule, è un modo di vedere il mondo che dialoga con le altre discipline umane. La scienza sta sempre più adottando un approccio interdisciplinare, e la relatività offre ponti significativi verso la filosofia, l'arte e la letteratura.

Nel mondo della ricerca e dell'esplorazione teorica, continuano a emergere interrogativi e sfide. Se la relatività sembra limitare qualsiasi trasmissione di informazioni o di influenza a una velocità non superiore a quella della luce, come conciliare ciò con le evidenze più recenti della fisica quantistica che suggeriscono una non-località? La risposta a tali domande è ancora oggetto di intense indagini e dibattiti, con teorie emergenti come quelle della gravità quantistica o della teoria delle stringhe che tentano di unificare questi due regni apparentemente discordanti.

In conclusione, mentre ci affacciamo a comprendere sempre meglio la magnifica vastità dell'universo, la relatività ristretta di Einstein rimane un faro che continua a guidare, ispirare e stimolare la nostra sete di conoscenza. Invita tutti noi a riaprire la mente e a considerare che quello che percepiamo come confini della realtà potrebbe essere solo l'inizio di una comprensione più profonda e mozzafiato della rete che lega tutte le cose. In questo contesto, il viaggio verso la comprensione della non-località quantistica si profila non solo come una sfida scientifica, ma anche come un'avventura filosofica e culturale, in grado di ridefinire i limiti della nostra coscienza e immaginazione.

La relatività generale e la curvatura dello spazio-tempo.

Nella fisica moderna la relatività generale di Einstein occupa un ruolo da protagonista, illuminando il palcoscenico della scienza con una prospettiva rivoluzionaria sulla natura dell'universo. Questa teoria non solo ridefinisce il concetto di gravità, ma trasforma anche il modo in cui percepiamo il tempo e lo spazio. Al centro di questa rivoluzione c'è la nozione di curvatura dello spazio-tempo, che mette in discussione le antiche concezioni di località, così salde nella fisica classica.

Per comprendere appieno l'intuizione di Einstein, bisogna immaginare lo spazio-tempo come un tessuto elastico, in cui le masse - dai pianeti alle stelle, fino ai buchi neri - deformano la trama stessa del cosmo. Questa visione sostituisce la tradizionale immagine newtoniana della gravità, che considerava questa forza come un'azione istantanea a distanza. Invece, secondo Einstein, quando un corpo celeste esercita la gravità, lo fa incurvando lo spazio-tempo e creando percorsi obbligati per gli altri oggetti, proprio come una palla pesante poggiata su un telo che fa rotolare verso di sé le palle più piccole.

Un esempio evocativo è quello del sistema solare: la Terra orbita attorno al Sole non perché "attratta" da esso in modo misterioso, come postulava Newton, ma perché segue una traiettoria curva nello spazio-tempo che viene deformato dal sole. Carl Sagan, il celebre astrofisico e divulgatore, utilizzò spesso l'immagine di una palla da bowling su un materasso per spiegare come le stelle possano piegare la luce e deviare il percorso degli altri corpi celesti.

Questa nuova comprensione della gravità ebbe anche notevoli ripercussioni culturali. La visione della curvatura dello spazio-tempo affascinò non solo gli scienziati, ma anche artisti, scrittori e filosofi, che trovarono nuove ispirazioni nei concetti di un universo dinamico in cui tempo e spazio non erano fissi ma malleabili.

Questo concetto ha affascinato non solo gli scienziati, ma anche gli scrittori e i filosofi, che lo hanno visto come un'opportunità per esplorare temi profondi e offrire nuove prospettive sulle nozioni di tempo e spazio. Jorge Luis Borges e Italo Calvino sono due autori che, sebbene non direttamente coinvolti con la fisica teorica, hanno utilizzato nelle loro opere idee simili a quelle della relatività e della curvatura dello spazio-tempo per esplorare confini narrativi e concettuali.

Jorge Luis Borges esplora spesso temi di tempo e spazio in modi innovativi e astratti. Nei suoi racconti, il concetto di tempo non lineare e di universi paralleli emerge in frammenti simbolici e speculativi. In "*El Aleph*", Borges presenta un punto nello spazio che contiene tutti i punti dell'universo. Questo 'Aleph' rappresenta una singolarità spazio-temporale, un luogo dove tutte le istanze convergono visivamente senza ordine apparente. È un esempio perfetto di come Borges giochi con l'idea della compressione e dell'espansione dello spazio e del tempo in una singola entità.

Invece, nel racconto "*La Biblioteca di Babele*" Borges immagina un universo sotto forma di una biblioteca infinita, strutturato in modo tale che esplora l'idea di un universo ripetuto in tutte le direzioni. Qui la curvatura diventa simbolica, rappresentando l'infinità e la ripetitività di possibilità spazio-temporali.

Italo Calvino, noto per la sua sperimentazione narrativa e i suoi interessi scientifici, esplora il concetto di spazio-tempo nei suoi racconti, spesso giocando con le sue distorsioni e infinite possibilità.

Nella serie di racconti brevi "Le Cosmicomiche" Calvino avvolge il lettore in un universo legato ai cambiamenti cosmici reali e ipotetici. Calvino descrive il Big Bang e altre teorie scientifiche con una narrazione che intreccia fantasia e scienza, creando una curvatura della struttura narrativa stessa, dove il tempo e lo spazio sono fluidi e non lineari.

Nel libro "Le città invisibili" Calvino descrive città immaginarie che sfidano le leggi del tempo e dello spazio, fungendo da esplorazioni semi-matematiche delle diverse dimensioni della percezione umana. Le città esistono in un tempo e in uno spazio che sembra mutare nelle descrizioni di Marco Polo a Kublai Khan, crescendo e decrescendo secondo logiche non euclidee che evocano un universo curvo e complesso.

Borges e Calvino sono maestri nel giostrare con l'immaginazione per travalicare i confini del tempo e dello spazio. Attraverso la loro scrittura, essi offrono interpretazioni narrative di concetti scientifici complessi come la curvatura dello spazio-tempo, utilizzando questi temi per esplorare le dimensioni infinite della mente umana, della percezione e della filosofia. Entrambi trattano il tempo non come una linea retta, ma come una rete intricata di possibilità, similmente a come la relatività generale descrive lo spazio-tempo. Questa abilità di utilizzare idee scientifiche per creare belle ma complesse riflessioni narrative dimostra il potere trasformativo della letteratura nell'integrare scienza e arte.

Durante la storica eclissi solare del 1919, un'importante conferma della teoria della relatività generale di Albert Einstein divenne evidente. L'astronomo britannico Sir Arthur Eddington condusse un esperimento rivoluzionario per osservare il comportamento della luce delle stelle in prossimità del Sole. Secondo la teoria di Einstein, la gravità provoca una curvatura dello spazio-tempo, e quindi la luce che passa molto vicino al bordo di un corpo massiccio come il Sole dovrebbe deviare dalla sua traiettoria rettilinea. Durante l'eclissi, il sole venne oscurato, consentendo a Eddington e al suo team di misurare la posizione apparente delle stelle che si trovavano visualmente vicine al Sole. Le osservazioni mostrarono che la luce delle stelle risultava deviata, confermando esattamente le previsioni di Einstein. Questo fenomeno, noto come lente gravitazionale, divenne una delle prime e più convincenti prove sperimentali della curvatura dello spazio-tempo, catapultando la teoria di Einstein a una più ampia accettazione nel mondo scientifico e contribuendo a una nuova comprensione dell'universo.

Questo evento diede a Einstein la notorietà mondiale e trasformò la relatività da teoria a fenomeno comprovato, scatenando entusiasmo e meraviglia nella comunità scientifica e oltre.

In sintesi, la relatività generale non solo ridefinisce la località nella fisica classica, ma apre una finestra su un universo più complesso e interconnesso, dove la distanza e la separazione sono concetti relativi e la curvatura dello spazio-tempo crea un nuovo campo di gioco per esplorare la realtà. Un universo in cui ogni passo verso la comprensione rivela domande sempre nuove, ponendo la scienza moderna di fronte a sfide sempre più affascinanti.

Ma la relatività generale è solo l'inizio di un viaggio avvincente nel regno del non locale. Einstein stesso non era pienamente soddisfatto delle implicazioni della sua teoria quando affrontava la fisica quantistica. Questo fenomeno sembrava sfidare la concezione tradizionale della località, suggerendo che particelle interconnesse potessero influenzarsi istantaneamente malgrado distanze cosmiche.

In un certo senso, la relatività generale già prepara il terreno per accettare tali stranezze, ponendo l'accento sulla natura dinamica e flessibile dello spazio-tempo. Negli esperimenti e concettualizzazioni più avanguardisti, i fisici stanno esplorando un cosmo in cui la distinzione tra il macrocosmo, regolato dalla relatività, e il microcosmo quantistico, sfuma in una visione unificata.

Queste investigazioni portano inevitabilmente a domande sul tessuto stesso della realtà: come può la geometria dello spazio-tempo interagire con le bizzarre leggi quantistiche? È possibile che la struttura dell'universo ospiti livelli di realtà che finora sfuggono alla nostra comprensione?

La musica delle sfere celesti diventa una metafora appropriata: il cosmo suona una sinfonia complessa che risuona attraverso i campi gravitazionali e le probabilità quantistiche. E mentre i fisici moderni, come acuti maestri d'orchestra, cerchiamo di accordare questi diversi strumenti, la sfida rimane quella di conciliare le note di una realtà apparentemente frammentata, scoprendo le armonie nascoste che ci avvicinano al cuore pulsante dell'universo.

Superate le implicazioni filosofiche e scientifiche, ci troviamo in un'epoca in cui ogni progresso non solo amplia le nostre conoscenze ma ridefinisce il modo in cui comprendiamo la nostra esistenza all'intersezione di relazioni cosmiche e quantistiche. Cosa ci riserva il futuro? Solo il tempo – quella misteriosa dimensione che collega le tessere del cosmo – ce lo rivelerà.

Sfide alla località nella fisica classica.

Nell'evoluzione del pensiero scientifico, la nozione di località ha svolto un ruolo cardine nella nostra comprensione dell'universo. Nella fisica classica, questa idea è piuttosto intuitiva: gli eventi accadono in punti precisi dello spazio e del tempo, e ogni fenomeno sembra essere il risultato di forze che agiscono tra oggetti vicini. Tuttavia, a mano a mano che ci addentriamo nel reame della fisica moderna, emergono sfide sempre più intriganti a questo concetto, spinte soprattutto dalle scoperte nel campo della fisica quantistica.

Teorie emergenti e limiti della località.

Albert Einstein stesso, pur avendo rivoluzionato la fisica con le sue teorie della relatività, era un fermo sostenitore del principio di località. L'idea che nulla potesse viaggiare più velocemente della luce in un vuoto, una delle colonne portanti della relatività ristretta, di per sé fortifica il concetto che le influenze devono propagarsi localmente, attraversando lo spazio in modo continuo.

Tuttavia, le straordinarie predizioni delle sue teorie hanno cominciato a mostrare le crepe di questa visione con l'avvento della meccanica quantistica. In questo contesto, il famoso detto *"spooky action at a distance"*, ovvero l'azione a distanza inquietante, emerse dall'incredulità di Einstein di fronte al fenomeno dell'entanglement quantistico, in cui due particelle, anche separate da grandi distanze, sembrano influenzarsi istantaneamente.

L'entanglement quantistico rappresenta un colpo diretto alla nozione classica di località. Immaginate due gemelli telepatici, capaci di comunicare senza alcun ritardo, indipendentemente dalla separazione fisica. Questa idea ribalta il concetto newtoniano di azione localizzata. Questo effetto è stato dimostrato sperimentalmente in modo così convincente che viene ormai considerato uno dei pilastri della meccanica quantistica.

Un evento celebre è l'esperimento di Aspect negli anni '80, il quale mise in crisi il cosiddetto "*Realismo Locale*" sostenuto da Einstein, dimostrando che le correlazioni predette dalla meccanica quantistica non potevano essere spiegate senza rinunciare all'assunzione di località o a quella di realismo.

Le difficoltà nel conciliare i successi della relatività con quelli della fisica quantistica hanno ispirato il sorgere di teorie unificanti, come la teoria delle stringhe e la gravità quantistica. Queste teorie aspirano a trovare un linguaggio comune che possa descrivere tutte le forze della natura, tentando di armonizzare la località della relatività con la non-località quantistica.

La teoria delle stringhe, ad esempio, suggerisce che le particelle fondamentali non sono punti, ma minuscole "corde vibranti", le cui modalità di vibrazione determinano le proprietà delle particelle. Questa concezione può portare a una diversa comprensione della località, poiché le interazioni tra le "corde" possono manifestarsi in una dimensione superiore e risultare localmente "non locali" al nostro livello percepito di realtà.

Il dibattito sulla località non si limita al dominio scientifico ma riverbera anche nella cultura e nella filosofia. L'idea che tutto possa essere connesso al di là delle barriere dello spazio è un tema che trova eco in numerose tradizioni filosofiche e spirituali. Nella filosofia orientale, ad esempio, il concetto di interconnessione universale è un principio fondamentale, simile a come le recenti scoperte quantistiche suggeriscono che siamo parte di un tessuto cosmico intrecciato.

Concludendo, la sfida alla località nella fisica classica non è semplicemente una curiosità scientifica, ma una finestra verso una comprensione più profonda del nostro universo. Mentre continuiamo a esplorare queste entusiasmanti frontiere, rimaniamo affascinati dalla possibilità che la natura sia più interconnessa di quanto tradizionalmente immaginato, aprendoci a nuove visioni della realtà che ancora non osiamo completamente comprendere.

Nell'universo classico, la nozione di località è una pietra miliare: ogni oggetto interagisce solamente con ciò che è immediatamente vicino, un principio che trova le sue radici in secoli di osservazione e misura rigorosa. Questa visione si rispecchia non solo nella fisica newtoniana, ma anche in gran parte del nostro istinto quotidiano. Tuttavia, l'annuale spettacolo dei progressi della fisica moderna ci presenta la complicazione affascinante e inquietante della non-località, che sembra trasgredire i confini ben tracciati della fisica classica.

Con l'avvento della meccanica quantistica, in particolare grazie agli esperimenti sul fenomeno dell'entanglement quantistico, siamo stati costretti a riconsiderare la nostra comprensione di come le particelle interagiscono nello spazio e nel tempo. L'entanglement introduce un legame immediato tra particelle separati da distanze spaziali che, secondo la fisica classica, non dovrebbero influenzarsi reciprocamente. Albert Einstein, uno dei protagonisti principali dello sviluppo teorico della fisica contemporanea, vedeva questo fenomeno con sospetto, definendolo come una "azione spettrale a distanza".

Negli anni successivi, sperimentatori straordinari come Alain Aspect hanno messo alla prova questi paradossi teorici, confermando che, almeno nel contesto del mondo quantistico, la nostra comprensione classica della località è radicalmente incompleta. In tali esperimenti, due particelle entangled rispondevano alle misurazioni in modo correlato, indipendentemente dalla distanza che le separava, sfidando l'idea di una comunicazione che necessitasse di propagarsi attraverso uno spazio intermedio.

Questa non-località intrinseca ha conseguenze profonde non solo per la fisica, ma anche per la nostra cosmologia e, potenzialmente, per la nostra filosofia. Alcuni teorici sostengono che potrebbe essere la chiave per unificare le forze della natura in un'unica teoria coerente, una ricerca che sta alla base delle teorie delle stringhe e della gravità quantistica. Le teorie delle stringhe propongono che le particelle fondamentali non siano punti, ma piuttosto filamenti vibranti che possono estendersi attraversando dimensioni invisibili ai nostri sensi, gettando nuova luce sulla natura globale dell'universo.

In quest'ottica, le difficoltà della non-località non sono semplicemente ostacoli, ma piuttosto indizi che ci invitano a immaginare un universo più interconnesso e meno intuitivo di quanto avessimo mai osato sperare. Come ha ben sottolineato chi studia la storia della scienza, le sfide più grandi spesso aprono la strada alle scoperte più rivoluzionarie, ponendoci nella posizione di leggere un nuovo capitolo del grande libro dell'universo, scritto con il linguaggio misterioso della fisica quantistica.

Capitolo 2. La non-località quantistica.

Introduzione alla Meccanica Quantistica.

Nel cuore della fisica moderna si trova la non-località quantistica, un concetto che sfida il localismo, una delle intuizioni più radicate sull'universo. Questa nuova idea suggerisce che le particelle possano influenzarsi reciprocamente istantaneamente a distanze siderali, in contrasto con il principio di località che ha dominato la fisica classica sin dai tempi di Newton.

I paradigmi controintuitivi della meccanica quantistica.

La meccanica quantistica, nata nei primi decenni del XX secolo, ha trasformato profondamente la nostra comprensione del microcosmo. Una delle sue caratteristiche più sorprendenti è l'entanglement quantistico. Sfidando il comune senso logico, due particelle precedentemente correlate rimangono collegate a prescindere dalla distanza che le separa. Modificare lo stato di una particella implica un cambiamento immediato nell'altra. Questo fenomeno si opponeva totalmente alla visione del fisico tedesco, basata su un mondo locale e deterministico.

I primi esperimenti sulla non-località risalgono ai leggendari contributi di John Bell negli anni '60, attraverso le sue disuguaglianze, che propongono un test cruciale sull'esistenza delle variabili locali incognite. Alain Aspect gettò una luce definitiva su queste idee con l'esperimento parigino negli anni '80. Aspect dimostrò in modo convincente che l'entanglement e la non-località sono realtà empiriche.

Questi sviluppi hanno sollevato miriadi di questioni filosofiche: se due entità possono connettersi istantaneamente attraverso il cosmo, cosa implica questo per la nostra concezione di spazio e tempo? E come si riconcilia ciò con l'imperativo relativistico che nessuna informazione può viaggiare più velocemente della luce?

Implicazioni culturali e paralleli filosofici.

Il concetto di non-località ha influenzato non solo la fisica ma anche la cultura popolare e la filosofia. Nell'ambito metafisico, ad esempio, l'entanglement è stato visto come un'eco scientifica di antiche credenze, ed è stato interpretato come una prova che tutto nell'universo è interconnesso in modi che vanno oltre la nostra comprensione razionale.

La comprensione classica della fisica newtoniana, in cui gli oggetti esistono in un preciso tempo e spazio e le influenze si propagano limitate dalla velocità della luce, viene qui abbandonata. In questo contesto, la non-località suggerisce che le particelle quantistiche possano essere correlate in modo tale che un cambiamento nello stato di una particella può influenzare istantaneamente lo stato di un'altra, anche se a distanze cosmiche.

I dialoghi tra fisici quantistici e filosofi hanno anche aperto percorsi di esplorazione sugli aspetti non fisici della realtà. Questi discorsi invitano a riflessioni profonde sulla natura della realtà stessa, argomenti che richiamano le speculazioni filosofiche di Eraclito e altri che furono ben prima dell'era scientifica.

Consideriamo brevemente come persone di epoche precedenti possano aver anticipato intuitivamente questi concetti moderni, prima ancora che fossero formalizzati dalla scienza. Eraclito d'Efeso, il filosofo greco del VI secolo a.C., è noto per la sua visione del mondo in continua trasformazione, sintetizzata nel famoso frammento *"panta rhei"* ("tutto scorre"). Sebbene Eraclito non stesse parlando di particelle subatomiche, la sua intuizione che tutte le cose sono interconnesse e in movimento trova un'eco sorprendente nell'entanglement quantistico, dove il flusso continuo di informazioni tra particelle entangled genera un universo in cui lo stato di una parte influenza il tutto.

Queste idee si ritrovano anche nel pensiero orientale, da sempre ricco di intuizioni riguardo l'interconnessione di tutte le cose. Il Taoismo, ad esempio, descrive un mondo in cui il "Tao", o "la Via", rappresenta l'ordine naturale dell'universo, con tutte le cose, animali, uomini e il cosmo stesso, indissolubilmente legate. La "rete di Indra", una metafora buddhista, parla di un infinito reticolo di perle che riflettono ciascuna le immagini di tutte le altre, un'immagine stupefacente che prefigura le moderne concezioni di realtà olografica teorizzate da alcuni fisici teorici.

a non-località non è solo una curiosità teorica; ha implicazioni dirette per tecnologie emergenti come il *quantum computing* e il *quantum cryptography*. Queste tecnologie sfruttano le proprietà uniche della fisica quantistica, con il potenziale di rivoluzionare il calcolo e la sicurezza dei dati, proprio grazie alla magica interconnessione che l'entanglement permette. Nell'immaginare un tale futuro viene alla mente Arthur C. Clarke, che con il suo Terzo Principio ci ricorda:

"Qualsiasi tecnologia sufficientemente avanzata è indistinguibile dalla magia."

Le meraviglie del mondo quantistico potrebbero confondersi con il paranormale per la mente non allenata, ma operano secondo precise (ancorché straordinarie) leggi della fisica.

L'aspetto culturalmente affascinante della non-località risiede non semplicemente nelle sue dinamiche fisiche, ma nel modo in cui tocca la nostra percezione della realtà e le esperienze *"non ortodosse"*. La psiche umana ha sempre coltivato storie di telepatia e chiaroveggenza, esperienze al di fuori dei confini della fisica tradizionale. Tuttavia, queste esperienze potrebbero, in un futuro ispirato dalle nuove scoperte, trovare una qualche spiegazione o forma di legittimità scientifica. Per ora, tali fenomeni restano in quella particolare zona di confine della conoscenza umana, dove le intuizioni scientifiche e mistiche si incontrano.

Infine, non possiamo dimenticare il contributo interdisciplinare di personaggi come Wolfgang Pauli e Carl Jung. I due scienziati esplorarono la possibilità che l'inconscio collettivo umano e l'universo fisico siano collegati in modi che sfuggono alla nostra comprensione. La loro collaborazione portò alla teoria della sincronicità, una sorta di corrispondenza tra eventi fisici e mentali, Questa teoria, sebbene non spiegata attraverso le leggi causali tradizionali, suggerisce che ci possano essere connessioni profonde e nascoste tra noi e l'universo.

La non-località quantistica si staglia come un invito a rivedere non solo il nostro modo di fare scienza, ma anche il luogo delle nostre credenze e dei misteri che alimentano l'immaginario umano da millenni. Ci ricorda che, per quanto il nostro paradigma scientifico sia solido, esso è tuttavia soggetto a cambiamenti improvvisi e spettacolari che si avvicinano più a una forma di "rivelazione" filosofica che a semplice scoperta. Tra intuizioni antiche e speranze future, la non-località ci indica un cammino di continua scoperta, dietro cui pulsano verità ancora inconoscibili, pronte a ridisegnare i confini di ciò che consideriamo "reale".

Dunque, mentre ci avviciniamo alla seconda metà del XXI secolo con l'occhio verso le teorie unificanti come la gravità quantistica e la teoria delle stringhe, la non-località rimane un enigma affascinante: una soglia attraverso la quale la fisica moderna ci invita a espandere i nostri confini cognitivi su cosa significhi veramente "conoscere" l'universo.

Una nuova legge fondamentale della fisica.

L'interconnessione quantistica indica che l'universo opera attraverso legami invisibili, suggerendo un tipo di realtà che è molto più "olistica" rispetto alle divisioni nette della fisica classica. L'entanglement quantistico, in particolare, strappa il velo del realismo locale, spingendo i fisici a esplorare nuove teorie che collocano la non-località al centro delle leggi fondamentali della fisica.

Mentre la teoria della relatività di Einstein ha ridefinito i concetti di tempo e spazio, rivelando come la gravità possa curvare la struttura stessa dello spaziotempo, le attuali indagini sulla non-località potrebbero portarci a rivedere la nostra comprensione della connessione tra il piccolo (il mondo delle particelle subatomiche) e il grande (il cosmo), potenzialmente unificando la gravità con la meccanica quantistica.

La ricerca di una teoria del tutto, che possa conciliare la gravitazione con le forze quantistiche, potrebbe valutare la necessità di considerare la non-località come un principio fondamentale dell'universo, anziché come un'anomalia da risolvere. La svolta teorica potrebbe emergere da concetti emergenti come la gravità quantistica a loop o la teoria delle stringhe, che tentano di riunire queste forze disperse in un quadro unico e coerente.

Le implicazioni di tali sviluppi sono enormi, non solo per la fisica teorica, ma anche per le nostre filosofie di esistenza. Se la non-località è un aspetto intrinseco della realtà, potremmo dover riconsiderare cosa significhi veramente comunicare e interagire nell'universo. Il futuro della fisica, quindi, non è solo una questione di nuove equazioni, ma anche di una nuova visione del mondo, che sfida le prospettive classiche e rivaluta l'interconnessione di tutte le cose. Così, ogni scoperta non è solo un passo verso il progresso scientifico, ma un tassello nell'ampliamento della nostra comprensione dell'universo in cui viviamo.

Principi fondamentali e postulati della fisica quantistica.

Nel regno della non-località quantistica, la nostra comprensione della realtà si amplia fino a lambire confini apparentemente impossibili. Se la fisica classica ci aveva abituati a un mondo in cui gli eventi avvengono localmente e in sequenze causali ben definite, la meccanica quantistica ci spalanca una finestra su una visione alternativa che scuote queste certezze.

Al centro di questo nuovo paradigma c'è la non-località quantistica. Un concetto che ribalta la premessa classica secondo cui un oggetto può essere influenzato solo dalle sue immediate vicinanze. I fondamenti di questa idea risalgono a sperimentazioni e dibattiti teorici, ma è con il fenomeno dell'entanglement quantistico che essa prende forma. Immaginate due particelle intrecciate in uno strano abbraccio cosmico: separate a grandi distanze, la misurazione dello stato di una influisce istantaneamente sull'altra, indipendentemente dalla distanza. Questo comportamento è stato dimostrato sperimentalmente grazie alle disuguaglianze di Bell e agli esperimenti di Alain Aspect negli anni '80.

Il principio fondamentale della non-località sfida la nostra intuizione classica dello spazio e del tempo, spostando il dibattito verso nuove interpretazioni della realtà. Diversi filosofi e fisici si sono chiesti se questa interconnessione potrebbe estendersi al di là del regno microscopico, coinvolgendo ambiti non fisici del nostro vissuto. Personaggi della storia scientifica come Niels Bohr e John Bell hanno giocato un ruolo cruciale nella formulazione e nella divulgazione di questi concetti, influenzando non solo i contemporanei, ma anche interi campi di studio futuri.

Le implicazioni culturali ed emozionali della non-località sono notevoli, tanto da aver ispirato artisti e pensatori nel tentativo di esplorare le connessioni invisibili tra gli esseri umani, quasi fossero tessuti da un filo invisibile non dissimile da quello che lega le particelle quantistiche. Questa prospettiva amplia non solo il nostro concetto di fisica, ma anche di percezione della consapevolezza e del legame universale tra tutti gli esseri.

Pertanto, mentre continuiamo a scoprire le meraviglie del mondo quantistico, la non-località ci invita a riconsiderare non soltanto cosa sia possibile nel regno della fisica, ma anche come concepiamo il tessuto stesso della realtà che ci circonda. In questo panoramico incontro tra scienza e immaginazione, siamo invitati a esplorare possibilità che un tempo erano confinate nei margini del pensiero umano, ma che ora lampeggiano come fari in un vasto oceano di potenzialità inesplorate.

L'implicazione della non-località quantistica va oltre la semplice fisica, introdotta attraverso il fenomeno dell'entanglement, dove particelle correlate sembrano condividere un legame che supera le distanze spaziali e temporali classiche. Gli esperimenti di Bell, a metà del XX secolo, sono stati cruciali nel contestare la separabilità del mondo fisico, dimostrando che le eventuali variabili nascoste (ipotizzate da Einstein) non possono spiegare il comportamento delle particelle entangled.

L'esperimento di Alain Aspect, cruciale negli anni '80, ha fornito una solida conferma sperimentale che le particelle possono influenzarsi reciprocamente istantaneamente, in netto contrasto con la relatività ristretta che proibisce velocità superiori a quella della luce. Questi risultati ci spingono a rivalutare non solo la comprensione della causalità, ma anche la natura fondamentale della realtà.

In un contesto culturale e filosofico, la non-località quantistica apre interrogativi affascinanti sulla natura dell'universo e sulla nostra percezione della realtà. Questa nozione sfida la tradizionale visione meccanicistica del mondo, suggerendo una possibile interconnessione universale che risuona con alcune concezioni filosofiche e spirituali antiche.

Fenomeni quantistici e differenze con la fisica classica.

Immaginate un mondo dove due particelle, separate dalla vastità dello spazio, possano comunicare istantaneamente, come due vecchi amici che si capiscono al volo, anche se divisi da un oceano. Oppure, per citare un esempio più noto e comprensibile, possono condividere emozioni e sensazioni come due gemelli residenti a grandi distanze

Benvenuti nello strano, ma affascinante, regno della meccanica quantistica, un mondo che sfida il nostro modo classico di concepire la realtà.

A differenza della fisica classica, che regola le leggi comprensibili del mondo macroscopico cui siamo abituati, la meccanica quantistica descrive il comportamento delle particelle al livello subatomico. Qui le regole consuete della fisica mutano, e la distinzione tra il dove e il quando diventa un gioco d'ombre.

Località e non-località.

Nella fisica classica, il principio di località ci dice che gli oggetti sono influenzati solo dalle loro vicinanze immediate. Se spingiamo una porta, la sua apertura dipende direttamente da quella spinta fisica. Ma cosa succede quando ci spostiamo nel dominio quantistico?

Ecco che entra in scena il fenomeno dell'entanglement quantistico, che mina questo principio di località. Quando due particelle sono correlate, ovvero connesse in un modo profondamente intricato, lo stato di una particella dipende istantaneamente dallo stato dell'altra, anche se le due particelle si trovano agli estremi opposti dell'universo. Generalmente si usa dire che le particelle sono correlate quando sono nate dallo stesso evento, per esempio un doppio salto quantico all'interno di un atomo che genera due fotoni. Questo fenomeno, sperimentalmente confermato dal celebre esperimento di Aspect negli anni '80, sfida la nostra comprensione intuitiva dello spazio e del tempo.

La pietra angolare che ha gettato dubbi sul principio della località è il teorema di Bell. John Bell, negli anni '60, dimostrò matematicamente che, se il mondo funziona secondo le leggi classiche della località e del realismo, allora certi dislivelli nelle misurazioni quantistiche non dovrebbero verificarsi. Eppure, i successivi esperimenti condotti da Alain Aspect hanno mostrato un chiaro superamento delle disuguaglianze di Bell, suggerendo una verità ancora più sorprendente: il mondo quantistico non può essere interpretato attraverso le lenti della fisica classica.

Gli effetti della non-località quantistica non solo sono concreti in laboratorio, ma si prestano a speculazioni filosofiche e culturali. Molti vedono in queste scoperte la possibilità di una connessione tra coscienza e fenomeni quantistici, e alcuni futurologi ipotizzano persino che esse possano contribuire a spiegare fenomeni paranormali.

Insomma, la non-località quantistica ci offre una finestra su una visione alternativa della realtà, dove le connessioni superano la barriera dello spazio-tempo e ci costringono a riconsiderare la natura stessa dell'universo. Mentre continuiamo ad esplorare questo regno enigmatico, rimane chiaro che, nel mondo quantistico, l'impossibile diventa quotidiano. E chissà, forse un giorno questi strani legami ci permetteranno di comprendere molti dei segreti ancora nascosti dell'universo.

Nel regno della non-località quantistica, uno degli aspetti più affascinanti è l'interconnessione quasi "magica" tra particelle che sembrano comunicare istantaneamente, sfidando il limite della velocità della luce imposto dalla relatività.

Con l'avanzamento della tecnologia e della comprensione teorica, esperimenti più sofisticati continuano a supportare la non-località quantistica, generando dibattiti tra filosofi e scienziati su quale sia la vera natura della realtà. Alcuni propongono interpretazioni alternative come l'olismo quantistico o la teoria del multiverso, che offrono nuovi paradigmi per comprendere l'universo.

In pratica, la non-località quantistica apre la strada a innovazioni significative: la crittografia quantistica promette di rivoluzionare la sicurezza dei dati grazie alla sua inviolabilità teorica, mentre le reti di comunicazione quantistiche potrebbero, in futuro, consentire un trasferimento di informazioni più sicuro e veloce su scala globale. I progressi nella computazione quantistica, sfruttando il principio di sovrapposizione e entanglement, potrebbero trasformare il modo in cui risolviamo problemi complessi, rendendo possibile l'elaborazione di dati su una scala finora impensabile.

Tuttavia, mentre ci avviciniamo sempre di più a usare praticamente queste possibilità, rimangono profonde questioni etiche e filosofiche. Come queste tecnologie influenzeranno la società? In che modo la nostra comprensione della realtà cambierà la percezione umana della stessa? La non-località non è solo una caratteristica della meccanica quantistica, ma un invito a ripensare il nostro universo in modi che ancora cerchiamo di comprendere appieno. Con ogni scoperta, ci troviamo alle soglie di domande ancora più profonde, in un viaggio che sembra essere solo all'inizio.

L'entanglement quantistico.

Nel mondo della fisica quantistica, poche nozioni suscitano tanto fascino e curiosità quanto l'entanglement quantistico. Questo fenomeno rappresenta uno dei principali congegni attraverso cui la meccanica quantistica infrange le intuizioni della fisica classica e ispira pensamenti profondi e urtanti su come percepiamo la realtà.

Introduzione all'entanglement quantistico.

L'entanglement quantistico è un tipo di connessione fra particelle che trascende lo spazio e il tempo. Immaginate due particelle create insieme in modo che esistano in uno stato condiviso; quando queste particelle si allontanano, anche su distanze cosmiche, rimangono misteriosamente collegate. La misura fisica di una particella influisce istantaneamente sull'altra, indipendentemente dalla distanza che le separa.

Questo curioso fenomeno ha ricevuto una decisiva conferma sperimentale grazie al lavoro di John Bell, un fisico la cui celeberrima "disuguaglianza" ha dimostrato che nessuna teoria locale basata sulla fisica classica può spiegare l'entanglement quantistico. Nel 1982, l'esperimento condotto da Alain Aspect ha messo alla prova le idee di Bell, provando in modo assolutamente convincente che le previsioni della meccanica quantistica erano corrette. Da quel momento, l'entanglement non è solo una stramberia teorica, ma una realtà quantistica sperimentata.

A dispetto dei limiti della percezione umana e della nostra esperienza quotidiana, l'entanglement offre una finestra su un mondo in cui la "distanza" tra oggetti è più un'illusione che una realtà concreta. Questa nozione, apparentemente esoterica, ha il potere di capovolgere le nostre intuizioni ordinare e spalancare le porte a nuovi modi di pensare persino alle realtà non fisiche e paranormali.

Le premesse storiche dell'entanglement quantistico.

La storia dell'entanglement quantistico affonda le sue radici nei primi decenni del XX secolo, quando la fisica classica non riusciva più a offrire risposte soddisfacenti ai misteri del microcosmo. Max Planck, Albert Einstein, Niels Bohr e altri grandi pensatori dell'epoca furono pionieri di quella che sarebbe diventata una vera e propria rivoluzione: la meccanica quantistica.

Albert Einstein, insieme a Boris Podolsky e Nathan Rosen, ideò nel 1935 un esperimento mentale che divenne noto come il paradosso EPR nel 1935.

In un articolo, intitolato "Can Quantum-Mechanical Description of Physical Reality Be Considered Complete?", i tre scienziati sollevavano dubbi fondamentali sull'incompletezza della meccanica quantistica. Nell'articolo i tre scienziati sostennero che la teoria quantistica non poteva funzionare ma, se lo faceva, dovevano esistere "variabili nascoste" non considerate. Secondo Einstein, l'idea che due particelle potessero rimanere "connesse" a distanza sfidava il principio di località, che sostiene che gli oggetti distanti non possono influenzarsi istantaneamente.

Niels Bohr, il principale sostenitore dell'interpretazione di Copenaghen relativa alla teoria quantistica, rigettò il realismo di Einstein. Secondo Bohr, la meccanica quantistica non doveva spiegare le proprietà intrinseche degli oggetti ma solo il loro comportamento osservabile. Nel regno della quantistica, l'entanglement non rappresentava alcuna contraddizione; era piuttosto una testimonianza della natura intrinsecamente probabilistica e non deterministica della realtà stessa.

Il dibattito filosofico e scientifico sulla validità del paradosso EPR e dell'interpretazione di Bohr rimase in stallo per decenni, fino a quando un fisico sperimentatore francese, Alain Aspect, realizzò negli anni '80 l'esperimento cruciale proposto da John Bell per mettere alla prova queste idee.

Nato nel 1947 ad Agen, in Francia, Alain Aspect ha studiato alla prestigiosa École Normale Supérieure di Cachan, mostrando fin dall'inizio un grande talento per la fisica. Appassionato di meccanica quantistica, divenne il protagonista di una serie di esperimenti che avrebbero segnato un punto di svolta nella nostra comprensione della non-località quantistica. Con il suo lavoro, Aspect non solo dimostrò il fenomeno dell'entanglement, ma iscrisse il proprio nome tra i grandi innovatori della fisica del XX secolo.

Realizzazione pratica dell'esperimento.

L'esperimento di Aspect fu condotto presso l'Université Paris-Sud, a Orsay, negli anni tra il 1981 e il 1982. L'equipe guidata da Aspect comprendeva altri fisici brillanti, tra cui Philippe Grangier e Gérard Roger. La sfida era dimostrare sperimentalmente l'entanglement quantistico, verificando le disuguaglianze di Bell, formulate da John Bell nel 1964. Bell aveva offerto un modo per verificare se le particelle obbedivano alla causalità locale o se, al contrario, la meccanica quantistica stessa celava una più profonda e non intuitiva verità.

L'attrezzatura utilizzata da Aspect e il suo team era all'avanguardia per l'epoca: sorgenti di fotoni correlati, rivelatori di fotoni ultrarapidi e oscilloscopi per misurare i tempi di coincidenza con precisione. La preparazione sperimentale consisteva nel creazione di coppie di fotoni polarizzati che venivano poi inviati a due diversi rivelatori, posti a una certa distanza l'uno dall'altro. La polarizzazione misurata su un fotone risultava correlata istantaneamente a quella dell'altro, indipendentemente dalla distanza, in perfetto accordo con le previsioni quantistiche e violando efficacemente le disuguaglianze di Bell.

Il finanziamento di questo avanguardistico progetto venne principalmente da istituzioni accademiche francesi e da enti pubblici interessati alla ricerca fondamentali. Grazie a questa grande impresa, Aspect dimostrò che la connessione tra particelle entangled non è influenzata dallo spazio che le separa, anche quando queste vengono allontanate a distanze considerevoli: una prova schiacciante contro l'idea della località e le variabili nascoste.

L'impatto culturale e filosofico dell'entanglement.

L'entanglement quantistico non è solo un fenomeno scientifico: per molti, rappresenta una possibilità concettuale di aggirare i limiti fisici della realtà percepita. Ha trovato risonanza non solo nelle discipline scientifiche, ma anche nella filosofia, nella psicologia e nella cultura popolare. Il legame quantistico ha ispirato innumerevoli opere di fantascienza e discussioni profonde sulla natura della realtà e della coscienza stessa.

Ad esempio, molti autori hanno speculato sulle implicazioni cosmiche dell'entanglement, suggerendo che potrebbe spiegare alcuni fenomeni considerati "paranormali" o extra-sensoriali. Il modo in cui la non-località quantistica potrebbe integrare la rete della vita, l'interconnessione tra le menti o l'eventuale sopravvivenza della coscienza è stato esplorato in varie opere. Tuttavia, è fondamentale sottolineare che, mentre quest'idea è affascinante, la scienza attuale, prevalentemente materialista, non supporta alcuna affermazione che l'entanglement estenda effettivamente tali capacità all'esperienza umana fuori dagli ambiti prettamente quantistici.

Livelli più profondi di connessione con l'entanglement offrono anche possibilità di sviluppo tecnologico epocale. Pensiamo ai computer quantistici, che sfruttano l'entanglement per processare informazioni a velocità e capacità oltrepassanti quelle dei computer classici. I potenziali nel settore delle comunicazioni quantistiche sono altrettanto vasti, con sistemi di crittografia perfettamente sicuri basati su sistemi entangled. Si sta creando una nuova dimensione, praticamente promettendo una revisione totale delle attuali infrastrutture operative.

Una finestra sul futuro.

L'entanglement quantistico ci spinge a riconsiderare la struttura della realtà. Non è solo un mistero scientifico da esplorare: è una porta verso nuove comprensioni del mondo che ci circonda. Mentre la scienza avanza e la tecnologia continua a svilupparsi, rimaniamo sull'orlo di rivoluzioni che oggi appaiono solo in potenza.

Alain Aspect e colleghi hanno aperto un nuovo capitolo della fisica. Sebbene sia ancora difficile immaginare tutte le diverse direzioni in cui queste ricerche ci condurranno, una cosa è certa: l'entanglement ha fornito un esempio straordinario che demistifica la natura della realtà, sollevando domande fondamentali che guardano oltre il regno del tangibile e acuiscono la nostra sete di conoscenza. Mentre continuiamo il viaggio nella comprensione dell'universo quantistico, possiamo essere certi che ogni passo in avanti scoprirà più di quanto potremmo mai immaginare, offrendoci nel contempo visioni alternative e affascinanti della nostra stessa esistenza.

Interconnessione profonda e immediatezza.

L'entanglement solleva interrogativi profondi non solo in ambito scientifico, ma anche in quello filosofico e culturale. Sfida il concetto tradizionale di realtà separata e discreta e spalanca le porte a domande su come, in modo più ampio, percepiamo la nostra connessione con l'universo. Le idee di interconnessione profonda e immediatezza influenzano, non a caso, alcune correnti di pensiero filosofico e spirituale, che ritrovano un'eco nelle loro visioni del mondo olistico e interconnesso.

Albert Einstein, uno degli architetti della moderna fisica, non era a suo agio con questo aspetto della meccanica quantistica. Eppure, nonostante la sua resistenza emotiva, l'entanglement quantistico rappresenta una delle chiavi per comprendere l'universo su scala subatomica.

In sintesi, l'entanglement quantistico non è solo una sfida intellettuale: è una finestra aperta su una realtà sottostante che invita a riconsiderare ciò che sappiamo sul tempo, lo spazio, e le connessioni invisibili tra noi e tutto il resto dell'universo. Come in ogni argomento quantistico, apriamo il sipario su questo strano mondo con un mix di meraviglia, rispetto e, forse, un pizzico di umiltà davanti all'immensità del non conosciuto.

L'entanglement quantistico continua a essere in prima linea nella ricerca rivoluzionaria e nell'innovazione tecnologica, a cavallo tra la fisica teorica e le applicazioni pratiche. La sua natura peculiare, che sfida le intuizioni classiche sulla separabilità e l'indipendenza, ha aperto nuove prospettive sia nella scienza che nella tecnologia.

Ricerca attuale e sviluppi teorici.

L'attuale ricerca sull'entanglement quantistico è profondamente intrecciata con i progressi nella teoria dell'informazione quantistica e nella teoria dei campi quantistici. Gli scienziati stanno esplorando come le particelle entangled possono essere manipolate e controllate, portando a protocolli innovativi che sfruttano le loro proprietà uniche. In particolare, l'esplorazione dell'entanglement a molti corpi ha spinto una comprensione più profonda in aree come la fisica della materia condensata, dove i ricercatori studiano stati entangled della materia come isolanti topologici o liquidi di spin quantistici.

Inoltre, quadri teorici innovativi, come quelli che testano il principio olografico, suggeriscono che l'entanglement è una risorsa fondamentale per la costruzione dello spaziotempo stesso, il che implica che potrebbe in qualche modo essere alla base della geometria dell'universo. Queste idee spingono i confini del modo in cui comprendiamo la dimensionalità e la località.

L'entanglement a molti corpi.

L'entanglement a molti corpi è un fenomeno della fisica quantistica che si riferisce alla correlazione non banale tra le proprietà quantistiche di più particelle in un sistema. Mentre l'entanglement tradizionale coinvolge solitamente due particelle, l'entanglement a molti corpi espande questo concetto a un sistema che include tre o più particelle. Questo tipo di entanglement è importante perché gioca un ruolo cruciale nella comprensione dei sistemi quantistici complessi e ha applicazioni in vari campi, come la fisica dello stato solido, l'informatica quantistica e la teoria dell'informazione quantistica.

In un sistema a molti corpi, le particelle possono essere entangled in modi molto complessi e ricchi, superando di gran lunga le semplici correlazioni osservabili in sistemi a due corpi. Queste correlazioni emergono dalle interazioni tra le parti del sistema e possono portare a comportamenti emergenti che non sono facilmente prevedibili dalla semplice somma delle proprietà delle singole particelle. L'entanglement a molti corpi è fondamentale per comprendere fenomeni come la superconduttività, la superfluidità e le transizioni di fase quantistiche.

Dal punto di vista matematico, l'entanglement in questi sistemi è spesso descritto utilizzando funzioni d'onda o stati quantistici che non possono essere scomposti semplicemente come prodotto di stati individuali. Questo implica la necessità di tracce entropiche e misure complesse per quantificare il grado di entanglement nel sistema.

In sintesi, l'entanglement a molti corpi è una tessitura complessa di correlazioni quantistiche che ci aiuta a spiegare le proprietà collettive dei materiali e dei sistemi quantistici complessi, e rappresenta una frontiera affascinante e attiva della ricerca in fisica moderna.

L'entanglement come chiave di costruzione dello spaziotempo.

Immaginate l'universo come un grande ologramma, dove tutte le informazioni su di esso non sono contenute solo nei singoli punti dello spazio, ma distribuite su una superficie bidimensionale. Questo è il principio olografico, un'idea inizialmente emerse dalla ricerca sui buchi neri. Oggi questa idea sta guadagnando terreno come un modo possibile di capire l'enigma della gravità quantistica. Secondo questo quadro teorico, l'entanglement potrebbe essere la chiave per costruire lo spaziotempo stesso, cioè la struttura fondamentale del nostro universo. Forse i collegamenti istantanei tra le particelle sono ciò che dà forma e sostanza allo spazio che vediamo intorno a noi.

In pratica, questo implica che la connessione quantistica potrebbe essere alla base della geometria dell'universo. Leonard Susskind e Juan Maldacena, due dei maggiori pionieri in questo campo, hanno proposto che l'entanglement potrebbe generare "ponti" di collegamento nello spaziotempo, noti come ponti di Einstein-Rosen o "*wormholes*". È una prospettiva ancora da verificare sperimentalmente, ma l'idea che le connessioni apparentemente istantanee tra particelle possano sostenere la struttura dell'universo è affascinante.

Questa visione estesa ha indotto molti a riflettere su un possibile legame tra l'entanglement e fenomeni che spesso abbiamo relegato alla sfera del paranormale o del metafisico. Anche se la scienza attuale mantiene un rigido confine tra fisica quantistica e paranormale, l'idea che la realtà possa essere interconnessa a livello profondo e non percepibile colpisce l'immaginazione popolare. Alcuni teorizzano che esperienze come la telepatia o la percezione extrasensoriale potrebbero, in futuro, trovare spiegazioni legate a meccanismi quantistici sconosciuti.

Aggiungendo colori vividi a questa tela, storie popolari e narrazioni culturali hanno sempre esplorato idee di interconnessioni invisibili. Pensiamo alle antiche tradizioni mistiche che ci parlano di una rete della vita, o alle leggende e racconti che parlano di anime gemelle misteriosamente connesse. Confrontando questi resoconti con le avanzate teorie quantistiche, alcuni trovano ispirazione e un pizzico di magia nella scienza. Ne parleremo in un capitolo successivo.

In questo viaggio attraverso la fisica dell'impossibile, ci troviamo di fronte a un paradosso: mentre la scienza continua a svelare i misteri dell'entanglement, mostrando come queste connessioni influenzino il funzionamento del nostro universo, rimaniamo anche folgorati da un sentimento di umiltà. La natura profondamente intrecciata dell'entanglement ci ricorda che, malgrado le tecnologie avanzate e le straordinarie scoperte, c'è ancora molto da capire sul nostro esuberante e enigmatico cosmo. E in questo regno d'incertezza, persino il più piccolo dei "quantum twitches" potrebbe racchiudere l'essenza di un altro universo, tutto da scoprire.

Applicazioni nella tecnologia.

Nel dominio della non-località quantistica, la fisica diventa quasi un romanzo di fantascienza, popolato da fenomeni che sfidano la nostra intuizione quotidiana e aprono le porte a possibilità tecnologiche senza precedenti. Al centro di questa avventura vi è l'entanglement quantistico, un concetto che Albert Einstein definì con una certa perplessità come "azione spettrale a distanza". Ma nonostante le sue iniziali resistenze, le meraviglie dell'entanglement hanno da tempo superato il dominio del pensiero teorico per impattare tangibilmente le nostre vite. Infatti, l'entanglement quantistico è una pietra angolare di diverse iniziative tecnologiche rivoluzionarie.

Premessa sulla sovrapposizione di stati.

L'entanglement quantistico, questo fenomeno, che tanto sconcertava Albert Einstein, ha dato alla fisica una nuova comprensione del mondo subatomico, sfidando le nozioni tradizionali di spazio e tempo. Un aspetto cruciale di questo tema è la sovrapposizione quantistica di stati, che, insieme all'entanglement, rappresenta un elemento chiave nella rivoluzione quantistica.

Immaginiamo di essere nella Vienna dei primi anni 2000, in un laboratorio dedicato agli esperimenti avanzati di fisica quantistica. Qui si trova Anton Zeilinger, noto per il suo lavoro pionieristico sull'entanglement, il quale conduce esperimenti che un tempo sarebbero sembrati fantascienza. Zeilinger e il suo team riescono a dimostrare la non-località quantistica: due particelle, una volta entangled, rimangono connesse istantaneamente nonostante la distanza che le separa. Un cambiamento nello stato di una particella determina istantaneamente un cambiamento anche nell'altra, come fossero due ballerini perfettamente sincronizzati, ma ciascuno su un palco diverso.

La sovrapposizione quantistica è il cuore pulsante di questo strano balletto. Ogni particella quantistica esiste in un insieme di stati simultanei finché non viene osservata, come il famosa "gatto di Schrödinger", simultaneamente vivo e morto in una misteriosa coabitazione statistica, fino a che un osservatore non verifica le sue condizioni. Questo paradosso creato da Erwin Schrödinger negli anni '30 del secolo scorso, ci porta a riflettere sulla natura profonda della realtà e sulla nostra interazione con essa.

La sovrapposizione quantistica è un principio fondamentale della meccanica quantistica, secondo cui un sistema quantistico può esistere in una combinazione di più stati possibili contemporaneamente fino a quando non viene misurato.

La sovrapposizione avviene perché la meccanica quantistica non descrive eventi singoli con certezza, ma piuttosto in termini di probabilità. Solo al momento della misura, il sistema "collassa" in uno dei possibili stati, portando a un risultato deterministico.

La sovrapposizione è cruciale per il funzionamento dei computer quantistici. In questi computer i "qubit" possono esistere simultaneamente in uno stato che rappresenta sia '0' che '1', permettendo calcoli paralleli e una potenza di calcolo esponenziale.

Si tratta di una differenza gigantesca rispetto ai computer classici, dove ogni stato è soltanto "0" o soltanto "1".

Nella vita di tutti i giorni, l'entanglement e la sovrapposizione quantistica possono sembrare lontani. Tuttavia, questi fenomeni sono alla base delle tecnologie emergenti quali il computer quantistico e la crittografia quantistica. I computer quantistici, sfruttando la sovrapposizione, promettono di risolvere problemi che sarebbero inaccessibili ai calcolatori tradizionali.

Nel mondo dei quanti, il consueto si mischia all'inconcepibile, sfidando le nostre intuizioni e offrendo una visione dell'universo che supera i confini del qui e ora. L'entanglement e la sovrapposizione quantistica ci invitano a una danza di conoscenza continua, dove l'osservatore non è mai un semplice spettatore, ma parte integrante del grande spettacolo del cosmo.

Calcolo quantistico.

Immaginate due particelle create insieme che, nonostante le enormi distanze spaziali che le possono separare, rimangono in una connessione inviolabile: il cambiamento dello stato quantico di una comanda l'istantaneo adeguamento dell'altra. Questa proprietà è l'essenza dell'entanglement. Ma quale magia nera permette alle particelle di comunicare così istantaneamente? La risposta risiede nel misterioso abbraccio della meccanica quantistica, la teoria che descrive il comportamento delle particelle subatomiche, dove le classiche leggi della fisica vengono ribaltate.

L'entanglement diventa un ingrediente indispensabile nel calcolo quantistico, una tecnologia emergente che promette di riformulare il calcolo stesso. A differenza dei computer tradizionali, che operano con bit binari (0 o 1), i computer quantistici utilizzano qubit. Questi qubit possono trovarsi in una sovrapposizione di stati, cioè possono essere contemporaneamente 0 e 1, permettendo un nuovo tipo di parallelismo computazionale che esalta la potenza di calcolo. L'entanglement tra i qubit amplifica ulteriormente questa capacità, consentendo loro di risolvere problemi complessi a una velocità impressionante, irraggiungibile per i computer classici.

Un caso emblematico dell'efficacia dell'entanglement nell'ambito del calcolo quantistico è l'algoritmo di Shor, sviluppato da Peter Shor nel 1994. Questo algoritmo sfrutta l'entanglement per la fattorizzazione di numeri grandi, una sfida cruciale per la crittografia moderna. Se implementato su un computer quantistico sufficientemente potente, l'algoritmo di Shor potrebbe decodificare i cifrari attualmente considerati inviolabili, costringendo a ripensare l'intero panorama della sicurezza informatica.

Un aneddoto illuminante riguarda l'esperimento del 2017 condotto da un team di scienziati cinesi che riuscì a dimostrare l'entanglement su una scala mai prima d'allora immaginata: tra il satellite Micius, in orbita intorno alla Terra, e una stazione terrestre distante oltre 1.200 chilometri. Questo traguardo non solo confermò la straordinaria portata dell'entanglement, ma aprì anche nuove possibilità per la comunicazione quantistica sicura.

La cultura popolare ha anch'essa intercettato queste tematiche, dalle discussioni accademiche alle opere di fantasia come i romanzi di Michael Crichton e i film di Christopher Nolan, che, pur con licenze creative, invitano il pubblico a riflettere sui paradossi quantistici. La Serie TV "Devs" e il film "Tenet" esplorano concetti associati al mondo quantistico, traducendo in immagini il complesso linguaggio della fisica avanzata.

Nel mosaico della nostra storia scientifica, l'entanglement rappresenta una delle tessere più audaci e rivoluzionarie. La comprensione e l'applicazione di questo fenomeno non sono solo una conquista intellettuale, ma un viaggio che continua a ridefinire i confini del possibile. È come se la scienza ci offrisse un telescopio per scrutare un universo non solo lontano nello spazio, ma anche nel tempo e nella complessità delle leggi naturali. Mentre proseguiamo questa esplorazione, l'entanglement continua a essere la chiave per aprire porte verso un futuro ricco di nuove e affascinanti scoperte.

Crittografia quantistica.

Una delle applicazioni più affascinanti e promettenti dell'entanglement è la crittografia quantistica, un metodo che potrebbe rivoluzionare il modo in cui pensiamo alla sicurezza delle comunicazioni.

La crittografia classica si basa su problemi matematici difficili da risolvere, come la fattorizzazione dei numeri primi, per mantenere le informazioni al sicuro dai malintenzionati. Tuttavia, con l'avvento di potenti computer quantistici, queste fondamenta potrebbero non essere più affidabili. Entra in scena la crittografia quantistica, che sfrutta i principi dell'entanglement per offrire una forma di sicurezza che affonda le proprie radici nella stessa struttura della realtà quantistica. Al centro di questo approccio c'è la Distribuzione di Chiavi Quantistiche (*Quantum Key Distribution, o QKD*), un protocollo che utilizza coppie di particelle entangled per generare chiavi segrete tra due parti.

La bellezza del QKD risiede nella sua capacità di rilevare qualsiasi tentativo di intercettazione. Secondo il principio dell'indeterminazione di Heisenberg, misurare lo stato di una particella quantistica disturba inevitabilmente lo stato stesso. Così, qualsiasi tentativo di spiare il processo di distribuzione della chiave viene automaticamente rilevato, rendendo impossibile intercettare la comunicazione senza essere scoperti. Questa protezione integrata è ciò che rende la crittografia quantistica considerata praticamente indistruttibile.

Un esempio emblematico di questa tecnologia è stato dimostrato dal progetto SECOQC (*Secure Communication based on Quantum Cryptography*) dell'Unione Europea, che nel 2008 ha realizzato una rete di comunicazione crittografica quantistica funzionante. Questa rete ha utilizzato la QKD per collegare diverse città, mostrando al mondo che il futuro della comunicazione sicura potrebbe davvero essere alla nostra portata.

In parallelo, la Cina ha lanciato il primo satellite quantistico al mondo, Micius, nel 2016. Questo satellite è stato progettato per esaminare l'entanglement quantistico su scala cosmica e ha condotto con successo esperimenti di QKD tra Pechino e Vienna, coprendo distanze di oltre 7.600 chilometri. Questi esperimenti hanno segnato una pietra miliare, dimostrando che la crittografia quantistica potrebbe essere utilizzata per la comunicazione globale sicura.

Tra gli scienziati pionieri nel campo dell'entanglement, il fisico austriaco Anton Zeilinger è una figura chiave. Premiato con il Nobel per la Fisica, Zeilinger è stato uno dei primi a dimostrare l'entanglement su scala macroscopica e ha contribuito significativamente al progresso della QKD. La sua ricerca rappresenta un testamento dell'abilità umana di navigare le acque spesso tumultuose della fisica teorica per trovare soluzioni pratiche che cambiano il mondo.

Nel complesso, la crittografia quantistica basata sull'entanglement quantistico rappresenta non solo una frontiera tecnologica, ma un salto culturale nella nostra percezione della comunicazione e della sicurezza. Con la promessa di una protezione impenetrabile, queste tecnologie potrebbero ben presto diventare la base su cui costruire la fiducia nel nostro mondo sempre più interconnesso. E così, nel regno della non-località quantistica, si aprono nuovi orizzonti, non più confinati dalle limitazioni del pensiero classico, ma estesi all'infinito dalle possibilità della meccanica quantistica.

Teletrasporto quantistico.

L'entanglement quantistico è un fenomeno che sembra sfidare le intuizioni più profonde sul cosmo. A un occhio inesperto, potrebbe sembrare materiale per un romanzo di Philip K. Dick o un episodio di Star Trek, ma gli scienziati sanno che è una realtà ricca di potenzialità, soprattutto quando si parla di teletrasporto quantistico.

Immaginate un mondo in cui l'informazione può essere trasferita in maniera immediata da un punto all'altro dell'universo, come inviare un messaggio sulla Terra da Marte in un istante.

Valutiamo quali sarebbero i tempi oggi: Il tempo necessario per inviare un messaggio da Marte alla Terra dipende dalla distanza tra i due pianeti, che varia a causa delle loro orbite ellittiche intorno al Sole. Quando Marte e la Terra sono più vicini, in opposizione, la distanza è di circa 54,6 milioni di chilometri (33,9 milioni di miglia). Quando sono più lontani, in congiunzione, la distanza può raggiungere circa 401 milioni di chilometri (249 milioni di miglia).

La velocità della luce nel vuoto è di circa 299.792 chilometri al secondo (186.282 miglia al secondo). Pertanto, il tempo di viaggio di un segnale radio tra i due pianeti varia approssimativamente da:

- Circa 3 minuti e 3 secondi quando Marte è più vicino alla Terra.
- Fino a circa 22 minuti e 20 secondi quando Marte è più lontano dalla Terra.

Questi tempi rappresentano soltanto l'andata, quindi per una comunicazione bidirezionale (invio del messaggio e ricezione della risposta) bisogna raddoppiare questi tempi.

Bene, con il teletrasporto quantistico i tempi sarebbero praticamente simili a zero.

Come funziona? Partiamo da un principio intrigante: quando due particelle vengono "intrecciate", o entangled, lo stato di una è immediatamente connesso a quello dell'altra, indipendentemente dalla distanza che le separa. Albert Einstein, perplesso e un po' infastidito, lo soprannominò "azione spettrale a distanza". Tuttavia, i successivi esperimenti, tra cui quelli pionieristici di Anton Zeilinger, che ha poi vinto il Nobel nel 2022 per i suoi contributi fondamentali, hanno dimostrato che l'entanglement non era solo un'eccentricità teorica.

La Cina ha portato il teletrasporto quantistico a nuovi orizzonti in diversi esperimenti con il satellite Micius. Per esempio, nel 2017 la Cina ha realizzato un esperimento di teletrasporto di particelle fotoniche dal Tibet a un satellite in orbita terrestre, coprendo una distanza di oltre mille chilometri. Questa prodezza non prevedeva né la scomparsa né la ricomparsa delle particelle fisiche, ma il trasferimento dello stato quantico delle particelle stesse.

Il teletrasporto quantistico, come ci racconta il fisico Anton Zeilinger, *"non è un teletrasporto nel senso di Star Trek"* - non fa sparire i membri dell'equipaggio dall'Enterprise per farli apparire intatti su un pianeta alieno. Piuttosto, rappresenta una trasmissione di informazione pura e fondamentale da un luogo all'altro. E i suoi potenziali usi sono vasti quanto le nostre ambizioni tecnologiche. Pensiamo ai computer quantistici distribuiti o alla crittografia insensibile all'intercettazione. Ogni scambio di informazioni attraverso il teletrasporto quantistico è fondamentalmente sicuro grazie alla natura interconnessa dello stato entangled.

Un'altra immagine ricorrente tra i fisici è quella dell'affinità tra compagni di ballo separati da una folla, che si muovono in perfetta sincronia nonostante il caos attorno a loro. È un modo poetico per visualizzare questa connessione invisibile e istantanea che l'entanglement quantistico crea tra le particelle.

Al passo con la tecnologia, la nostra comprensione dell'universo e delle sue leggi deve continuamente adattarsi e crescere. L'entanglement quantistico ci offre non solo una sbirciata in questo mondo strano e meraviglioso, ma anche gli strumenti per plasmarlo. In definitiva, come ci ricorda Al passo con la tecnologia, la nostra comprensione dell'universo e delle sue leggi deve continuamente adattarsi e crescere. L'entanglement quantistico ci offre non solo una sbirciata in questo mondo strano e meraviglioso, ma anche gli strumenti per plasmarlo. In definitiva, come ci ricorda Niels Bohr, un altro padre della meccanica quantistica:

"chi non è rimasto scioccato dalla teoria quantistica non l'ha ancora capita".

E forse è proprio questo shock che ci spinge a esplorare sempre più coraggiosamente il regno della non-località quantistica..

Domande e sfide aperte.

Nonostante i progressi, persistono numerose domande e sfide aperte. in che modo l'entanglement influenza il mondo classico? I ricercatori stanno esplorando come gli effetti quantistici come l'entanglement possano coesistere e come, forse, possa dare origine alla fisica classica.

Entanglement e informazioni classiche.

Entrare nel regno della fisica quantistica significa entrare in un universo dove le leggi familiari vengono capovolte, come se fossimo in un romanzo avveniristico di Michael Crichton o in una delle intriganti narrazioni di Christopher Nolan. Al centro di questo enigmatico mondo c'è l'entanglement quantistico.

Ma qual è il legame tra questo misterioso fenomeno e il nostro quotidiano mondo classico, dominato da leggi apparentemente intuitive e prevedibili? Questa è una delle grandi domande che affascinano e sfidano i fisici del nostro tempo, e ben lontana dall'avere una risposta definitiva.

L'entanglement è un fenomeno in cui particelle subatomiche, una volta interconnesse, rimangono correlate in maniera che lo stato di una influenza immediatamente lo stato dell'altra, indipendentemente dalla distanza che le separa. Questo effetto è stato dimostrato in esperimenti celebri, come quelli condotti da Anton Zeilinger, il quale insieme ad altri pionieri come John Bell, ha contribuito a consolidare le basi teoriche e pratiche dell'entanglement. Gli esperimenti più ambiziosi includono quelli realizzati tramite il satellite Micius, che ha permesso una comunicazione basata su entanglement tra due luoghi a migliaia di chilometri di distanza.

Nonostante queste straordinarie conferme, il mistero dell'entanglement continua a serpeggiare nel modo in cui potrebbe influenzare la fisica classica. La questione fondamentale è come effetti puramente quantistici riescano a manifestarsi o persino a originare nel mondo delle grandi scale.

Uno dei quesiti centrali della fisica moderna è capire come il macroscopico mondo classico, in cui viviamo ogni giorno, emerga dal microcosmo quantistico governato da principi che, sulla scala umana, appaiono controintuitivi. Una delle teorie emergenti più discusse è quella della "*decoerenza quantistica*". Questa propone che l'interazione di sistemi quantistici con l'ambiente esterno porti alla perdita di coerenza quantistica, causando la transizione verso il comportarsi in modo compatibile con la fisica classica.

Un aneddoto interessante riguarda un esperimento noto come "il gatto di Schrödinger". Creato come paradosso teorico per illustrare le stranezze della sovrapposizione quantistica, è spesso utilizzato per discutere l'interazione tra enti microscopici e entità classiche. Tuttavia, la sua risoluzione nel contesto dell'entanglement rimane una delle frontiere più affascinanti della ricerca.

L'entanglement non solleva solo questioni scientifiche, ma anche filosofiche, venendo a sfidare le nozioni di separabilità e individualità tanto radicate nel pensiero occidentale. Se due particelle entangled possono interagire istantaneamente, cosa significa questo per il concetto di causalità?

Nella cinematografia, la saga di film come "Interstellar" di Nolan ha esplorato questi concetti, speculando su come la tecnologia del futuro possa sfruttare tali proprietà per la comunicazione attraverso le stelle. Nella narrativa, accenni alla fisica quantistica e ai suoi paradossi si moltiplicano, segno di quanto l'immaginario collettivo sia affascinato da questi enigmi.

La domanda che persiste è se sia possibile, un giorno, inquadrare l'entanglement come un ponte tra meccanica quantistica e fisica classica piuttosto che come un muro divisorio. Mentre la ricerca continua, il lavoro di pionieri come Zeilinger e il continuo interesse culturale suggeriscono che stiamo solo cominciando a scalfire la superficie di una comprensione più profonda.

In conclusione, l'indagine su come i fenomeni quantistici possano interagire e conformarsi al mondo classico è un viaggio che ci invita ad ampliare i nostri orizzonti, a guardare oltre le convenzioni scientifiche e a sognare nuovi mondi dove fisica e filosofia possono coesistere in modi che solo l'entanglement, con la sua enigmatica connessione, può suggerire.

La scalabilità dei sistemi entangled.

La scalabilità dei sistemi entangled rimane un ostacolo significativo. Man mano che aumenta il numero di particelle, mantenere la coerenza e controllare le interazioni senza decoerenza diventa esponenzialmente più difficile.

L'entanglement quantistico è un fenomeno così controintuitivo da sembrare uscito dalla penna di un autore di fantascienza. Eppure, questo concetto si è dimostrato reale, persino riproducibile nei laboratori. Immaginiamo due particelle, come due ballerini sincronizzati su piste lontane. Muovendosi in perfetta armonia, qualsiasi cambiamento nello stato di una influisce istantaneamente sull'altra, indipendentemente dalla distanza che le separa.

Uno degli esperimenti più significativi è stato orchestrato con il satellite cinese Micius, lanciato nel 2016, sotto la guida di ricercatori come il celebre fisico Anton Zeilinger, che sarebbe stato insignito del Premio Nobel per la Fisica nel 2022. L'esperimento ha dimostrato per la prima volta la possibilità di una comunicazione quantistica sicura tra stazioni terrestri distanti migliaia di chilometri.

Questo successo, mirabile nonostante la distanza, mette in luce le potenzialità dell'entanglement nel settore delle comunicazioni sicure, ma contemporaneamente evidenzia il grande ostacolo della scalabilità.

L'ampliamento della scala di sistemi entangled incontrati la rigida barriera della decoerenza. Quando le particelle entangled vincolano il loro destino, lo fanno in un fragile balletto quantico che l'interazione con l'ambiente può facilmente interrompere. La decoerenza si manifesta quando il sistema viene contaminato dai disturbi esterni, distruggendo l'informazione quantistica così delicatamente intrecciata, come un'eco di un bisbiglio perduto nel clamoroso rumore di fondo. Questo problema cresce esponenzialmente con l'aumento della complessità del sistema, alimentando una catena di domino in cui ogni particella aggiuntiva aumenta il rischio di perdita di coerenza.

Gli scienziati stanno esplorando vari approcci per superare questo limite, dall'uso di materiali superconduttori all'impiego di tecniche di errore correzione quantistica. È un po' come cercare di mantenere un enorme castello di carte intatto mentre un vento tagliente soffia attraverso di esso. Alcuni ricercatori hanno persino introdotto strutture di "*entanglement a cluster*", dove le particelle sono organizzate in modo tale da resistere meglio alla decoerenza.

Nonostante il passo da gigante rappresentato da esperimenti come quello del Micius, la scalabilità dell'entanglement rimane una questione aperta. Possiamo tracciare un parallelo con la famosa "*scala di Jack e il fagiolo magico*", dove ogni avanzamento promesso verso il cielo viene arrestato da avversità nuove e impreviste. Tuttavia, la promessa dell'entanglement è talmente rivoluzionaria che continua a spingere scienziati e ingegneri a salire quella scala, sfidando i limiti del possibile.

In definitiva, l'entanglement quantistico rappresenta una frontiera che, una volta compresa, potrebbe rivoluzionare la nostra interazione con il mondo elettronicamente e filosoficamente. E mentre questo viaggio verso la comprensione completa della non-località è ancora nei suoi primi capitoli, ognuno dei suoi esperimenti segna una nuova pagina nella storia dell'umanità, promettendo tecnologie che, fino a poco tempo fa, erano confinate nel regno dell'immaginazione.

Implicazioni fondamentali.

Sia i fisici che i filosofi sono attratti dalle implicazioni fondamentali dell'entanglement. Queto fenomeno mette in discussione le convinzioni consolidate sulla località fisica e sulla realtà, e l'esame del motivo per cui la natura consente stati così peculiari continua a stimolare dibattiti sulla natura della realtà stessa.

L'entanglement non è soltanto materia di contemplazione scientifica, ma anche di intenso dibattito filosofico. Le sue implicazioni fondamentali minano profondamente le concezioni consolidate di località e realtà. Nell'immaginario comune, siamo soliti pensare che per influenzare qualcosa sia necessario un contatto diretto o un intermediario visibile; tuttavia, l'entanglement ci conduce a una realtà dove gli oggetti possono interagire senza un mezzo tangibile.

La sperimentazione e la teoria hanno unito le forze per esplorare questi fenomeni. Scienziati come il premio Nobel Anton Zeilinger hanno spinto i limiti della nostra comprensione, conducendo esperimenti che sembrano smentire qualsiasi "variabile nascosta" che Einstein sperava potesse esistere.

Tuttavia, nonostante i progressi, persistono numerose domande e sfide aperte. Perché la natura consente tali connessioni speciali? Cosa ci dice l'entanglement sulla vera natura della realtà? Alcuni filosofi sostengono che potrebbe implicare una struttura fondamentale dell'universo diversa da qualsiasi cosa fino ad ora concepita. Questa è un'idea che trova eco nei principi della meccanica quantistica spesso visti più come un enigma che come una semplice tecnologia.

In definitiva, l'entanglement quantistico continua ad affascinare tanto i fisici quanto i filosofi, incitando discussioni che vanno ben oltre il campo della fisica, suggerendo che la nostra comprensione, e forse accettazione, della realtà possa necessitare di un profondo rinnovamento. All'alba del XXI secolo, questo misterioso intero ci invita a una nuova era di esplorazione intellettuale, nella quale ogni risposta sembra pronta a svelare altrettanti affascinanti enigmi.

In definitiva, l'entanglement quantistico continua ad affascinare tanto i fisici quanto i filosofi, incitando discussioni che vanno ben oltre il campo della fisica, suggerendo che la nostra comprensione, e forse accettazione, della realtà possa necessitare di un profondo rinnovamento. All'alba del XXI secolo, questo misterioso intero ci invita a una nuova era di esplorazione intellettuale, nella quale ogni risposta sembra pronta a svelare altrettanti affascinanti enigmi.

Interconnettività e informazione.

L'idea che l'entanglement possa svolgere un ruolo nel collegamento delle informazioni nell'universo è una prospettiva intrigante. Nuove intuizioni sui buchi neri, sulla gravità quantistica e sull'unificazione delle leggi fisiche continuano a emergere da questa linea di indagine.

La descrizione di Albert Einstein dell'entanglement quantistico come "spooky action at a distance" è diventata emblematica, catturando l'immaginazione sia degli scienziati che del grande pubblico. L'entanglement, questo legame invisibile e non locale tra particelle, suggerisce un'interconnessione dell'universo su scala subatomica che va oltre le convenzionali leggi fisiche. Sebbene i progressi nella comprensione di questo fenomeno siano straordinari, molte domande rimangono aperte, specialmente riguardo al ruolo dell'entanglement nel collegamento delle informazioni attraverso l'universo.

Ma c'è un aspetto ancora più intrigante del fenomeno, che lancia l'entanglement nei regni delle più profonde domande cosmologiche: il suo potenziale ruolo nella connessione dell'informazione attraverso l'universo. Questa linea di ricerca si intreccia strettamente con lo studio dei buchi neri, dei quali il fisico teorico Stephen Hawking, e successivamente altri, hanno rivelato possedere un paradosso informativo. È proprio qui che l'entanglement potrebbe fornirci nuovi strumenti per risolvere il mistero. L'informazione, che secondo le leggi termodinamiche sembrerebbe persa nei buchi neri, potrebbe in realtà essere conservata e trasmessa attraverso meccanismi quantistici ancora da comprendere appieno.

Oltre ai buchi neri, l'entanglement gioca un ruolo cruciale nell'annosa ricerca di unificare le leggi della fisica. La gravità quantistica, la teoria che cerca di conciliare la relatività generale con la meccanica quantistica, è un campo fertile per l'esplorazione dell'entanglement. Recenti teorie come la gravità a loop e la teoria delle stringhe trattano l'entanglement come un elemento essenziale per costruire modelli coerenti dell'universo. Alcuni teorici sostengono addirittura che l'entanglement potrebbe costituire la base fondamentale del tessuto stesso dello spazio-tempo.

Eppure, nonostante queste speculazioni e progressi, le domande sul perché e su come l'entanglement funzioni davvero rimangono numerose. Quali sono i limiti di questa connessione istantanea? È davvero possibile che l'entanglement possa contribuire all'unificazione delle leggi fisiche? E quali implicazioni avrà questo su come comprendiamo la realtà? Mentre cerchiamo di rispondere, il regno della non-località quantistica continua a promettere nuove scoperte al limite della nostra comprensione.

In conclusione, l'entanglement quantistico non è solo una curiosità teorica, ma un fenomeno che ha il potenziale per rivoluzionare diversi campi. Man mano che la ricerca procede, continua a svelare l'intricato arazzo del mondo quantistico, offrendo intuizioni profonde sulla natura fondamentale del nostro universo e aprendo le porte a tecnologie che un tempo appartenevano al regno della fantascienza.

Intuizione e scoperta dell'entanglement quantistico.

Nel regno affascinante e talvolta misterioso della fisica moderna, la meccanica quantistica emerge come una delle teorie più rivoluzionarie e, per molti versi, sconcertanti. Tra i numerosi fenomeni che la fisica quantistica ha portato alla luce, il concetto di non-località quantistica rappresenta un ponte verso una visione alternativa delle realtà non fisiche, aprendo una finestra su territori che sfiorano l'immaginario paranormale. Al centro di questo regno vi è il fenomeno noto come "entanglement quantistico", una scoperta che ha sfidato la nostra comprensione tradizionale di spazio e tempo.

L'entanglement quantistico può essere descritto come un legame invisibile ma potente che unisce due particelle, indipendentemente dalla distanza che le separa. Immaginate due batteristi che iniziano a suonare perfettamente sincronizzati, nonostante tra loro ci siano migliaia di chilometri e nessun mezzo di comunicazione quantistico tradizionale a disposizione. Questa sincronia istantanea tra particelle è quello che Einstein definì, non senza una punta di scetticismo, "spooky action at a distance" (azione spettrale a distanza).

La scoperta dell'entanglement risale agli albori della meccanica quantistica, negli anni '30 del XX secolo, quando Einstein, insieme a Boris Podolsky e Nathan Rosen, formulò il famoso paradosso EPR. Questo paradosso sollecitava la comunità scientifica a confrontarsi con l'idea che la meccanica quantistica, come descritta nell'interpretazione della Scuola di Copenhagen guidata da Niels Bohr, fosse incompleta, o che vi fosse qualcosa di più profondo da comprendere sul comportamento della realtà a livello quantistico.

Il paradosso EPR (Einstein-Podolsky-Rosen).

Al centro della fisica quantistica si trova il concetto di non-località quantistica, affrontato e discusso da alcuni dei più grandi cervelli del secolo scorso. Uno dei nodi principali di questo misterioso fenomeno è rappresentato dall'entanglement quantistico, esplorato attraverso il celebre paradosso EPR (Einstein-Podolsky-Rosen).

Correva l'anno 1935 quando Albert Einstein, insieme ai suoi colleghi Boris Podolsky e Nathan Rosen, intraprese una riflessione critica sulla meccanica quantistica, culminata nella pubblicazione di un articolo che avrebbe temporaneamente scosso le fondamenta della fisica teorica. Il paradosso EPR venne concepito non come una convalida, bensì come una sfida all'interpretazione ortodossa della meccanica quantistica, allora capeggiata da Niels Bohr e dal gruppo "di Copenhagen". Einstein, in particolare, nutriva un profondo scetticismo rispetto all'idea che delle particelle potessero influenzarsi istantaneamente a distanza, una caratteristica che considerava in contraddizione con la relatività, dov'egli stesso aveva dimostrato che nulla potesse viaggiare più veloce della luce.

Per comprendere appieno i presupposti del paradosso EPR, si può immaginare un esperimento mentale. Consideriamo una coppia di particelle quantistiche "entangled": quando una di esse viene misurata e il suo stato definito, l'altra particella, indipendentemente dalla distanza che le separa, assume istantaneamente una condizione congruente..

Immaginiamo due particelle correlate (A e B). La particella A ha una proprietà che definiamo come spin positivo. Invee la particella B possiede la proprietà complementare, cioè spin negativo.

Ora teniamo qui la particella Ae spostiamo su Andromeda la particella B. Se agiamo sulla particella A in modo che il suo spin da positivo diventi negativo, contemporaneamente lo spin della particella B cambia stato e diventa positivo. Ma come ha fatto la particella B a sapere che a particella A avrebbe cambiato stato?

Questa bizzarria suggerisce che le particelle condividono uno stato comune, che solo la loro unione contiene l'informazione completa del sistema: un concetto di non-località che sfida ogni intuizione classica.

Ciò appariva impossibile, per questo motivo Einstein e i suoi colleghi vedevano il paradosso EPR come la dimostrazione che la meccanica quantistica fosse una teoria incompleta, che necessitava di "elementi nascosti ". Questi elementi potevano essere delle variabili che, se correttamente incluse, avrebbero potuto mantenere le condizioni di causalità, località fisica e determinismo.

Niels Bohr rigettò con fermezza tale visione, insistendo che l'apparente azione a distanza era inerente alla natura della realtà quantistica e non un segno della sua incompletezza.

Questa disputa tra titani della scienza, arricchita negli anni da personalità del calibro di John Bell, scienziato che negli anni '60 formulò il teorema che porta il suo nome, ha rappresentato un terreno fertile per un dibattito filosofico e scientifico che ha travalicato i confini accademici. Gli esperimenti di Bell, specialmente quelli condotti da Alain Aspect negli anni '80, sembrarono dare ragione a Bohr, dimostrando che le disuguaglianze di Bell venivano violate in laboratorio, confermando la stranezza quantistica e la consistenza dei fenomeni di entanglement con le previsioni della meccanica quantistica.

L'impatto di questi risultati ha travalicato il mondo della fisica, estendendosi al campo della filosofia, dell'informatica e persino della coscienza. L'entanglement ha ispirato non solo rivoluzioni tecnologiche nel campo del calcolo quantistico ma ha anche alimentato una pletora di riflessioni spirituali e culturali circa la natura della realtà e la connessione tra il noto e l'ignoto.

Esempi dell'influenza dell'entanglement sulla cultura popolare abbondano: film di fantascienza, romanzi e serie televisive che affrontano temi di connessione universale, azione a distanza e percezioni extrasensoriali trovano una radice tangibile in questo fenomeno quantistico. In effetti, la percezione del mondo non è mai stata la stessa da quando la non-località richiese alle menti di ripensare il concetto di spazio e separazione.

In definitiva, il paradosso EPR e l'entanglement quantistico continuano a rappresentare una frontiera della conoscenza, invitandoci a esplorare le implicazioni di un universo dove il contatto tra le realtà non passa soltanto attraverso i confini materiali, ma anche attraverso connessioni istantanee e invisibili, quasi paradossali nella loro eleganza. È un richiamo a guardare oltre, a non fermarsi davanti a ciò che sembra per comprendere che, forse, l'universo è un intreccio dinamico e interconnesso, ben al di là delle limitazioni della nostra percezione attuale.

Altri fenomeni di non-località.

Mentre l'entanglement quantistico è il fenomeno più conosciuto di non-località, esistono altre manifestazioni che meritano attenzione, perché ci mostrano come le leggi che regolano l'universo subatomico possano infrangere le convenzioni del mondo macroscopico.

Collegamenti culturali e il fascino della non-località

Queste manifestazioni di non-località hanno trovato risonanza non solo nella scienza, ma anche nella cultura popolare e nelle riflessioni filosofiche. Letterati e pensatori spesso hanno rilevato paralleli tra questi fenomeni e le idee di interconnessione nella spiritualità e nella filosofia orientale, dove tutto è interconnesso in un grande tessuto cosmico. Fritjof Capra, nel suo libro "*Il Tao della Fisica*", esplora come i principi della meccanica quantistica possano riflettere antiche concezioni del mondo. Il libro offre una prospettiva unica che fonde la durezza della scienza con la saggezza delle filosofie orientali.

Fritjof Capra suggerisce un parallelo affascinante: questo comportamento stranamente coeso delle particelle potrebbe essere messo in relazione con le idee espresse in antiche filosofie orientali, in particolare quelle del Taoismo e del Buddismo. Entrambe le tradizioni contemplano la realtà come una rete intrecciata di fenomeni, intrinsecamente collegati l'uno all'altro. Capra cita spesso il concetto taoista del "Tao", l'ineffabile natura universale che collega ogni cosa nell'universo, un eco spirituale di quelle stesse interdipendenze che i fisici oggi vedono a livello subatomico.

Un esempio illuminante dell'approccio di Capra è l'analogia con l'immagine della rete di Indra, un concetto proveniente dall'induismo e buddismo, che descrive una rete infinita dove in ogni nodo risiede una perla. Ogni perla riflette il tratto di tutte le altre, simboleggiando così l'interconnettività di tutti gli esseri e oggetti nell'universo. Questa immagine risuona potentemente con l'idea di particelle quantistiche interconnesse in modi che sfidano l'intuizione classica.

Il modo in cui Capra collega i fili della mistica orientale con la fisica contemporanea non mira a dire che la scienza moderna è semplicemente una riscrittura delle antiche filosofie. Piuttosto, Capra sostiene che entrambi i domini possono offrire prospettive complementari su una realtà che, in ultima analisi, è complessa e inestricabile.

L'approccio di Capra sebbene talvolta sia criticato dalla rigida comunità scientifica per la sua apparente concessione all'esoterismo, viene ammirato per la sua capacità di far dialogare due campi di conoscenza che, in apparenza, sarebbero incompatibili.

Capra non è un isolato esploratore in questo mondo di idee. Carlo Rovelli, fisico italiano di fama internazionale, nei suoi scritti ricorda spesso come l'interconnessione e la relatività siano concetti centrali non solo nella fisica moderna ma anche nel pensiero filosofico antico. Questa "sinfonia" di conoscenze invita i lettori e studiosi a guardare oltre le apparenze separate delle cose e a riscoprire l'unità molteplice delle forme di conoscenza.

L'influenza del pensiero di Capra può anche essere vista nella crescente popolarità di discipline di studio che cercano una sintesi tra scienza e spiritualità, un sentiero che molti viaggiatori, fisici e filosofi, si trovano ancor oggi a percorrere. L'entanglement quantistico diventa così una metafora potente non solo per i vicoli ciechi della scienza, ma per l'esperienza umana collettiva, un invito a riconsiderare le connessioni invisibili che ci legano l'un l'altro e al nostro incantevole universo.

Inoltre, in ambito cinematografico, film come "Interstellar" sfruttano idee di fisica avanzata per costruire narrazioni avvolgenti che catturano l'immaginazione del pubblico, espandendo ulteriormente la portata di questi concetti.

Pochi film sono riusciti a intrecciare in modo coinvolgente complessi concetti di fisica avanzata con avventure mozzafiato come "Interstellar", il capolavoro diretto da Christopher Nolan. Questo film non solo intriga il pubblico con una storia epica e visivamente stupefacente, ma esplora anche il regno affascinante della non-località quantistica, in particolare attraverso il concetto di entanglement, un tema fondamentale della fisica moderna.

"Interstellar" racconta la missione di un gruppo di astronauti attraverso un *wormhole* vicino a Saturno, alla ricerca di un nuovo pianeta abitabile per garantire la sopravvivenza dell'umanità. Uno dei momenti più salienti del film è il viaggio dell'equipaggio attraverso il wormhole, un vero incrocio tra realtà scientifica e immaginazione. In queste sequenze, il film presenta una visualizzazione straordinaria di concetti come la relatività e le dimensioni aggiuntive, che sono anch'essi legati alle interazioni tra particelle descritti dalla fisica quantistica.

L'entanglement quantistico, benché non esplicitamente menzionato nel film, risuona nei temi di connessione e simultaneità che attraversano la narrazione. Il film esplora l'idea che l'amore e le emozioni possano indescrivibilmente legare le persone attraverso il tempo e lo spazio, riecheggiando la connessione istantanea tra particelle che definisce l'entanglement. In particolare, il rapporto tra Cooper, il protagonista interpretato da Matthew McConaughey, e sua figlia Murph, illustra questo legame non-locale, mostrando che i loro destini sono intrecciati al di là delle barriere fisiche.

Un aneddoto interessante riguarda la collaborazione con il fisico teorico Kip Thorne, che ha lavorato come consulente scientifico per il film. Thorne è noto per il suo lavoro sulle onde gravitazionali e sull'astrofisica dei buchi neri, e la sua influenza è evidente nella cura con cui i fenomeni scientifici sono integrati nella narrazione. La rappresentazione del buco nero Gargantua, ad esempio, è una delle più accurate nella storia del cinema, ispirata dalle simulazioni reali basate sulle equazioni di Einstein.

Gli effetti di dilatazione temporale che si verificano intorno a Gargantua sono un ulteriore esempio di come "Interstellar" sfrutti complessi fenomeni fisici per creare momenti drammatici indimenticabili. La famosa sequenza in cui gli astronauti atterrano su un pianeta vicino al buco nero, sperimentando ore che sulla Terra corrispondono a decenni, incarna una delle meraviglie del tempo relativo, un aspetto predetto dalla teoria della relatività di Einstein e che sfiora le problematiche affrontate dalla fisica quantistica nella comprensione dell'universo.

Nolan, attraverso "Interstellar", invita il pubblico a considerare non solo i limiti delle proprie percezioni, ma anche le connessioni invisibili e spesso inspiegabili che uniscono ogni forma di esistenza. Il film diviene così una sorta di meditazione cinematografica sui temi della fisica avanzata, un'opera che stimola la curiosità oltre il semplice intrattenimento visivo.

"Interstellar" ha dunque aperto un dialogo culturale su come idee estremamente complesse come l'entanglement quantistico possano diventare parte del nostro *"zeitgeist"* collettivo, influenzando sia la sfera dell'arte che quella della scienza.

Il termine "zeitgeist" indica complessivamente il clima intellettuale, morale e culturale predominante di un'epoca. In questo caso si riferisce ottimamente alla comprensione culturale collettiva e all'influenza di concetti scientifici complessi, come l'entanglement quantistico, specialmente come rappresentato nel film "Interstellar".

Grazie alla maestria narrativa di Nolan e alla profondità scientifica offerta da Thorne, il film continua a ispirare nuove generazioni di appassionati, studiosi e sognatori, dimostrando che anche i confini della fisica più avanzata possono essere esplorati attraverso la lente della creatività cinematografica.

In sintesi, la non-località quantistica, con la sua capacità di unire matematica, scienza e filosofia, apre una finestra su una realtà che sembra sfuggire ai tradizionali confini del pensiero deterministico. Se da un lato questi concetti sono matematicamente mirabili e sperimentalmente confermati, dall'altro evocano meraviglia e stupore, ricordandoci che l'universo nasconde ancora molti segreti da svelare e che, in definitiva, la scienza è di continuo sul sentiero della scoperta.

L'effetto Aharonov-Bohm. La distanza è relativa.

Uno dei fenomeni più intriganti ricollegabili alla non-località è l'effetto Aharonov-Bohm, scoperto teoricamente da Yakir Aharonov e David Bohm nel 1959. Questo effetto dimostra che una particella carica che si muove in una regione dove il campo magnetico è nullo può comunque risentire degli effetti di un campo magnetico confinato in una regione vicina. È come se il campo magnetico, pur stando dietro a un recinto invisibile, potesse toccare le particelle che si muovono dove il campo apparentemente non dovrebbe avere alcun potere. Questo evento ha sfidato l'idea classica secondo cui solo i campi direttamente applicati possono influenzare le particelle, suggerendo l'esistenza di un tipo di "azione a distanza" molto particolare.

Nel misterioso regno della non-località quantistica, dove le leggi del mondo microscopico sfidano la nostra intuizione e aprono nuove prospettive sulla realtà, l'effetto Aharonov-Bohm si staglia come una meravigliosa finestra su una realtà diversa dalle percezioni ordinarie. Questo curioso fenomeno rivela come la distanza non sia un barriera invalicabile nelle dinamiche quantistiche, ma piuttosto un'illusione gestita dalle stranezze della fisica.

Immaginate di camminare lungo un viale, sentendo un leggero vento che agita i capelli. All'improvviso, sapete con certezza che quello che sentite non è simile al soffio percepito da chiunque altro. Si tratta di un vento invisibile, che viene dal nulla, e solo voi sentite la sua forza. Ecco, in termini quantistici, ciò che accade con l'effetto Aharonov-Bohm. Le particelle cariche, anche se transitano in regioni dove il campo magnetico dovrebbe essere assente, riescono inspiegabilmente a percepire il suo "tocco" da lontano. È come se il campo magnetico, imprigionato dentro una scatola sigillata, estendesse invisibili tentacoli in grado di influenzare la realtà circostante.

Il fenomeno affascina e disorienta perché sfida la concezione classica secondo cui solo i campi applicati direttamente possono influenzare il moto delle particelle. Invece, in ambito quantistico, è il potenziale vettore del campo (un "fantasma" del campo stesso, si potrebbe dire) a fare il lavoro.

La portata rivoluzionaria di questo effetto è stata tanto controversa quanto stimolante. Oliver Heaviside e Michael Faraday, pionieri del concetto di campo, probabilmente si girerebbero nella tomba di fronte a tale superamento della loro colossale impresa scientifica: il campo, almeno per come lo concepivano, doveva agire in loco, direttamente e tangibilmente. Eppure, lo sviluppo della teoria quantistica rivelò ben altro.

Al di là delle strette maglie della fisica teorica, l'effetto Aharonov-Bohm è stato osservato in esperimenti pratici. Dai sottili anelli di materiale superconduttore in laboratori tecnologicamente avanzati sparsi nel mondo alle sottilissime interferenze osservate nei modelli di diffrazione degli elettroni, questo effetto ha trovato casa negli esperimenti che scandagliano i confini della nostra comprensione.

Molti vedono nelle implicazioni di non-località una finestra aperta anche su considerazioni filosofiche riguardanti la connessione tra gli eventi, richiamando temi attigui alla cultura e alla psicologia per come percepiamo causalità e azione a distanza. L'effetto Aharonov-Bohm ci sfida a riconsiderare la separazione tra "qui" e "là," tra il visibile e l'invisibile, spingendoci a ridefinire ciò che intendiamo per realtà e connessione.

Siamo dunque davanti a un paradosso dal sapore talvolta quasi paranormale, dove l'invisibile diventa potente e l'impalpabile agisce.

L'Effetto Casimir. Forze che nascono dal vuoto quantistico.

L'effetto Casimir, proposto da Hendrik Casimir nel 1948, è un altro esempio significativo. Quando due piastre metalliche sono poste molto vicine tra loro nel vuoto, si verifica una forza attrattiva tra di loro non dovuta a interazioni elettromagnetiche convenzionali, ma piuttosto alle fluttuazioni quantistiche del vuoto. Questo fenomeno rappresenta una sorprendente manifestazione della non-località: una sorta di "compressione" dello spazio vuoto che riempie il vuoto tra le piastre, dimostrando che anche il nulla può sprigionare forza. Questa è una verità che sembra uscita da un racconto di fantasia.

Nel regno della non-località quantistica, l'Effetto Casimir ci offre una finestra suggestiva su una realtà dove le leggi della fisica si intrecciano con il mistero e la meraviglia.

Immagina due piastre metalliche, talmente vicine tra loro senza però toccarsi nel mare insondabile del vuoto. Non c'è alcuna forza magnetica né elettrica a unire queste superfici, eppure, esse vengono attratte impercettibilmente l'una verso l'altra. Come è possibile? La risposta si nasconde nelle fluttuazioni quantistiche del vuoto. Ciò significa che nel vuoto particelle virtuali emergono, danzano brevemente nella loro effimera esistenza, e svaniscono, creando una pressione che spinge le piastre a unirsi..

Una lezione di non-località.

Questo effetto incarna una forma particolare di non-località. La forza che si manifesta tra le piastre è un prodotto dell'interazione con ogni fluttuazione che esiste nello spazio vuoto circostante, ovunque, e non solo tra le piastre. È come se l'intero universo partecipasse a questo delicato equilibrio, rendendo l'idea di "spazio vuoto" una tela piena di possibilità. Si tratta di una "tela" che è stata capace di impressionare molti pionieri del pensiero non convenzionale, come il visionario Albert Einstein.

L'effetto Casimir è stata una fonte d'ispirazione e riflessione non solo tra i fisici ma anche tra filosofi e cultori del paranormale. L'idea che "il nulla" possa generare una forza tangibile ha alimentato anche narrazioni fantascientifiche, da autori come Isaac Asimov e Philip K. Dick, che hanno esplorato universi paralleli e alternative realtà dove le leggi fisiche sono costrette ad adeguarsi ai limiti dell'immaginazione umana..

In un contesto più filosofico, l'Effetto Casimir solleva domande intriganti: se il vuoto può sprigionare energia, cosa potremmo scoprire di più nelle dimensioni invisibili che ci circondano? E, ancora, esiste un livello di consapevolezza e collegamento che sfugge al nostro attuale orizzonte conoscitivo?

In laboratori sparsi per il mondo, scienziati continuano a sondare le profondità del vuoto, esplorando applicazioni pratiche di questi principi esoterici, dalle nanotecnologie alla cosmologia. Forse un giorno potremmo vedere l'Effetto Casimir protagonista in azioni che alimentano nuove tecnologie, o ancora meglio, nuove comprensioni del cosmo stesso.

L'Effetto Casimir ci invita dunque a riflettere su una realtà invisibile ma potente, affine a quelle narrazioni mistiche ed esoteriche che affascinano l'umanità da tempi immemorabili. Un mondo che sembra prendere vita da un racconto di fantasia, ma che si rivela, in fondo, parte integrante del tessuto dell'universo, dove le regole della fisica si dipanano oltre il visibile, spalancando orizzonti sconfinati sulla natura ultima della realtà.

L'Effetto tunnel e l'interferenza quantistica.

La meccanica quantistica, pilastro della fisica moderna, ha spalancato porte su realtà che sfidano l'intuizione. Tra i fenomeni che violano palesemente le aspettative quotidiane delle convenzioni spazio-temporali, troviamo l'effetto tunnel e l'interferenza quantistica. Questi esempi di non-località quantistica arricchiscono la nostra comprensione scientifica, e alimentano ipotesi filosofiche relative ai confini tra il fisico e il paranormale.

Consideriamo il fenomeno dell'effetto tunnel. Immaginate una sfera che deve superare una collina. Nel mondo macroscopico, la sfera avrà bisogno di energia sufficiente per raggiungere la cima e rotolare verso il basso dall'altro lato. Tuttavia, nel regno quantistico, una particella può simulare un tunnel attraverso una barriera energetica apparentemente insormontabile senza bisogno di salire per superare la sommità della collina. Apparentemente, la sfera attraversa la base della collina. Questo è l'effetto tunnel.

Un esempio notevole è quello della fusione nucleare nel cuore delle stelle. Le temperature nel nucleo solare, sebbene elevatissime, non sarebbero teoricamente sufficienti per superare le *barriere coulombiane* necessarie affinché i nuclei si avvicinino abbastanza da fondersi. Eppure, le reazioni avvengono, proprio grazie all'effetto tunnel, permettendo alle stelle di brillare.

Le barriere coulombiane sono un concetto utilizzato in fisica, specialmente nel contesto della fisica nucleare e della chimica. Si riferiscono al potenziale energetico generato dalla repulsione elettrostatica tra particelle cariche, come i nuclei atomici.

Quando due particelle cariche positive, come due nuclei atomici, si avvicinano, essi sperimentano una forza di repulsione a causa delle loro cariche positive. Questa forza repulsiva deve essere superata per permettere ai nuclei di avvicinarsi abbastanza da permettere alle forze nucleari attrattive (forze nucleari forti) di prendere il sopravvento, consentendo processi come la fusione nucleare.

La "barriera coulombiana" è dunque una misura di quell'energia elettrostatica che deve essere superata. Nei fenomeni di fusione, ad esempio, questa barriera è particolarmente rilevante: affinché la fusione avvenga, le particelle devono avere sufficiente energia cinetica per superare la barriera coulombiana. Questo è spesso realizzato tramite alte temperature o pressioni, che forniscono la necessaria energia termica per superare le forze repulsive.

L'effetto tunnel ha portato alla nascita di tecnologie rivoluzionarie come il microscopio a scansione di effetto tunnel (STM), che consente di visualizzare e manipolare gli atomi sulla superficie dei materiali, un'impresa prima inimmaginabile. Questo strumento ha aperto le porte al nano mondo, trasformando la scienza dei materiali e le nanotecnologie.

Interferenza quantistica. Il gioco di ombre tra onde e particelle.

L'interferenza quantistica sfida ulteriormente la nostra comprensione del reale. Per illustrare il concetto, riflettiamo sull'esperimento della doppia fenditura, una delle meraviglie della fisica moderna. In questo esperimento, quando una singola particella, come un fotone o un elettrone, viene sparata contro una barriera con due fenditure, si comporta non come una semplice "sfera", ma esibisce caratteristiche ondulatorie.

Se una particella attraversa le fenditure raggiungendo un rilevatore posti al di là, l'interferenza quantistica crea un pattern sorprendente di fasce luminose e scure, come onde che si intersecano in uno stagno. Tale comportamento si manifesta anche quando le particelle vengono inviate una alla volta, producendo lo stesso pattern d'interferenza dopo un certo tempo.

L'interferenza quantistica è alla base della tecnologia laser e dei moderni strumenti di comunicazione basati sui principi della fotonica. Più intrigante è il suo esito per la crittografia quantistica, offrendo la possibilità di una comunicazione sicura quasi inviolabile.

Filosofia e non-località. Oltre la fisica.

La non-località quantistica stimola riflessioni profonde sul reale, provocando autori e pensatori oltre il regno fisico. Prendiamo per esempio il fisico David Bohm, che propose la visione di un universo implicato, dove la separazione e l'indipendenza degli oggetti fisici sono solo illusorie. La filosofia orientale, in particolare il concetto di interconnessione presente nel buddismo e nell'induismo, trova risonanza in queste idee.

Viviamo in un'epoca in cui la scienza del microscopico si mescola alle riflessioni esistenziali, lambendo il terreno del paranormale. La non-località quantistica ci offre uno sguardo dentro una realtà che potrebbe essere diversa da come la percepiamo: un invito a riconsiderare i nostri presupposti sul mondo e a immaginare quali altri segreti possa serbare la natura, ben oltre il visibile.

Teoria dei campi quantistici e non-località.

Uno dei più complessi arazzi del tessuto quantistico è la teoria dei campi quantistici (QFT), l'evoluzione della meccanica quantistica che incorpora i principi della relatività ristretta. Immaginate un universo in cui le particelle non sono "cose" discrete ma eccitazioni di campi che permeano tutto lo spazio. Come onde in un oceano invisibile, questi campi possono interagire in modi che sfidano la locale separazione degli eventi.

La QFT è il linguaggio che utilizziamo per descrivere le particelle elementari e le loro interazioni, e offre una nuova lente attraverso la quale osservare la non-località. Ogni particella, da un fotone a un elettrone, si comporta come un "quanto" di eccitazione di un campo quantistico propagantesi attraverso lo spazio. In questo contesto, gli eventi che un tempo credevamo separati possono ora rivelarsi intimamente connessi.

Una delle più straordinarie manifestazioni della non-località nella QFT è il fenomeno della polarizzazione del vuoto, in cui il vuoto quantistico, lungi dall'essere vuoto, brulica di particelle virtuali che appaiono e scompaiono spontaneamente. Questo processo non è limitato da barriere fisiche e temporali rigorose, e talvolta queste fluttuazioni possono innescare effetti su scala macroscopica, come la produzione di coppie particella-antiparticella.

Nella cultura popolare, queste idee riecheggiano nella fantascienza e nella filosofia, dove la fluttuazione spontanea e le connessioni invisibili ispirano racconti di mondi paralleli e viaggi nel tempo. Uno dei paralleli più affascinanti si trova nel mito dell'entanglement quantistico, un tema caro a molti scrittori di fantascienza, da Philip K. Dick a Christopher Nolan.

In ambito scientifico, il fisico teorico Richard Feynman, uno dei padri fondatori della QFT, usava spesso diagrammi per rappresentare le interazioni tra particelle, fornendo una chiave di lettura visiva alla complessa danza dei campi intessuti in uno spazio-tempo elastico. Questi "*Feynman Diagrams*" sono stati le mappe che hanno guidato gli scienziati attraverso le terre inesplorate della non-località.

La teoria dei campi quantistici ci invita a ripensare il concetto di posizione e movimento. Qui, i principi di causalità e relatività intrecciano un nuovo "*reality thread*" dove, come suggerisce il teorema CPT (*coniugazione di carica, parità, e inversione del tempo*), molte delle intuizioni che abbiamo sul tempo e sulla materia sono rovesciate.

Questo spunto ci offre uno sguardo su una possibile visione alternativa delle realtà non fisiche, avvicinando la fisica quantistica a ciò che spesso è relegato al paranormale. E, se può suonare un po' incredibile, basta ricordare che la scienza, per propria natura, si avventura costantemente oltre i confini del conosciuto, in un viaggio continuo verso l'orizzonte dell'ignoto. Così, sotto il cielo quantistico, ognuno di noi può trovare una chiave per aprire nuove porte nella comprensione della meravigliosa tela della realtà.

Capitolo 3. Localismo e non-località.

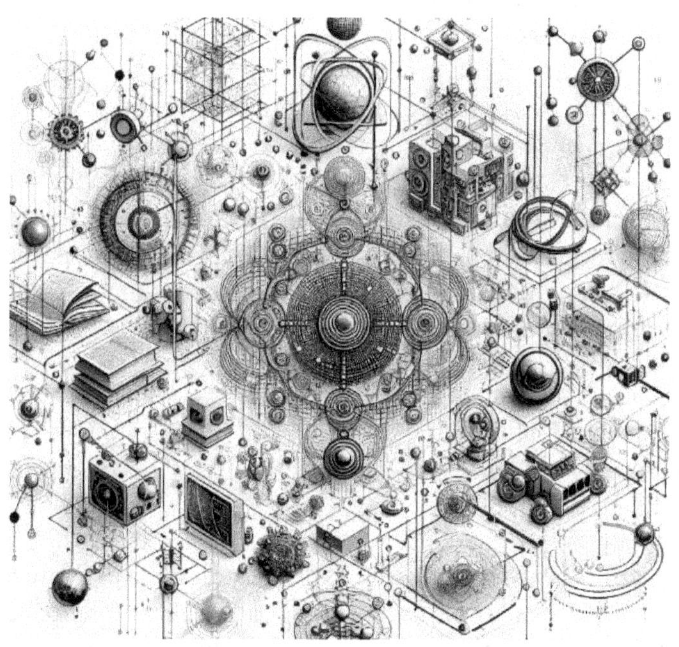

Confronto di principi.

Nel regno della non-località quantistica, le nostre percezioni tradizionali della realtà vengono sfidate e ampliando nuove frontiere. La fisica classica ci ha insegnato a pensare in termini di località: un principio secondo cui gli oggetti possono influenzarsi reciprocamente solo attraverso interazioni avvenute nel tempo e nello spazio in modo immediato e limitato. Insomma, senza nessuna "azioni a distanza" istantanee.

Ma con l'avvento della meccanica quantistica, questo concetto familiare viene radicalmente messo in discussione dalla non-località. In questo bizzarro mondo microscopico, due particelle possono essere intrecciate in un modo tale che la misurazione dello stato di una influisce istantaneamente sull'altra, indipendentemente dalla distanza che le separa. Immaginate di avere due monete: se una mostra una faccia, l'altra contemporaneamente mostra la faccia opposta, nonostante possano trovarsi agli opposti del pianeta.

Località fisica e non-località. Differenze teoriche fondamentali.

L'enigma della non-località ha ispirato racconti, film e speculazioni su connessioni invisibili che potrebbero andare oltre la fisica. L'idea che l'universo sia più interconnesso di quanto possa sembrare si sposa facilmente con visioni alternative e paranormali della realtà.

Così, il confronto tra località e non-località non è solo una questione di fisica teorica, ma apre una vera e propria finestra su una realtà che può sembrare non fisica ai nostri occhi.

Einstein stesso, per quanto scettico, ci ha involontariamente invogliati ad accettare che ciò che consideriamo bizzarro oggi potrebbe essere il fondamento di una nuova comprensione domani. E forse, nel cuore della non-località, troveremo nuove risposte su come tutto ciò che esiste sia interconnesso nel vasto ed enigmatico tessuto dell'universo.

Impossibilità di simultaneità e implicazioni sui principi di causalità.

Immaginiamo per un istante il mondo come una vasta tela di connessioni, dove ogni evento è legato al suo immediato contesto spazio-temporale. Praticamente, la rappresentazione classica come era prospettata inizialmente da Isaac Newton, e poi da Albert Einstein con la sua teoria della relatività. Qui, il principio di località sembra regnare incontrastato: nessuna azione può esercitare la sua influenza se non toccando fisicamente il suo obiettivo o almeno viaggiando nella sua direzione a una velocità inferiore o uguale a quella della luce.

Tuttavia, l'arrivo della meccanica quantistica ha sconvolto questa visione ordinata. Il fenomeno dell'entanglement, notoriamente definito da Einstein come "azione spettrale a distanza", introduce l'idea che due particelle, una volta intrecciate, possano influenzarsi istantaneamente anche quando sono separate da distanze cosmiche. In un famoso esperimento, Alain Aspect negli anni '80 ha dimostrato che questa correlazione avviene più velocemente di quanto qualsiasi segnale fisico possa viaggiare, infrangendo il limite invalicabile della velocità della luce e mettendo in crisi il concetto di simultaneità.

L'impossibilità di definire la simultaneità in modo univoco tra due eventi distanti ci costringe a riconsiderare la causalità: se due avvenimenti possono influenzarsi immediatamente, da quale idea di causa ed effetto possiamo partire? Questo dilemma suggerisce che, su scala subatomica, la catena di eventi che ci pareva lineare potrebbe seguire logiche più tortuose e circolari.

La non-località quantistica, attraverso l'entanglement, sfida la linearità del tempo e solleva interrogativi che si estendono ben oltre la fisica pura. Nel romanzo "La fine dell'eternità" di Isaac Asimov, l'autore esplora la natura del tempo e degli eventi simultanei o meno, un tema che oggi appare ancor più rilevante nel contesto della fisica quantistica.

"La fine dell'eternità" è un romanzo di fantascienza di Isaac Asimov pubblicato per la prima volta nel 1955. L'opera è considerata uno dei capolavori di Asimov e affronta temi complessi legati al tempo, alla moralità delle decisioni umane e alle conseguenze dei viaggi temporali.

Il romanzo è ambientato in un'epoca in cui esiste un'organizzazione chiamata "Eternità", composta da individui chiamati "Eterni", che hanno la capacità di viaggiare nel tempo e alterare la storia per il bene dell'umanità. Gli Eterni intervengono per rimuovere eventi considerati dannosi o per ottimizzare le linee temporali allo scopo di ridurre al minimo la sofferenza umana e massimizzare il progresso globale.

Il protagonista, Andrew Harlan, è un Tecnico, uno degli Eterni addetti a eseguire fisicamente i cambiamenti nella realtà. Durante una delle sue missioni, Harlan s'innamora di una donna chiamata Noÿs Lambent, un incontro che lo porta a mettere in discussione i principi dell'Eternità e le morali dei continui interventi temporali.

Isaac Asimov utilizza la trama per esplorare temi quali il libero arbitrio, le conseguenze non intenzionali delle azioni umane e la natura del progresso. Un elemento centrale della storia è il paradosso temporale, che viene utilizzato per creare tensione narrativa e riflessione filosofica. La gestione degli eventi simultanei e non simultanei è trattata con grande abilità, introducendo complessità su come il tempo potrebbe essere modificato e sulle implicazioni etiche di tali modifiche.

"La fine dell'eternità" discute anche la natura dei cambiamenti storici e critica l'idea che si possa creare una società perfetta eliminando i conflitti e le sfide che, paradossalmente, spesso spingono l'umanità verso nuove idee e progressi. L'opera di Asimov invita i lettori a riflettere sul significato profondo della libertà e sull'importanza di accettare l'incertezza come parte della condizione umana.

Anche celebri filosofi contemporanei, come Alain Badiou, hanno visto nella non-località una metafora per potenziali legami umani e sociali che ignorano le distanze convenzionali.

E se questa prospettiva fosse una porta aperta verso una concezione dell'universo più interconnessa di quanto abbiamo mai immaginato? La non-località potrebbe forse fornire la cornice scientifica per capire fenomeni che, per secoli, sono stati relegati al dominio del mistico e dell'ignoto. La connessione immediata tra luoghi lontani e il superamento delle barriere temporali evocano scenari quasi paradossali di un reale che non conosce confini.

Attraverso questi occhi, la fisica quantistica non è solo un freddo calcolo matematico, ma un invito a reimmaginare il cosmo e la nostra esistenza al suo interno.

Le implicazioni della non-località nella meccanica quantistica hanno suscitato interessi non solo nella fisica teorica, ma anche nelle discussioni filosofiche e culturali. La non-località sfida visioni tradizionali della realtà, in cui effetti a distanza istantanea sembrano violare la nozione classica di causalità e simultaneità.

Modelli interpretativi.

Immaginate di essere nella Vienna di inizio Novecento, avvolti dalla musica di Mahler e dai romanzi di Kafka. Fu in questo periodo storico, tra caffè affollati e accademie luminose, che si gettarono le basi per una delle rivoluzioni più straordinarie della scienza moderna: la meccanica quantistica. Questa teoria, nata dall'incontro tra intelligenza e immaginazione, ha dischiuso porte su un mondo che sfida la nostra concezione della realtà, un mondo in cui il concetto di non-località ha spinto il nostro pensiero oltre i confini del visibile.

Interpretazioni e protagonisti:

La fisica quantistica non offre una sola interpretazione: come in un romanzo di Borges, esistono diversi sentieri che si biforcano. Tra questi, il dibattito tra localismo e non-località assomiglia a un complesso gioco di scacchi che vede protagonisti giganti del pensiero come Albert Einstein e Niels Bohr. Essi furono i leader di due scuole di pensiero: il primo diffidente verso le inquietanti implicazioni della non-località, il secondo in favore dell'accettazione delle stranezze quantistiche come parte integrante del nostro universo.

L'interpretazione di Copenhagen, patrocinata da Niels Bohr, è la più tradizionale e diffusa. Propone che le proprietà delle particelle quantistiche non siano definite fino a quando non vengono misurate, un po' come nelle opere di Italo Calvino, dove le cose diventano reali solo nella misura in cui interagiamo con esse.

Il pensiero di Italo Calvino sulla realtà delle cose.

Italo Calvino esplora il tema della realtà e della percezione in molti dei suoi lavori, spesso mettendo in dubbio l'idea di un mondo oggettivo e sottolineando invece l'importanza dell'interazione personale e soggettiva per creare significato e realtà. Esistono molti esempi tratti dai suoi scritti che illustrano questo tema.

Il romanzo "Le città invisibili" (1972) è una serie di descrizioni di città immaginarie che Marco Polo racconta all'imperatore Kublai Khan. Ogni città rappresenta un diverso aspetto dell'esperienza umana e della condizione urbana. Calvino suggerisce che le città esistano nella misura in cui vengono immaginate e descritte da Polo, enfatizzando come la percezione e la storia personale di ciascun viaggiatore influiscano sulla realtà delle città stesse. Le città prendono forma attraverso la narrazione e le aspettative degli osservatori, evidenziando come la realtà sia costruita attraverso l'interazione e la comprensione soggettiva.

Nel romanzo "Se una notte d'inverno un viaggiatore", scritto nel 1979, Calvino utilizza una struttura narrativa unica e "metanarrativa", in cui il lettore stesso diventa un personaggio coinvolto nell'esplorazione di vari inizi di storie che non si concludono mai. La realtà del racconto cresce e si evolve nel momento in cui il Lettore (il protagonista) interagisce con i diversi testi e frammenti di narrazione. L'esperienza della lettura e l'interazione con il libro stesso diventa un atto che dà modo al racconto di esistere.

Nel caso di "Il castello dei destini incrociati" (1973) i personaggi rimangono senza parole e raccontano le loro storie attraverso la disposizione dei tarocchi. Ogni interpretazione delle carte combina diverse narrazioni e significati. Le storie prendono vita e si realizzano nella misura in cui vengono interpretate e raccontate dai lettori, sottolineando ancora una volta l'importanza dell'interazione umana nella creazione della realtà.

Anche nella raccolta di racconti brevi "Le cosmicomiche" (1965) Calvino trae ispirazione da concetti scientifici e cosmologici, trasformandoli in narrazioni poetiche e fantastiche. Il protagonista, Qfwfq narra esperienze che coprono vasti periodi temporali e cosmici, stabilendo le connessioni tra realtà e percezione individuale. La realtà di queste esperienze cosmiche esiste grazie alla memoria e al racconto personale di Qfwfq, che interagisce con l'universo in modi unici e intimi.

Calvino, attraverso queste opere, invita i lettori a riflettere su come la realtà non sia semplicemente un dato di fatto oggettivo, ma piuttosto qualcosa che viene continuamente costruito e ricostruito attraverso l'interazione, il linguaggio e la percezione individuale. La realtà diventa reale quando è vissuta, percepita e raccontata, trasformando gli eventi soggettivi e personali in parti integranti del mondo che ci circonda.

Piani interpretativi scientifici.

Per Bohr, la non-località (l'idea che particelle distanti possano essere misteriosamente connesse) non era un problema, ma un elemento di meraviglia.

D'altro canto, Einstein, insieme a Podolsky e Rosen, propose il famoso paradosso EPR, suggerendo che la non-località implicava delle "azioni spettrali" a distanza. Secondo Einstein, qualsiasi teoria valida del mondo dovrebbe rispettare il principio di località, ovvero che un evento avviene in un punto dovrebbe influenzare solo un'area spazialmente vicina, riflettendo la sensatezza letteraria di un Levi che narra delle cose tangibili e vicine. Infatti, Primo Levi è un autore noto per la sua capacità di raccontare con chiarezza e precisione esperienze profondamente umane e tangibili. Nei suoi scritti, soprattutto in opere come "Se questo è un uomo" e "La tregua", Levi si concentra sull'esperienza diretta e sulla concretezza della realtà vissuta. La sua prosa è caratterizzata da un linguaggio sobrio ed essenziale che riflette la brutalità degli eventi descritti senza indulgere in eccessi emotivi.

Nel secondo dopoguerra, la posizione di Einstein ebbe un alleato inaspettato: David Bohm. La sua interpretazione meccanicistica propone che alle particelle sia associato il "potenziale quantistico", una sorta di campo invisibile o "onda pilota" che determina il loro comportamento. Qui, la realtà quantistica è deterministica e nascosta, come i personaggi silenziosi delle poesie di Montale, che esistono, ma dietro lo schermo dell'apparente.

Il concetto di una realtà quantistica deterministica e nascosta si avvicina a una visione in cui gli eventi sono governati da leggi precise, ma al contempo, restano sotto un velo che ne oscura la trasparenza. Questo ricorda i personaggi delle poesie di Eugenio Montale che, sebbene esistenti, rimangono enigmatici e al di fuori della portata diretta del lettore.

Per esempio, nei "Canti Orfici", Montale evoca figure come l'"*Arcaica Minerva*" o "*l'uomo che se ne va sicuro*", personaggi che si muovono sullo sfondo della scena poetica, suggerendo una presenza sotterranea o irraggiungibile. Queste figure rappresentano simboli e acque profonde della psiche e delle esperienze umane, che, sebbene delineate con un'apparente chiarezza, offrono una percezione limitata e lasciano sempre un residuo di mistero.

Analogamente, la realtà quantistica, come nella Teoria delle Variabili Nascoste di Bohm, suggerisce che ci siano regole definite che controllano il comportamento delle particelle, ma che tali regole siano celate alla nostra vista e non direttamente osservabili, dietro l'apparenza di probabilità e indeterminazione. Come i silenziati personaggi di Montale, le verità nascoste della quantistica suggeriscono l'esistenza di una struttura sottostante che sfugge alla nostra percezione diretta, richiedendo interpretazioni più profonde e sottili della realtà.

In effetti, sia nella poesia di Montale che nella fisica quantistica, c'è l'implicito invito a guardare oltre la superficie, a cercare il senso al di là dell'immediato, accettando che parte della verità possa rimanere indefinibilmente celata, giusta ed eterna.

Concludendo, la fisica quantistica, nella sua esplorazione del non-locale, offre non un'unica verità, ma una tavolozza di visioni. Ogni modello interpretativo amplia la nostra comprensione del reale e trascende i limiti della nostra percezione, lasciandoci con la sensazione di essere come Alice nel Paese delle Meraviglie, dove sempre ci chiediamo: *"Chi sono io in questo universo di probabilità?"*. Proprio come fanno l'arte e la letteratura, la meccanica quantistica non solo ci descrive il mondo, ma ci invita a riscoprire ogni singola possibilità.

Importanza dei modelli interpretativi nell'economia della non-località

Uno sguardo affascinante e sconvolgente si apre unendo i puntini tra i misteri del regno quantistico e la nostra comprensione della realtà attraverso la lente della non-località. Quando ci addentriamo in questa dimensione, scopriamo che i modelli interpretativi della fisica quantistica giocano un ruolo cruciale nel darci un quadro coerente di fenomeni che sfidano la nostra intuizione classica.

Tra i primi a spostare il confine di ciò che può essere considerato realtà fu il fisico danese Niels Bohr con la celebre Interpretazione di Copenaghen. In questo paradigma, la realtà quantistica non ha proprietà definite fino a quando non è misurata, esemplificando l'idea che la nostra conoscenza è limitata dall'atto stesso di osservazione. Questo è un tipico esempio di concretizzazione della domanda "*Cosa succede quando nessuno guarda?*", un quesito fortemente intrigante della cultura pop.

Andare oltre significa confrontarsi con il lavoro fondamentale di Albert Einstein. Sebbene Einstein propugnasse con fervore il principio di località, che suggerisce che nessuna informazione possa superare la velocità della luce, esperimenti successivi hanno chiaramente posto l'evidenza a favore della non-località, risvegliando un senso di meraviglia e mistero.

Proprio il mistero che circonda ancora la fisica quantistica ha dato adito al moltiplicarsi dei modelli interpretativi. I più rilevanti vengono descritti nel seguito.

Ma perché tali modelli interpretativi sono significativi nell'economia della non-località? Il valore risiede nel modo in cui offrono modalità diverse per comprendere fenomeni apparentemente assurdi come l'entanglement, dove due particelle, separate da vasti tratti di spazio, sembrano comunicare istantaneamente. Interpretazioni differenti rappresentano diverse chiavi, ognuna delle quali decodifica un lato dello stesso enigma e permette alla scienza di progredire, nutrendo il dibattito sulla vera natura della realtà.

Nella grande orchestra della fisica quantistica, questi modelli interpretativi sono le note individuali che compongono una sinfonia complessa. Offrono intuizioni profonde non solo scientifiche, ma anche culturali e filosofiche, che ci invitano a riconsiderare ciò che intendiamo per "reale". In un mondo dove ogni misurazione è una finestra su una rete intricata e interconnessa di probabilità, le interpretazioni sono i ponti che ci guidano dall'incredulità alla meraviglia, dal dubbio alla comprensione.

Ed è con lo stesso stupore di chi osserva un arcobaleno in un mondo di nebbia, che continuiamo a esplorare l'inesauribile e sconcertante regno della fisica quantistica. Qui, nel cuore della non-località, l'universo quantistico si rivela non come un'ombra della realtà tangibile, ma come un vasto e complesso intreccio di possibilità, aperte davanti a noi come pagine di un libro che non smettiamo mai di leggere.

L'Interpretazione di Copenaghen.

Nel regno della non-località quantistica, l'interpretazione di Copenaghen spalanca una finestra verso una realtà che sfida la nostra percezione tradizionale dello spazio e del tempo. Maestro di cerimonie in questo viaggio è Niels Bohr, uno dei pionieri della fisica quantistica, che ci invita a mettere in discussione il concetto classico di "realtà oggettiva".

La Scuola di Copenhagen.

Quando parliamo di non-località quantistica, ci addentriamo in un terreno enigmatico e affascinante, dove le leggi della fisica classica sembrano lasciare spazio a un universo più misterioso. Al centro di questo regno si erge l'interpretazione di Copenaghen, una chiave di volta nella comprensione della meccanica quantistica, che deve il suo nome alla città dove il fisico danese Niels Bohr, insieme ad altri illustri scienziati, sviluppò concetti rivoluzionari che avrebbero plasmato il futuro della fisica.

Il nome "interpretazione di Copenaghen" si riferisce non solo alla capitale della Danimarca, ma anche al contesto intellettuale creato da Niels Bohr e dai suoi collaboratori *all'Istituto di Fisica Teorica*, fondato nel 1920. Quest'istituzione divenne presto un faro per la comunità scientifica internazionale, luogo di incontro e di scambio di idee per chi, come Bohr, tentava di comprendere le curiose verità nascoste nel cuore dell'atomo. La scelta del nome fu un omaggio al contributo innovativo che questo circolo di pensatori offrì alla fisica moderna.

Niels Bohr, nato nel 1885 a Copenaghen, era una figura di spicco, sia per la sua genialità quanto per il suo approccio filosofico alla fisica. Dopo aver conseguito il dottorato all'Università di Copenaghen, Bohr si recò a Manchester, dove collaborò con Ernest Rutherford, gettando le basi per la sua rivoluzionaria teoria sull'atomica. È a lui che dobbiamo il "*modello atomico di Bohr*", che ridefinì come gli elettroni orbitano attorno al nucleo, ma fu con l'interpretazione di Copenaghen che cambiò radicalmente il modo in cui pensiamo la realtà stessa.

Bohr espresse che le entità quantistiche non esistono in stati definiti fino a quando non vengono osservate, una visione che si fonda sul principio di complementarità.

Il principio di complementarità, proposto da Niels Bohr è un concetto fondamentale della meccanica quantistica. Esso afferma che le proprietà di un sistema quantistico possono essere descritte attraverso diverse manifestazioni che, pur essendo mutualmente esclusive, sono necessarie per ottenere una comprensione completa del sistema stesso.

Un esempio classico di complementarità è il comportamento delle particelle subatomiche come la luce e gli elettroni, che mostrano caratteristiche sia ondulatorie sia corpuscolari. A seconda del tipo di esperimento condotto (ad esempio, attraverso la doppia fenditura o il rilevamento di particelle) si evidenziano proprietà differenti. Questi aspetti, pur incompatibili nel paradigma classico, sono complementari nel contesto quantistico e non possono essere osservati simultaneamente.

La complementarità implica che non esiste una singola descrizione esaustiva di un fenomeno quantistico, ma piuttosto una pluralità di descrizioni parziali e interdipendenti che, insieme, offrono una visione completa della realtà quantistica.

In sostanza, il principio afferma che particelle come elettroni possono manifestare natura sia ondulatoria che corpuscolare, ma mai contemporaneamente.

Oltre a Bohr, la Scuola di Copenhagen attirò alcune delle menti più brillanti del tempo. Tra questi, Werner Heisenberg, noto per il celebre Principio di Indeterminazione, che postulava l'impossibilità di determinare simultaneamente posizione e velocità di una particella con precisione assoluta. Max Born, un altro pilastro del gruppo, introdusse l'interpretazione probabilistica delle onde quantistiche.

A partire dagli sviluppi della meccanica ondulatoria elaborata da Erwin Schrödinger, Born, un fisico tedesco, propose l'interpretazione probabilistica delle funzioni d'onda.

Nella meccanica quantistica, la funzione d'onda è un'entità matematica usata per descrivere lo stato quantico di un sistema. Born suggerì che il valore assoluto al quadrato della funzione d'onda rappresenta una densità di probabilità, ossia la probabilità di trovare una particella in un determinato punto nello spazio in un preciso momento. Questo significava un cambiamento radicale nel modo di concepire la realtà fisica: mentre nella fisica classica un'onda o una particella ha uno stato deterministico, (sappiamo dov'è) in meccanica quantistica lo stato di una particella è descritto in termini di probabilità. (può trovarsi in certo ambito di posizioni probabili).

Questa interpretazione ha avuto immense conseguenze filosofiche e pratiche, portando alla conclusione che, a livello microscopico, non si può predire il comportamento preciso di una particella, ma solo le probabilità di diversi risultati possibili. Born venne premiato con il Premio Nobel per la Fisica nel 1954 proprio per la sua fondamentale scoperta sulla probabilità quale interpretazione delle funzioni d'onda, un concetto che ancora oggi è alla base della teoria quantistica.

Un altro protagonista della Scuola di Copenhagen fu Wolfgang Pauli, un fisico teorico austriaco di grande importanza nella storia della fisica quantistica. Egli è noto principalmente per il *"principio di esclusione di Pauli"*, un principio fondamentale che ha fornito una spiegazione chiave per la struttura degli atomi. Il principio di esclusione, formulato da Pauli nel 1925, afferma che due fermioni (una classe di particelle che include gli elettroni, i protoni e i neutroni) non possono occupare lo stesso stato quantico all'interno di un sistema quantico.

Più specificamente, negli atomi, questo principio stabilisce che non possono esserci due elettroni con lo stesso set di numeri quantici. Gli elettroni all'interno di un atomo sono caratterizzati da quattro numeri quantici: il numero quantico principale, il numero quantico del momento angolare (o azimutale), il numero quantico magnetico e il numero quantico di spin. Il principio di esclusione impone che per due elettroni nello stesso atomo, almeno uno di questi numeri deve differire.

Il principio di esclusione di Pauli è cruciale per la comprensione della struttura elettronica degli atomi e, di conseguenza, della tavola periodica degli elementi. Esso spiega perché gli elettroni si organizzano in "gusci" o "livelli" intorno al nucleo atomico e perché gli elementi chimici presentano le loro caratteristiche proprietà chimiche. Per esempio, è il motivo per cui gli elettroni si trovano a occupare livelli energetici successivamente più elevati e perché elementi diversi hanno una configurazione elettronica diversa.

In parole poverissime, il principio stabilisce che due elettroni non possono ruotare sulla stesa orbita.

In generale, il principio di Pauli ha implicazioni profonde per la stabilità della materia: è una delle ragioni per cui la materia ordinaria occupa spazio e perché la materia solida non collassa in uno stato indebolito sotto la forza gravitazionale. Per il suo lavoro, Wolfgang Pauli ha ricevuto il Premio Nobel per la Fisica nel 1945.

Un giovane Erwin Schrödinger, anche se inizialmente scettico, si confrontò spesso con Bohr, dando vita a dibattiti che hanno reso immortali quegli anni di fervida attività scientifica. L'aneddoto del "Gatto di Schrödinger", elaborato per contestare le implicazioni paradossali della sovrapposizione quantistica, è diventato parte del folklore quantistico.

Copenaghen: crocevia di scienza e cultura.

L'influenza della Scuola di Copenhagen si estese ben oltre la fisica, penetrando nella cultura e nella filosofia della metà del

XX secolo. L'interazione tra fisici e filosofi, tra i quali Karl Popper e Ludwig Wittgenstein, arricchì ulteriormente il dibattito su come si dovrebbe interpretare la realtà. Anche in letteratura e arte, queste idee hanno trovato risonanza, riflettendo un'epoca in cui la ricerca scientifica e la metafora del mondo quantistico fornivano un nuovo linguaggio per esprimere l'incertezza della condizione umana.

L'eredità di Niels Bohr e dei pensatori della Scuola di Copenhagen continua a esercitare un'influenza duratura sulla fisica e su come comprendiamo l'universo. La loro capacità di concepire una realtà intrinsecamente incerta e non-locale non solo ha spianato la strada alle tecnologie moderne, come i computer quantistici, ma ha anche alimentato una riflessione più ampia sulla natura stessa della conoscenza e del nostro posto nel cosmo.

L'interpretazione di Bohr odi Copenhagen.

Il cuore dell'interpretazione di Copenaghen è l'idea che le proprietà di una particella quantistica, come la posizione o lo spin, non esistano in un senso definito fino a quando non vengono misurate. Questo sembra capovolgere il nostro modo di pensare: prima della misura, le particelle esistono in una "*nuvola di possibilità*", una sovrapposizione di stati descritta elegantemente dalla funzione d'onda di Schrödinger.

In un famoso esperimento mentale, il "gatto di Schrödinger", un gatto è al tempo stesso vivo e morto fino a che qualcuno non apre la scatola e osserva il suo stato. Questo paradosso illustra come la misura influenzi la realtà, un concetto che Bohr ha abbracciato, vedendo la non-località, che emerge ad esempio dall'entanglement quantistico, come un aspetto intrinseco e inevitabile della natura.

Un episodio aneddotico emblematico della disputa sulla natura della realtà quantistica è quello tra Bohr e Albert Einstein. Einstein, nel suo scetticismo verso la non-località, definì tale fenomeno come "*spooky action at a distance*", un'azione a distanza che risultava semplicemente inaccettabile per la fisica classica, che celebrava la località come la pietra angolare della realtà fisica. Einstein e Bohr si confrontarono energicamente su questo durante il famoso Congresso di Solvay del 1927, con Bohr a difendere l'idea che il mondo quantistico segua le sue regole, distinte da quelle della fisica classica.

La cultura popolare, affascinata dal mistero irriverente della fisica quantistica, ha trovato nel paradosso della non-località una fertile metafora per fenomeni paranormali e visioni alternative del reale. E, sebbene Bohr non abbia mai sostenuto una fusione tra scienza e pseudo-scienza, l'interpretazione di Copenaghen ci invita comunque a riflettere su quanto la nostra osservazione del mondo influenzi, e sia influenzata da, i profondi misteri ancora celati dell'universo.

L'importanza di tali modelli interpretativi, e in particolare quello di Copenaghen, sta nella loro capacità di ampliare i confini del pensiero scientifico, incoraggiandoci a considerare che la meccanica quantistica non è solo una questione di numeri e formule, ma una filosofia che definisce, ridisegna e rinnova il nostro concetto di realtà stessa.

L'Interpretazione a molti mondi.

L'Interpretazione a molti mondi, proposta per la prima volta dal giovane fisico Hugh Everett III nel 1957, emerge come una risposta audace alla questione sollevata dal collasso della funzione d'onda nella meccanica quantistica. L'idea di Everett, insolita e geniale, è che ogni volta che una misurazione quantistica viene effettuata, l'universo si divide in una serie di mondi paralleli, ognuno dei quali rappresenta un diverso esito possibile della misurazione.

Immaginate di assistere a una partita di calcio con uno certo obiettivo in aspettativa: ogni scenario (vittoria, sconfitta, pareggio) si realizza simultaneamente, ma in universi diversi. Questa interpretazione si discosta radicalmente dal paradigma classico che suggerisce un singolo risultato deterministico. È come se, a ogni decisione, il percorso della storia si dividesse in infinite possibilità, trasformando ciascuna delle nostre reazioni in potenziali realtà autonome.

Mentre alcuni potrebbero associare l'MWI (*Many-Worlds Interpretation*) a storie di fantascienza, come nel romanzo "La rosa quantica" di Catherine Asaro o nei film della serie Marvel, questa visione fornisce un'atmosfera scientificamente intrigante. Non è un caso che l'idea dei mondi paralleli sia ampiamente rappresentata nella cultura popolare, alimentando la nostra curiosità e lo stupore davanti alle infinite potenzialità dell'esistenza.

In modo curioso, artisti e scrittori hanno spesso trovato ispirazione nell'MWI, utilizzandola come metafora per esaminare le conseguenze delle scelte umane o esplorare domande esistenziali, come in "Sliding Doors". Questo film che esplora i due percorsi di vita della protagonista che si sviluppan a seguito di un evento banale ma determinante.

"Sliding Doors" è un film del 1998 diretto da Peter Howitt e interpretato da Gwyneth Paltrow. Il film esplora il concetto di come eventi minori possano influenzare significativamente il corso della nostra vita, similmente al tema dell'Interpretazione a Molti Mondi, sebbene non vi sia un diretto legame scientifico.

La trama ruota attorno al personaggio di Helen Quilley (interpretata da Paltrow), la cui vita prende due direzioni diverse dipendenti dal fatto che riesca o meno a prendere un treno della metropolitana a Londra. Il film segue due linee temporali parallele: in una, Helen riesce a prendere il treno, mentre nell'altra, lo perde. Queste due *timeline* portano a percorsi di vita completamente differenti per Helen.

Se prende il treno, Helen torna a casa in anticipo e scopre il tradimento del suo fidanzato con un'altra donna. Questo evento la porta a lasciare il compagno e a ricostruirsi la vita, avviando una nuova relazione e intraprendendo una carriera più appagante.

Se perde il treno, Helen non scopre il tradimento del fidanzato immediatamente e continua la vita con lui, subendo tuttavia diverse difficoltà personali e professionali.

Il film mantiene un tocco di romanticismo e umorismo mentre esplora temi come il destino, la casualità, e le scelte di vita. È interessante vedere come piccoli eventi possano condurre a risultati così divergenti, e "Sliding Doors" utilizza questo concetto per raccontare una storia accattivante su amore, perdita, e autoscoperta.

L'MWI diventa così un ponte tra la scienza e l'arte, stimolando discussioni e riflessioni profonde.

Non-località e realtà. Una nuova comprensione del cosmo.

La non-località quantistica ci ricorda che le particelle possono interagire istantaneamente a distanze incredibili, sfidando il concetto di un universo ordinato dal tempo e dallo spazio convenzionali. L'MWI esalta questa interconnessione, suggerendo che in ogni angolo dell'universo si svolgono un'infinità di condizioni ed esiti.

Esemplificando, esaminiamo ancora l'esperimento della doppia fenditura. Se una fenditura viene dotta di uno strmento di rivelazione, lo stato sovrapposto del fotone "collassa" e il fotone attraversa la fenditura monitorata come particella. La misurazione "riduce" la situazione probabilistica di due fotoni a un solo fotone. Ma cosa accade all'altro? Secondo la teoria dei molti mondi, anche l'altro fotone lascia lo stato probabilistico e si concretizza in un nuovo universo.

Nel libro "The Fabric of Reality", il fisico e autore David Deutsch dà voce a questa visione, descrivendo l'MWI non solo come una curiosità teorica, ma come un modello scena di realtà più completo e coerente. La bellezza di questa concezione risiede nel suo potenziale di risolvere paradossi che affliggono altre interpretazioni quantistiche, come quello legato alla determinazione dei risultati delle misurazioni.

"The Fabric of Reality" esplora diverse idee sulla natura della realtà, cercando di collegare la fisica quantistica con altri aspetti della scienza e della filosofia. Uno degli argomenti centrali del libro è l'Interpretazione a Molti Mondi (MWI) della meccanica quantistica, proposta originariamente da Hugh Everett III.

La bellezza di questa concezione risiede nel suo potenziale di risolvere paradossi che affliggono altre interpretazioni quantistiche, come quello legato alla determinazione dei risultati delle misurazioni.

"The Fabric of Reality" esplora diverse idee sulla natura della realtà, cercando di collegare la fisica quantistica con altri aspetti della scienza e della filosofia. Uno degli argomenti centrali del libro è l'Interpretazione MWI della meccanica quantistica.

Come già detto, secondo la MWI, ogni volta che si verifica un evento quantistico, l'universo si "dirama" in un insieme di universi paralleli, ciascuno corrispondente a uno degli esiti possibili dell'evento stesso. Ciò significa che, anziché collassare in uno stato unico come proposto dall'interpretazione tradizionale detta di Copenhagen, tutte le possibilità quantistiche vengono realizzate, ma ciascuna in un universo distinto.

Deutsch sostiene che l'MWI fornisce una visione più coerente e completa della realtà rispetto ad altre interpretazioni, perché non richiede un "collasso" della funzione d'onda quantistica, che rimane una delle parti più controintuitive e problematiche della meccanica quantistica. Nella sua visione, ogni ramo dell'universo è reale e concreto, anche se non direttamente osservabile.

Nel libro, Deutsch non si limita però alla fisica quantistica. Collega l'MWI ad altri quattro filoni principali di pensiero, che lui chiama "i quattro fili della realtà". Questi includono il principio evolutivo (darwiniano), la teoria del calcolo (inclusa l'informatica quantistica), e una forma di epistemologia ispirata da Karl Popper sulla conoscenza e la scientificità. Deutsch utilizza queste idee per costruire un quadro teorico che cerca di spiegare la natura della conoscenza, della comprensione e dell'universo nel suo complesso.

In sintesi, "The Fabric of Reality" è un tentativo ambizioso di intrecciare diverse discipline per fornire una comprensione unificata della realtà, con l'Interpretazione a Molti Mondi al centro della discussione. Deutsch invita il lettore a considerare un panorama della scienza e della filosofia in cui tutte le possibilità esistono effettivamente, rendendo il nostro universo solo uno dei molti.

In conclusione l'interpretazione a molti mondi è come su un viaggio intellettualmente stimolante, che, al pari di una finestra affacciata su realtà non ancora comprese, sfida le nostre nozioni di esistenza, spingendoci verso nuovi orizzonti di pensiero. Che si tratti di dare risposta a dilemmi scientifici o di generare entusiasmo narrativo, gli universi paralleli ci ricordano quanto resti ancora da scoprire nell'immenso enigma della realtà quantistica. Laddove la fisica incontra la filosofia, l'MWI continua a riservare sorpresa e meraviglia a coloro che osano spingersi oltre i confini del conosciuto.

L'interpretazione Bohmiana.

L'interpretazione Bohmiana, proposta da David Bohm, fornisce una visione più deterministica del paradigma quantistico. Qui, le particelle hanno traiettorie definite, guidate da un "potenziale quantistico" che è, a sua volta, responsabile del loro comportamento apparentemente bizzarro. Per molti, questa visione è stata confortante, poiché propone un universo quantistico che, seppur bizzarro, non è del tutto privo di ordine.

Bohm, un fisico teorico dalla mente acuta, propose una visione alternativa e deterministica del comportamento quantistico. L'interpretazione Bohmiana, detta anche "interpretazione a variabili nascoste", suggerisce che le particelle seguano traiettorie definite, contrariamente all'interpretazione usuale che le dipinge sospese in una nebulosa probabilistica fino all'atto della misurazione.

Il punto centrale di questa interpretazione è il "potenziale quantistico", un campo enigmatico che guida le particelle lungo le loro traiettorie. Questo potenziale è universale e non locale, capace di operare su scala quantistica istantaneamente ovunque nell'universo. Per molti, questa idea di Bohm fu di grande conforto: in un certo senso, ridava un senso di ordine ad un universo visto da molti come caotico e casuale. Questa visione era un ritorno ad una sorta di determinismo, dove ogni evento ha una spiegazione, persino se essa giace in variabili che ancora non conosciamo.

C'è un elemento culturale interessante in questa storia, qualcosa che risuona nella nostra sete di trovare una narrativa dove tutto ha un senso, dove ogni elemento del nostro universo ha un suo posto e un suo scopo. Bohm stesso era un uomo di grandi interessi culturali e filosofici, che spesso argomentava di fisica quantistica con il filosofo e mistico indiano Jiddu Krishnamurti. La loro amicizia e le conversazioni profondamente riflessive riflettono l'essere la ricerca scientifica parte di una più ampia domanda esistenziale: qual è la vera natura della realtà?

E mentre le discussioni tra Bohm e Krishnamurti aprivano nuovi sentieri di pensiero, la stessa idea di non-località trovava risonanza in altre aree culturali. In un'epoca dominata dalla narrativa della connessione globale, dalle reti che stringono continenti e persone attraverso cavi invisibili di dati, la fisica quantistica ci offre un potente parallelo: una connessione che trascende il tempo e lo spazio, una sorta di internet cosmico dove il silenzio dell'universo è in realtà orchestrato da infiniti fili invisibili che collegano tutte le cose.

In definitiva, nel regno della non-località quantistica, troviamo un riflesso della continua ricerca dell'umanità di stabilire un equilibrio tra determinismo e probabilità, ordine e caos. Se l'interpretazione Bohmiana fornisce una visione di un universo guidato da invisibili mani che tessono le trame del destino quantistico, la libertà quantistica assicurata dall'entanglement lascia aperte le porte al mistero, alla possibilità che ci sono più connessioni di quante possiamo vedere o comprendere.

È un futuro, quello disvelato dalla fisica quantistica, che ci invita non solo a ripensare i nostri modelli scientifici, ma anche il modo in cui consideriamo le nostre vite, le nostre connessioni e il nostro posto nel cosmo. Forse, alla fine, la lezione più grande che ci offre la non-località quantistica è che l'universo è un luogo straordinariamente più interconnesso di quanto siamo soliti pensare. E sta a noi continuare a esplorarne i confini, con la curiosità di chi vuole non solo conoscere, ma anche capire veramente.

Nel cuore dell'interpretazione bohmiana.

Come un sipario che si solleva su un palcoscenico cosmico senza confini, la non-località ci invita a considerare che le particelle, una volta correlate, rimangono connesse indipendentemente dalla distanza che le separa. In questo palcoscenico intricante si muove l'interpretazione Bohmiana, un'alternativa audace e affascinante alla meccanica quantistica tradizionale.

David Bohm, un teorico dal pensiero pionieristico, negli anni '50 introdusse una visione che avrebbe rivoluzionato il modo di comprendere la realtà quantistica. Diversamente dalla concezione classica probabilistica, che ci racconta di particelle in sospensione in una nuvola di probabilità fino al momento della misura, la proposta bohmiana ci offre una mappa definita di traiettorie. Secondo questa teoria, le particelle non vagano a caso ma seguono percorsi precisi, guidati da un cosiddetto campo di "potenziale quantistico".

La chiave di volta dell'interpretazione Bohmiana risiede proprio in questo potenziale quantistico. Immaginatelo come un campo invisibile che permea l'intero universo, operando con un'efficacia istantanea attraverso tutte le distanze. Questa caratteristica, che viola le intuizioni tradizionali sulla separazione spaziale, incarna la vera essenza della non-località. È un ritorno a un determinismo sottile, dove ogni movimento ha una causa predeterminata da variabili nascoste, che restano ignote ma influenti.

Le implicazioni di una tale interpretazione sono profonde. Innanzitutto, ci conduce a considerare un universo dove le connessioni sono intrinsecamente globali e istantanee. La realtà, secondo Bohm, è un ordine implicito, un tessuto nascosto che connette tutte le cose in modo olistico. In termini pratici, questo significherebbe che le informazioni potrebbero essere trasmesse senza ritardi attraverso il cosmo, ponendo domande fondamentali sulla natura di spazio e tempo.

In più, l'interpretazione Bohmiana ci invita a rivedere il ruolo dell'osservatore. Non è più l'atto di misurare che collassa una funzione d'onda nebulosa in un singolo stato di realtà, ma un processo di scoperta di un'orbita già predestinata. Questa visione ci restituisce una certa rassicurazione esistenziale, ridando ordine a un universo percepito come caotico, rendendoci parte di un grande meccanismo deterministico.

In conclusione, l'interpretazione Bohmiana, sebbene non priva di controversie, ci allarga lo sguardo su un aspetto del mondo quantistico che è tanto misterioso quanto intrigante. In un'epoca dove la fisica cerca sempre di più di comprendere l'intreccio tra le galassie e gli atomi, la visione di Bohm rimane una pietra miliare audace, una finestra aperta sulla natura più profonda della realtà e dell'universo.

L'interpretazione a storie consistenti di Gell-Mann e Hartle.

Nell' universo della meccanica quantistica, ove la natura della realtà sembra scivolare dalle dita di chi cerca di afferrarla, l'interpretazione a "storie consistenti" proposta da Murray Gell-Mann e James Hartle si distingue come un prisma attraverso il quale osservare le molteplici sfaccettature del mondo quantistico. Questa interpretazione tenta di dare senso all'idea quasi mistica di non-località, un concetto che sfida il comune buon senso e ci spinge oltre i limiti della nostra comprensione della realtà.

Nel cuore dell'interpretazione c'è un quadro che si muove oltre la singola traiettoria storica degli eventi, per abbracciare un mosaico di storie possibili, tutte ugualmente reali ma non necessariamente interferenti. Invece di vedere il tempo come una linea retta, Gell-Mann e Hartle ci invitano a immaginarlo come un libro di storie parallele, ognuna delle quali cattura una possibile sequenza di eventi coerenti.

Questo approccio è concepito per superare l'esperienza disorientante dell'indeterminazione quantistica. In una famosa metafora, invece di decidere se il gatto di Schrödinger è vivo o morto, l'interpretazione a storie consistenti permette al gatto di vivere diverse vite simultanee, ognuna in un universo coerente e non interferente.

Per meglio apprezzare l'ingegnosità dell'interpretazione a storie consistenti, bisogna fare un passo indietro nel tempo fino ai primi dibattiti sulla meccanica quantistica. Famosi sono gli accesi scambi tra Albert Einstein e Niels Bohr, nei quali la natura apparentemente non locale delle particelle quantistiche sembrava giocare un ruolo da protagonista. Einstein, pur essendo uno dei padri fondatori della teoria, era turbato dall'eventualità che "Dio possa giocare a dadi con l'universo", un sentimento che risuonava con l'inquietudine e la preoccupazione parallela del pubblico più ampio.

Murray Gell-Mann, celebre per il suo lavoro nello sviluppo del modello a quark del nucleo atomico, cercò una sintesi che potesse unificare la matematica splendida della meccanica quantistica con una narrazione che si collegasse, seppur sottilmente, al nostro modo di percepire il mondo.

L'interpretazione di Murray Gell-Mann non è solo un esercizio accademico di rigorosa astrazione matematica, ma offre anche una nuova lente attraverso cui interpretare alcuni dei dilemmi filosofici più fondamentali riguardanti il libero arbitrio e la determinazione del futuro partendo dalle condizioni iniziali. Si tratta di una visione che risuona anche nelle arti e nella letteratura, dove le storie parallele e le realtà multiple hanno stimolato la fantasia di autori come Jorge Luis Borges o Philip K. Dick.

Lungi dal proporre soluzioni definitive, l'interpretazione di Murray Gell-Mann offre un quadro che contrappone ordine a caos, coerenza a entropia. Ci rammenta che l'universo è un luogo di infinite possibilità, codificate non solo nelle formule matematiche ma anche nelle molteplici narrazioni della realtà.

L'interpretazione di Murray Gell-Mann rappresenta forse un faro nel mare tempestoso della comprensione quantistica, un invito ad accettare che il mondo potrebbe essere simultaneamente più complesso e più bello di quanto mai avremmo potuto immaginare.

Una visione alternativa delle realtà non fisiche e paranormali.

Nel vasto mosaico della fisica quantistica, dove l'intuito tradizionale si scontra con l'incertezza e la complessità, emerge un tema affascinante: la questione del localismo e della non-località. A cavallo tra il conosciuto e l'ignoto, la fisica moderna ci offre una narrativa che si dipana attraverso gli aneddoti curiosi dell'esperienza umana, giocando tra i confini del possibile e l'inimmaginabile.

Un infinito di possibilità.

Di tutte le interpretazioni della fisica quantistica, la più affascinante e forse controversa è l'interpretazione a Molti Mondi In questo paradigma, ogni evento quantistico non determina un unico risultato, ma piuttosto un ramificarsi perpetuo dell'universo in una serie infinita di mondi paralleli. Ogni scelta, ogni possibilità, trova ospitalità in un altro universo.

Un tema che solletica la fantasia è l'idea del "salto momentaneo" tra questi universi. Potrebbe una persona improvvisamente trovare sé stessa in una realtà parallela, seppur per un breve momento? Alcuni fenomeni culturali si prestano a questa interpretazione, come il déjà vu, quella sconcertante sensazione di aver già vissuto una situazione presente.

Déjà Vu e universi paralleli.

Il déjà vu è sempre stato avvolto da un aura di mistero, con spiegazioni che spaziano dall'errore mnemonico a reminiscenze di vite passate. E se invece, come suggerirebbero certi sostenitori della MWI, fosse il risultato di un breve "salto" in un universo parallelo? Forse, solo per un istante, stiamo sperimentando un ricordo di una realtà in cui abbiamo già vissuto quell'esatto momento.

Il déjà vu, è un enigmatico fenomeno in cui ci sentiamo inspiegabilmente convinti di aver già vissuto un'esperienza presente, che ha affascinato filosofi, scienziati e artisti per secoli. Vi è mai capitato di entrare in una stanza o di incontrare uno sconosciuto e provare una sensazione intensa e persistente di familiarità? Tradizionalmente, questo è stato spiegato come un *glitch* nella memoria, un piccolo errore dove il cervello confonde il nuovo con il noto. Tuttavia, alcuni sostengono che la ragione potrebbe essere ancora più intrigante, attraversando i confini della scienza classica per addentrarsi nelle profondità della fisica quantistica.

Nel contesto della "*Many-Worlds Interpretation*" (MWI) della meccanica quantistica, ogni evento, ogni scelta genera un universo parallelo. Quando decidiamo se prendere il caffè al bar o restare a casa, in un altro universo potremmo fare l'opposto. Questi universi, secondo MWI, non sono visibili o accessibili per noi, ma esisterebbero contemporaneamente al nostro.

Ma come si collega questo ai misteriosi déjà vu? Alcuni teorizzano che i déjà vu potrebbero rappresentare brevi momenti di "*non-località mentale*", in cui le barriere tra questi universi si assottigliano. In questo scenario affascinante, la sensazione di familiarità potrebbe derivare dall'intersezione momentanea tra due universi paralleli, un istante in cui le nostre esperienze e percezioni si sovrappongono, fornendo un frammento di una realtà in cui quel momento è già avvenuto.

Consideriamo per un attimo l'impatto di una simile visione sulla cultura popolare. La narrativa "multiversale" è il cuore pulsante di opere come "*Everything Everywhere All at Once*", che esamina le complessità delle vite parallele e dei futuri alterni.

La "narrativa multiversale" rappresenta un filone affascinante nella cultura contemporanea, esplorando la complessità e la vastità delle vite parallele e dei futuri alternativi. "*Everything Everywhere All at Once*" è un esempio emblematico di questo tipo di narrazione, attingendo direttamente al concetto di mondi multipli.

Nel film, ogni decisione della protagonista crea una ramificazione di realtà alternative, riflettendo l'idea che ogni scelta possa generare un universo parallelo. Questo permette di esplorare non solo l'immaginazione di vite diverse, ma anche le profonde implicazioni filosofiche sull'identità e sul libero arbitrio. La narrazione multiversale diventa quindi uno strumento potente per esaminare come le nostre azioni possano dare vita a una serie infinita di possibilità, rispecchiando un panorama quantistico che sfida le nostre percezioni del tempo e dello spazio.

Attraverso storie come questa, la cultura popolare rende accessibili concetti scientifici complessi, aprendo nuove finestre su come comprendiamo la nostra esistenza e il nostro ruolo in un universo apparentemente illimitato.

In questi racconti, la realtà si frammenta in possibilità infinite, un concetto che, sebbene surreale, trova una risonanza con la nozione di MWI. E se i nostri déjà vu fossero come le interfacce di un film, brevi anteprime da un'altra pellicola della nostra stessa vita?

La scienza, per quanto audace, resta cauta nel considerare queste possibilità. Le attuali spiegazioni neurologiche del déjà vu, lo considerano come un breve malfunzionamento nei processi mnemonici del cervello. Ciò può accadere, per esempio, quando le informazioni confluiscono nei lobi temporali del cervello in modo da confondere i nuovi stimoli esterni come percorsi già memorizzati. Tuttavia, l'idea che il misterioso meccanismo della nostra mente possa essere legato all'immensa rete degli universi paralleli non cessa di meravigliare.

Vi sono molteplici esempi nella storia di come fenomeni scientifici apparentemente inspiegabili abbiano ispirato pensatori e inventori a esplorare nuove frontiere. Albert Einstein una volta disse:

"La logica vi porterà da A fino a B. L'immaginazione vi porterà dappertutto."

I déjà vu potrebbero non essere altro che impressioni fugaci del nostro cervello. Ma potrebbero anche rappresentare la capacità della nostra coscienza di raggiungere altrove, nel vasto spettro di ciò che potrebbe essere.

In attesa di ulteriori ricerche che possano chiarire queste ipotesi, rimaniamo con il fascino del misterioso déjà vu, permettendoci di sognare, anche se solo per un istante, che stiamo veramente toccando le ombre di altri mondi.

Carl Jung e l'episodio della volpe.

Carl Gustav Jung, il celebre psicologo, ha raccontato numerosi aneddoti affascinanti nel suo lavoro su sincronicità e il collettivo inconscio. Un racconto ripetutamente citato è quello della volpe sulla strada. Jung usa questo aneddoto per descrivere come una serie di eventi apparentemente scollegati acquisiscano un senso più profondo se visti attraverso la lente della sincronicità. Questo ci porta a immaginare la sincronicità non solo come una convergenza di eventi, ma come un'alternanza di percezioni tra universi paralleli, dove i confini tra realtà divengono permeabili.

Ricordo l'episodio citando un brano dal mio libro "Entanglement sincronicità":

"... in una lettera scritta nel 1945 e indirizzata al prof. J.B. Rhine di Durham, negli USA, Jung descrive questo episodio:

"Vado a passeggiare nel bosco con una paziente. Ella mi racconta il primo sogno della sua vita, un sogno che ha lasciato in lei un'impressione incancellabile. Aveva avuto la visione di una volpe, l'aveva vista scendere le scale della casa dei genitori. In quel momento, a neppure quaranta metri da noi, una volpe sbuca fuori dagli alberi e per un paio di minuti corre tranquillamente sul sentiero davanti a noi. L'animale si comporta come se condividesse la nostra condizione   umana..."

Dobbiamo chiederci se la volpe era proprio lì, pronta a sbucare davanti ai due che passeggiavano mentre la paziente raccontava il suo sogno.

Il racconto dei due sogni (l'altro è il noto sogno dello scarabeo Cetonia) ha generato due sincronicità che hanno modificato la realtà fisica delle pazienti e dello stesso Jung; questi stavano sicuramente vivendo momenti di pathos, profondamente immersi nella narrazione rafforzata dalla reale sofferenza psichica delle pazienti. Questa situazione, nei due casi. ha generato un "campo di tensione" capace di innescare la sincronicità.

Quanto poi al fatto se la volpe e la Cetonia fossero realmente lì, una teoria sosterrebbe che, in entrambi i casi, la sincronicità abbia avuto il potere di spostare la scena in un universo diverso, uno tra gli infiniti possibili, dove la volpe e la Cetonia fossero realmente presenti.

Nell'intreccio di fili che compongono il tessuto dell'universo, a volte s'intravede l'opera dell'intreccio di eventi che sfuggono al nostro convenzionale metro di giudizio di causa ed effetto. È in questi momenti di sincronicità che si apre una finestra su una comprensione più profonda della realtà, andando oltre le barriere apparenti del tempo e dello spazio. Al centro di tale esplorazione si colloca la figura di Carl Gustav Jung e il suo celebre episodio della volpe, che diviene un simbolo di quest'intersezione quasi magica tra psicologia e fisica quantistica.

Carl Jung, padre della psicologia analitica, ha trovato nei fenomeni di sincronicità un campo fertile per esplorare il collegamento tra mente e materia. Questi fenomeni si manifestano come coincidenze significative che non possono essere spiegate attraverso la causalità tradizionale, suggerendo invece una connessione profonda tra eventi esterni e interiori. L'episodio della volpe, in particolare, è un esempio di questa singolare interconnessione: una volpe, simbolo archetipico di saggezza e astuzia, appare lungo il cammino di Jung in un momento particolarmente significativo della sua ricerca psicologica. Questo non è semplicemente un incontro fortuito, ma un evento che acquista significato all'interno della narrazione psichica del momento.

Quando si parla di non-località quantistica, si entra in un dominio della fisica dove le leggi classiche sembrano infrangersi e riformarsi in modelli completamente nuovi. In questo contesto, la sincronicità potrebbe essere interpretata come una forma di connessione quantistica, un entanglement non solo tra particelle subatomiche ma tra eventi che rivaleggiano in complessità e profondità. Potremmo addirittura immaginare che tali eventi sincroni siano il risultato di interazioni tra universi paralleli, dove le barriere tra realtà diversi diventano permeabili. Questa teoria sfida la nostra comprensione lineare del tempo e dello spazio, aprendo un dialogo tra fisica e psicologia che potrebbe, un giorno, ridefinire la nostra percezione della realtà.

Nella sua brillante esposizione, Jung non solo ci incita ad esaminare il mondo attraverso una lente più ampia, ma suggerisce che le leggi della natura vadano oltre i limiti della nostra attuale comprensione scientifica. Questo dialogo tra scienza e filosofia invita gli studiosi a considerare non-località e sincronicità non come concetti isolati, ma come parti di un meccanismo complesso e interdipendente. Gli sviluppi recenti nella fisica quantistica, che esplorano l'entanglement e la possibilità di realtà multiple, sembrano echeggiare l'intuizione profonda di Jung che il nostro universo sia parte di un tutto più vasto e interconnesso.

In conclusione, l'approfondimento del rapporto tra la sincronicità di Jung e la non-località quantistica apre affascinanti prospettive su come interpretiamo la natura della realtà, incanalando l'alternanza e l'interpenetrazione di differenze percezioni e mondi. Questo invita non solo scienziati e psicologi, ma ciascuno di noi, ad allargare i confini della nostra mente e a riscoprire il mondo in cui i segni apparentemente isolati che incontriamo ogni giorno celano significati nascosti e connessioni profondamente radicate nell'essenza stessa dell'universo.

In conclusione, mentre la scienza della non-località continua a sfidare le nostre concezioni del mondo, essa apre anche porte su come percepiamo il concetto di realtà stessa. Che si tratti di una spiegazione fisica tangibile o di un espediente narrativo per dare significato agli eventi straordinari della vita, l'idea di mondi molteplici offre una tela infinita su cui dipingere le infinite possibilità dell'esperienza umana. E chissà, forse il prossimo déjà vu ci inviterà a fermarci un momento, a considerare che, per un istante, abbiamo camminato sul bordo di un universo parallelo.

Realismo locale e realismo non-locale.

Entriamo nel vivo della rivalità tra realismo locale e realismo non-locale, le pietre angolari di due visioni contrapposte della realtà.

Immaginiamoci nei primi del Novecento, in un bar di Berlino. Citando una serata immaginaria, potremmo intravedere un giovane Albert Einstein che esprime la sua convinzione in una realtà che obbedisce alle leggi del localismo: "*Dio non gioca a dadi con l'universo*", avrebbe detto, sottolineando la sua fede nel fatto che gli eventi fisici debbano influenzarsi reciprocamente solo attraverso meccanismi locali e continui nello spazio-tempo.

Questa visione è quella del realismo locale, in cui ogni fenomeno fisico ha una causa diretta nel suo ambiente immediato, un credo che ha ancorato la fisica classica per secoli. Ma nel ventesimo secolo, le cose iniziano a cambiare, e protagonisti come Niels Bohr e Werner Heisenberg propongono prospettive radicalmente diverse. Le loro idee sfidano le nostre percezioni quotidiane, mostrando come le particelle possano restare stranamente connesse, un fenomeno noto come entanglement.

Ma cos'è questo realismo non-locale? È un concetto che ci catapulta oltre i confini della fisica tradizionale. Immaginiamo due fotoni, creati insieme in laboratorio e separati da enormi distanze. Una misurazione su uno influenzerà istantaneamente l'altro, indipendentemente dalla loro distanza. In un famoso esperimento condotto da Alain Aspect negli anni '80, questa connessione è stata sperimentalmente confermata, sfidando le idee di Einstein e supportando il punto di vista non-locale.

Un esempio iconico di questa dicotomia emerge dalla letteratura di Arthur C. Clarke, dove nel romanzo "2001: Odissea nello spazio" si gioca con l'idea di relazioni che trascendono il tempo e lo spazio. Egli proponendo scenari che risuonano con i concetti della fisica quantistica. Queste narrazioni, anche se speculativamente, offrono una lente culturale attraverso cui esplorare come il mondo potrebbe davvero essere interconnesso in modi che sfidano l'intuizione classica.

La differenza tra il realismo locale e non-locale si riflette anche nelle frasi immortali di Richard Feynman:

"Se pensi di aver capito la meccanica quantistica, non hai capito la meccanica quantistica".

Questa citazione non solo evidenzia la complessità della nostra comprensione del mondo quantistico, ma mostra anche quanto i modelli interpretativi siano cruciali nel navigare l'economia della non-località.

Alla fine, questa disputa non è solo una battaglia accademica. Mette in discussione la nostra stessa concezione di realtà e apre le porte a una visione dell'universo che potrebbe ospitare dimensioni di realtà che, nei nostri reami quotidiani, sembrano strane e quasi paranormali. Nel regno della non-località, vediamo che la fisica quantistica non è solo una teoria fisica, ma una finestra spalancata su una visione alternativa delle realtà non fisiche, una frontiera che continua a stimolare filosofi, scienziati e scrittori.

Capitolo 4. Le prove della non-località.

Teoria della non-località.

La non-località quantistica è uno di quei concetti che, a prima vista, sembrano usciti direttamente dalle pagine di un romanzo di fantascienza. Eppure, nonostante la sua natura apparentemente fantastica, essa è saldamente radicata nella fisica moderna. Nel cuore di questa idea c'è la sorprendente capacità delle particelle di influenzarsi reciprocamente istantaneamente a distanze sconfinate.

Equazioni fondamentali e soluzioni tipiche.

La non-località trova la sua espressione teorica più significativa nell'entanglement quantistico. Quando due particelle sono entangled, il loro stato quantico è intrinsecamente correlato, indipendentemente dalla distanza che le separa. Questo è il cuore dell'esperimento mentale proposto da Einstein, Podolsky e Rosen (conosciuto come il paradosso EPR), che sfidava la visione probabilistica della meccanica quantistica promossa da Niels Bohr e il suo principio di complementarità.

John Bell, con il suo teorema del 1964, fornì un meccanismo cruciale per mettere alla prova la non-località. Bell dimostrò che se il mondo fosse in effetti locale come pensava Einstein, certi limiti (detti disuguaglianze di Bell) non dovrebbero essere violati. Tuttavia, esperimenti successivi, tra cui quelli celebri di Alain Aspect negli anni '80, mostrarono che queste disuguaglianze vengono sistematicamente infrante, confermando dunque la non-località quantistica.

La descrizione matematica di queste proprietà inizia con l'equazione di Schrodinger, il fondamento della meccanica quantistica. Per esplorare l'entanglement, gli scienziati impiegano la notazione di Dirac, conosciuta come "bra-ket", un linguaggio matematico che ci aiuta a decifrare i misteri nascosti nelle pieghe più profonde della realtà quantistica.

La notazione di Dirac, introdotta da Paul Dirac, uno dei geni fondatori della meccanica quantistica, fornisce un efficace strumento di rappresentazione per le particelle quantistiche. In questo contesto, "ket" ($|\psi\rangle$) rappresenta lo stato quantico di una particella, mentre "bra" ($\langle\varphi|$) è la sua controparte, utile per calcolare probabilità e aspettative. La combinazione di un "bra" e di un "ket", attraverso il prodotto scalare $\langle\varphi|\psi\rangle$, dà origine a valori che sono fondamentali per comprendere le interazioni e le misurazioni a livello quantistico.

L'entanglement quantistico si manifesta quando due o più particelle diventano indissolubilmente legate tra loro, indipendentemente dalla distanza che le separa. Immaginate due particelle gemelle, originate da uno stesso evento. (Per esempio, un doppio salto quantico). Anche se separate da anni luce, un cambiamento nello stato di una di esse comporterà un immediato cambiamento nello stato dell'altra. Questo fenomeno è perfettamente descritto nella notazione bra-ket.

Detto in altri termini, entanglement e non-località ci portano a concepire l'universo come un'entità dove ogni cosa è più interconnessa di quanto ci appare. Un paradigma che, sebbene non dimostrativo di fenomeni paranormali, apre a domande su quanto poco ancora sappiamo della realtà.

Eppure, in questo intricato schema di particelle entangled, risiede anche la bellezza della fisica quantistica: un universo dove la certezza e la causalità newtoniana lasciano il posto all'interconnessione e all'incertezza.

La non-località, ci invita a esplorare una visione del mondo più estesa, richiesta dalla realtà quantistica, ricordandoci quanto il nostro desiderio di incasellare le cose possa rendere il mondo incredibilmente più riduttivo di quanto esso sia realmente. Nel comprendere infine queste dimensioni, non è forse vero che la meraviglia dell'universo risiede proprio nella sua imprevedibilità?

Esperimenti storici e moderni.

Nel cuore affascinante e complesso della fisica moderna, le meraviglie della non-località quantistica offrono un nuovo prisma attraverso il quale osservare il mondo, e forse anche una chiave per dimensioni ulteriori e fenomeni che sfidano la nostra comprensione tangibile del reale. Ma cosa significa effettivamente "non-località" e quali sono le prove a sostegno di questa teoria che potrebbe sembrare appartenere più alla fantascienza che alla scienza?

La teoria della non-località si basa su un concetto tanto enigmatico quanto stimolante: esistono stati quantistici che possono essere "intrecciati" in modo tale che, indipendentemente dalla distanza che li separa, la modifica dello stato di una particella ne influenza istantaneamente un'altra. Questa "azione a distanza", è un fenomeno reale sorretto da un robusto corpus di evidenze sperimentali.

La prima pietra miliare nella comprensione della non-località fu posta dal famoso paradosso di Einstein-Podolsky-Rosen (EPR) nel 1935, un'argomentazione teorica che sfidava la completezza della meccanica quantistica, suggerendo che dovevano esistere "variabili nascoste" più profonde. John Bell, negli anni '60, formalizzò questo dibattito con il suo famoso teorema, dimostrando che, se la realtà osservata viola alcune disuguaglianze ora conosciute come "disuguaglianze di Bell", allora la natura non può essere descritta solo in termini di proprietà locali e indipendenti.

A testare questa idea radicale ci hanno pensato alcuni sperimentatori coraggiosi. Negli anni '70, John Clauser e Stuart Freedman furono i pionieri degli esperimenti che dimostrarono la violazione delle disuguaglianze di Bell, sebbene con strumenti sperimentali che oggi sembrerebbero rozzi. Nel decennio successivo, gli esperimenti più noti di Alain Aspect in Francia consolidarono questi risultati con un maggiore rigore.

Nel regno della non-località quantistica, la curiosità scientifica ha aperto un fronte di indagine che ha sfidato le nozioni classiche di causa ed effetto, gettando luce su uno dei fenomeni più affascinanti della fisica moderna: l'entanglement quantistico.

Il Background Storico e Teorico: La Sfida ai Concetti Classici

In un mondo dominato dall'interpretazione classica della fisica, l'idea che delle particelle potessero essere simultaneamente correlate al di là delle distanze spaziali convenzionali suonava come un affronto alle teorie consolidate. Negli anni '60, John Bell, un fisico teorico britannico, propose una serie di disuguaglianze che misuravano la possibilità di violazioni del realismo locale – un principio cardine della relatività einsteiniana che postulava che nessuna influenza potesse viaggiare più velocemente della luce. L'essenza della disuguaglianza di Bell è che, se il mondo quantistico fosse governato dai principi classici, certe correlazioni misurate fra particelle entangled non dovrebbero superare determinati limiti.

Gli Esperimenti ignorati di Clauser e Freedman.

Nel 1972, John Clauser e Stuart Freedman presso l'Università della California, Berkeley, condussero il primo test sperimentale delle disuguaglianze di Bell. Utilizzando una configurazione che oggi verrebbe considerata rudimentale, i due fisici impiegarono coppie di fotoni emessi da un atomo di calcio eccitato per misurare le correlazioni fra gli stati di polarizzazione dei due fotoni. A quel tempo, l'idea di distinguere conclusivamente tra la meccanica quantistica e la fisica classica era altamente speculativa, e il loro apparato, se paragonato agli standard odierni, era limitato dalle tecnologie di rilevazione e produzione delle particelle.

Nonostante ciò, i risultati suggerivano una violazione delle disuguaglianze di Bell, fornendo alla comunità scientifica il primo indizio empirico che le correlazioni quantistiche potrebbero non rispettare il realismo locale. Questi esperimenti precoci furono accolti con cautela, anche a causa delle limitazioni tecniche intrinseche, ma prepararono il terreno per ricerche successive.

Negli anni '80, un giovane fisico francese, Alain Aspect, intraprese una serie di esperimenti che avrebbero fissato nuovi standard di precisione e affidabilità nella verifica delle previsioni quantistiche. Lavorando presso l'Institut d'Optique e l'Université Paris-Sud, Aspect sfruttò avanzamenti chiave nella tecnologia laser per migliorare la generazione e il rilevamento delle coppie di fotoni entangled.

Una delle innovazioni cruciali introdotte da Aspect fu l'uso di meccanismi di commutazione veloce per cambiare la direzione di osservazione degli stati quantistici in modo casuale ed estremamente rapido, riducendo sensibilmente le "loopholes", ossia le scappatoie teoriche che avrebbero potuto spiegare le correlazioni osservate senza infrangere il realismo locale. Questa ingegnosità sperimentale permise non solo di confermare le violazioni delle disuguaglianze di Bell con maggiore rigore, ma di farlo in un modo che escludeva progressivamente anche le critiche più scettiche. Dovremmo chiederci perché gli esperimenti di John Clauser e Stuart Freedman non erano giunti a questi risultati.

Una questione intrigante, e talvolta controversa, è se la volontà e i desideri degli sperimentatori possano influenzare i risultati degli esperimenti. Alcuni filosofi della scienza hanno suggerito che le aspirazioni e le aspettative personali potrebbero inconsciamente influire sulle interpretazioni e sulle selezioni dei dati. Tuttavia, nel caso di Clauser, Freedman e Aspect, la questione sembra dipendere più dalla maturità tecnica e teorica raggiunta nel tempo piuttosto che da un desiderio predeterminato di dimostrare un'idea specifica.

Non c'è prova che Clauser e Freedman fossero "avversari" delle teorie quantistiche; piuttosto, volevano esplorare con onestà le implicazioni della meccanica quantistica utilizzando gli strumenti a loro disposizione. Aspect, d'altro canto, con un migliore apparato concettuale e strumentale, era semplicemente in grado di spingere quel limite ancora più lontano, consolidando ciò che era stato scoperto e documentato in via preliminare.

La narrativa popolare spesso rappresenta Einstein come colui che si opponeva fermamente alla meccanica quantistica, ma la realtà è più sfumata. Pur criticando l'interpretazione di Copenaghen, Einstein non rifiutava la validità della meccanica quantistica; cercava piuttosto un quadro più integrato che includesse il realismo locale. È questo contesto che alimenta la percezione che le ricerche di Clauser e Aspect fossero una risposta alla sfida dell'EPR (Einstein-Podolsky-Rosen) rispetto al ruolo di Einstein nel dibattito.

Alain Aspect non mirava semplicemente a "dimostrare Einstein sbagliato"; i suoi risultati furono il prodotto di un preciso e rigoroso metodo scientifico che, per coincidenza, verificarono leggi quantistiche spesso apparentemente "bizzarre", andando oltre le intuizioni di Einstein.

Gli esperimenti di Clauser, Freedman e Aspect hanno aperto uno squarcio nella tela della realtà che ha alterato il modo in cui comprendiamo il nostro universo. La nozione di non-località quantistica sfida la causalità tradizionale e getta una nuova luce sul potenziale rapporto tra osservatore e fenomeno osservato. Ma al di là delle teorie e della loro verifica, la scienza continua a muoversi su un terreno dove curiosità e intraprendenza guidano le scoperte, spesso portando risultati che trascendono i preconcetti e ridefiniscono il nostro posto nell'universo.

Le implicazioni filosofiche e pratiche di tali esperimenti sono ancora oggetto di dibattito e ricerca approfondita, e rappresentano una testimonianza all'eterna domanda umana sulla natura della realtà.

Questa è' la stessa domanda che i Clauser, i Freedman e gli Aspect del futuro continueranno a porsi, ma con nuovi occhi e nuove menti.

Continuando, verso il XXI secolo Anton Zeilinger e il suo team portarono queste indagini su un altro livello, utilizzando tecniche avanzate di fotonica per eseguire test sempre più precisi ed estesi della non-località. I risultati, dall'Austria alla Cina, continuano a confermare ciò che una volta sembrava incredibile: l'entanglement quantistico è reale e onnipresente, attraversando distanze impressionanti e resistendo a tentativi meticolosi di spiegazione tradizionale.

La portata culturale e filosofica della non-località è forse persino più sconvolgente delle sue implicazioni scientifiche. In un'epoca in cui le scoperte teoriche si intrecciano sottilmente con idee esoteriche, la non-località si presta a riflessioni che spaziano dalla possibilità di nuove forme di comunicazione "istantanea" alla riconsiderazione di fenomeni paranormali o esperienze extracorporee. Se esiste una connessione invisibile tra particelle distanti anni luce l'una dall'altra, quale potrebbe essere il limite di questa rete quantistica nel mondo che percepiamo con i nostri sensi?

Queste domande restano aperte e continuano a ispirare il pensiero scientifico e oltre. Come un fitto arazzo che si svela filo dopo filo, la storia della non-località non solo riforma ciò che crediamo di sapere sul mondo fisico, ma ci invita anche a riconsiderare i confini tra la scienza e le realtà alternativamente possibili.

Capitolo 5. Implicazioni metafisiche e filosofiche.

Rivisitazione dei fondamenti metafisici.

Immaginate di essere in due luoghi contemporaneamente, comunicando istantaneamente con qualcuno a migliaia di chilometri di distanza, senza l'ausilio di telefoni o internet. Può sembrare il racconto di un romanzo di fantascienza, eppure nel mondo quantistico, questa realtà si avvicina sorprendentemente alla verità. La non-località quantistica non solo sfida le intuizioni classiche ma spalanca una porta verso implicazioni metafisiche e filosofiche affascinanti, offrendo nuove prospettive su realtà alternative che un tempo erano relegate al dominio del paranormale.

La metafisica, tradizionalmente la branca della filosofia che tenta di rispondere alle domande fondamentali sul significato e la natura della realtà, trova nel campo quantistico un fertile terreno di discussione. La nozione di non-località suggerisce che la separazione spaziale come la conosciamo non è un limite assoluto. Albert Einstein, con il paradosso EPR, sollevò domande sulla "spooky action at a distance" prevista dall'entanglement. Queste domande non ricevettero risposta fino a quando John Bell concepì un teorema che, attraverso le cosiddette disuguaglianze di Bell, offrì una via per testare sperimentalmente l'intreccio quantistico.

Negli anni '80, Alain Aspect e il suo team dimostrarono con precisione che le previsioni di Bell erano corrette: l'entanglement esisteva davvero, violando le intuizioni di Einstein. Il successo di questi esperimenti ha obbligato scienziati e filosofi a considerare l'idea che le definizioni classiche di spazio e tempo potrebbero non essere fondamentali come creduto..

Metafisica applicata al campo quantistico:

Ma cosa significa tutto questo per la metafisica? Ad esempio, l'interpretazione della meccanica quantistica in termini di "multiverso", suggerita dalla teoria dei molti mondi di Hugh Everett, quasi inevitabilmente ci trascina in discussioni filosofiche che un tempo erano più vicine al paranormale che alla scienza: mondi paralleli, realtà multiple, e persino il libero arbitrio.

Dalla cultura pop ai dibattiti accademici, ciò che era un tempo considerato semplicemente una curiosità filosofica sta ora iniziando a comparire in analisi più serie. Possiamo persino trarre paralleli con le storie millenarie che esplorano altre dimensioni, da quelle mitologiche alle speculazioni moderne sui viaggi nel tempo e teletrasporto.

Lo spazio per la speculazione non è mai stato così vasto; ad esempio, il fisico e filosofo David Bohm ha proposto un'interpretazione olistica della meccanica quantistica, suggerendo che l'universo è una rete unificata e indivisibile, dove ogni parte è intrinsecamente connessa con le altre.

Nella cultura contemporanea, la non-località rinfocola l'immaginazione, presentandosi come il ponte tra la scienza rigorosa e la spiritualità. La possibilità che l'universo sia più interconnesso di quanto osservabile potrebbe rieccheggiare in antiche conoscenze sapienziali, alimentando il dialogo tra scienza e spiritualità. La nozione stessa di realtà diventa un terreno fertile per discussioni speculative e audaci.

In conclusione, mentre la non-località quantistica continua a essere il fondamento di tecnologie rivoluzionarie, come il calcolo e la comunicazione quantistica, dobbiamo anche aprirci alla vasta gamma di possibilità filosofiche e metafisiche che essa implica. Forse, in questi intricati filamenti di realtà quantistica, troviamo non solo una nuova comprensione delle leggi fisiche, ma anche una visione alternativa delle realtà non fisiche e del paranormale, capaci di ridefinire ciò che significa esistere in questo universo immerso nel mistero.

L'effetto del vuoto quantistico.

L'effetto del vuoto quantistico è un concetto che emerge dalla natura intrinsecamente probabilistica della meccanica quantistica e dalla sua descrizione dei campi quantistici. Nel vuoto quantistico, l'assenza di particelle non implica la totale assenza di attività: fluttuazioni quantistiche costanti producono particelle virtuali che appaiono e scompaiono in tempo brevissimi, un fenomeno che è stato confermato da molti esperimenti.

Energia di punto zero.

Nel contesto delle fluttuazioni, si introduce il concetto di *energia di punto zero*, che è l'energia residua che persiste anche nel vuoto apparentemente più assoluto. Questo si collega direttamente al principio di indeterminazione di Heisenberg, il quale stabilisce che certe variabili fisiche, come posizione e momento, non possono essere determinate simultaneamente con precisione infinita. Questo implica che il vuoto non è realmente "vuoto", ma perennemente popolato da queste fluttuazioni virtuali.

Le implicazioni dell'effetto quantistico del vuoto sono state oggetto di discussione sia tra fisici che tra filosofi e hanno ispirato molti riferimenti culturali. L'idea di un vuoto che non è realmente vuoto sfida il nostro concetto di "nulla" e solleva domande profonde sulla natura della realtà. Ad esempio, l'opera di fantascienza di Philip K. Dick esplora spesso questi temi, speculando su realtà che superano la nostra comprensione sensoriale diretta.

L'energia e le particelle virtuali generate dalle fluttuazioni del vuoto quantistico possono aggiungere nuovi elementi alla comprensione della non-località. Si pensi alle particelle virtuali che potrebbero partecipare ai processi di entanglement quantistico, potenzialmente influenzando correnti (elettriche o di altra natura) e campi molto distanti tra loro senza una connessione causale diretta e immediata.

In sintesi, l'esplorazione del vuoto quantistico ci permette di continuare a sondare i limiti della fisica classica e di avvicinarci a una comprensione più profonda dell'universo, in cui nulla è veramente isolato e statico.

La non-località e il concetto di "realtà".

Nella magica cornice del mondo quantistico, le leggi che governano il nostro universo sembrano sfumare nell'oscurità, lasciando spazio a nuovi e intriganti interrogativi: cos'è la realtà? Cosa significa davvero esistere in un universo dove la non-località sfida il nostro senso comune di tempo e spazio?

La non-località si manifesta nel fenomeno affascinante conosciuto come "entanglement. Qui, due particelle possono essere separate da anni luce eppure restare incredibilmente connesse, tanto che l'osservazione di una determina immediatamente lo stato dell'altra. Questo accade in violazione palese della relatività, suggerendo che le nostre nozioni tradizionali di causalità, così radicate nel nostro quotidiano, potrebbero non essere applicabili su scala quantistica.

John Bell, con la sua celebre disuguaglianza, ci ha permesso di mettere alla prova queste stravaganti idee, portando alla conferma da parte di Alain Aspect negli anni '80 che, effettivamente, la natura non è così locale come avevamo sperato. Queste scoperte aprono una breccia attraverso la quale scorgiamo le fondamenta traballanti della realtà, inducendo una riflessione profondamente filosofica: se la realtà non è locale, cosa significa per noi che la viviamo attraverso la nostra percezione spaziale e temporale?

Diverse interpretazioni della meccanica quantistica cercano di fornirci risposte. Il gruppo di fisici raccolto attorno alla interpretazione di Copenaghen sostiene che la misurazione è ciò che conferisce realtà ai fenomeni quantistici. Questa idea, implicitamente, ci suggerisce che l'osservatore è parte integrante della creazione del mondo che lo circonda. Al contrario, la "Many-Worlds Interpretation" di Hugh Everett vede ogni scelta quantistica come una porta che si spalanca su mondi paralleli, dove ogni possibilità si compie.

Per non parlare della sorprendente teoria dei Bohm, in cui il cosiddetto potenziale quantistico introduce un ordine implicito che collega tutte le particelle dell'universo, come una grande sinfonia orchestrata da un misterioso direttore nascosto alla nostra vista. Qui, la non-località non è un anomalia da comprendere, ma un segnale dell'armonia sottesa che guida il cosmo.

Questi modelli ci portano a considerare con occhi nuovi molte delle nostre pretese su ciò che è reale, avvicinandoci persino a concetti di natura trascendentale e, per certi versi, paranormale. L'idea è che potremmo essere parte di un complesso gioco di specchi dove la nostra realtà fisica non è che una delle innumerevoli facce di una gamma più vasta di esistenze non tangibili.

In questo spettro di riflessione, filosofi come Alain Badiou hanno iniziato a intessere una narrazione che vede nella non-località un richiamo verso un universo che non è governato da rigide leggi preimpostate.

La non-località quantistica, introdotta dalla meccanica quantistica, suggerisce che le particelle possono influenzarsi reciprocamente istantaneamente a qualsiasi distanza, sfidando così la nozione di causalità locale. Badiou vede in questo fenomeno una metafora potente: l'universo non sarebbe un insieme statico e predeterminato di leggi rigide, ma piuttosto un'espressione infinita di potenzialità e creatività. Egli sostiene che la non-località ci invita a pensare la realtà in modo aperto, accettando l'incertezza e la possibilità continua di nuovi inizi. Questo implica che la natura è intrinsecamente innovativa, caratterizzata da eventi che scardinano la routine del prevedibile, aprendo la strada a un futuro in cui tutto è possibile.

Badiou non è solo in questo viaggio intellettuale. Altri filosofi, come Karen Barad, hanno compiuto riflessioni simili. Barad, una fisica e filosofa, introduce il concetto di "*intra-azione*", enfatizzando l'interconnessione tra oggetti e osservatori, e suggerendo che le proprietà delle particelle non sono predeterminate, ma emergono attraverso le loro interazioni.

Barad introduce l'idea di "*intra-azione*" per spostare il focus dalle "*inter-azioni*" tra oggetti indipendenti alla "*co-creazione*" continua delle loro proprietà attraverso le relazioni. A differenza del concetto più tradizionale di "interazione", che presuppone l'esistenza di entità separate che poi si influenzano reciprocamente, l'"intra-azione" suggerisce che le entità non preesistono alle loro relazioni. Esse emergono attraverso un reticolo complesso di connessioni e interferenze.

Questa concezione rappresenta un passo significativo rispetto alla visione newtoniana del mondo, dove gli oggetti erano visti come entità discrete, con proprietà inerenti e indipendenti. Barad, influenzata dai principi della meccanica quantistica, ci invita a considerare un universo dove le proprietà non sono determinate fino a quando non avviene un'interazione. Gli eventi non possono essere considerati in modo isolato; piuttosto, ogni fenomeno è il risultato di un complesso reticolo di relazioni.

Un chiaro esempio di questo principio può essere trovato nell'esperimento della doppia fenditura, un famoso esperimento quantistico che dimostra come le particelle, come elettroni o fotoni, possano comportarsi sia come particelle sia come onde. Quando non osservate, queste particelle sembrano attraversare entrambe le fenditure simultaneamente, ma nel momento in cui si tenta di monitorarle, esse "scelgono" un percorso definito.

Questo comportamento è emblematico dell'*"intra-azione"*: il nostro tentativo di misurare o osservare determina l'esito dell'esperimento.

Le idee di Barad si collegano anche alla teoria dell'entanglement quantistico, dove particelle distanti rimangono connesse, in modo tale che lo stato di una sembra influenzare istantaneamente lo stato dell'altra, indipendentemente dalla distanza che le separa. Ciò risuona profondamente con la nozione filosofica di interconnessione e interdipendenza, trovando paralleli nelle antiche tradizioni spirituali e culturali, come il concetto indiano di *"pratītyasamutpāda"* o *"origine dipendente"*.

Culturalmente, il pensiero di Barad dialoga con alcuni aspetti della fisica teoretica e del post-strutturalismo, influenzato da filosofi come Michel Foucault e Jacques Derrida, dove il significato e l'identità sono visti come processi fluidi, costantemente ridefiniti attraverso le dinamiche delle relazioni.

L'idea di *"intra-azione"* offre una lente radicalmente nuova e dinamica per osservare il mondo, sfidando il dualismo cartesiano di soggetto e oggetto. Essa propone una visione in cui partecipi e osservatori sono inestricabilmente legati, non distinguibili in modo netto. In un universo che appare meno predeterminato e più aperto alle possibilità, Karen Barad ci ispira a pensare oltre le categorie fisse, a esplorare la porosità della realtà.

In definitiva, le intuizioni di Barad sulla non-località quantistica non sono solo un avanzamento teorico, ma un invito a una trasformazione ontologica e epistemologica, dove l'universo è visto come un campo di potenzialità emergente, un tessuto ricco di significati in costante evoluzione. Così, nel regno della non-località quantistica, Barad ci guida verso una comprensione più profonda e interconnessa dell'esistenza stessa, invitandoci a essere co-creatori attivi del nostro universo.

Un altro pensatore affine è David Bohm, il fisico teorico le cui idee hanno influenzato non solo la scienza ma anche la filosofia e la psicologia. Bohm ha proposto una visione dell'universo come un "*ordine implicato*" in cui tutto è interconnesso in modi non evidenti o locali, suggerendo che la realtà manifesta è solo una parte di un ordine più profondo e nascosto. Per lui, l'universo è un tessuto senza cuciture di relazioni, in cui il tutto è piegato nel particolare e il particolare nel tutto.

A livello culturale, questi concetti trovano eco in molte narrazioni mitologiche e spirituali, che da millenni sostengono l'idea di un universo unitario e interconnesso. Nella filosofia orientale, in particolare nel taoismo, l'interconnessione e il flusso dinamico e continuo delle cose sono principi cardine.

Un incontro tra scienza e spiritualità orientale.

Nel regno della non-località quantistica, uno dei più affascinanti e complessi concetti della fisica moderna, si rivela sorprendentemente in sintonia con le antiche idee della filosofia taoista. Questo incontro tra scienza e spiritualità orientale apre nuove prospettive sull'interconnessione e la continua fluttuazione della realtà.

Il Taoismo, una delle grandi tradizioni filosofiche dell'Asia, ha da secoli abbracciato la visione del mondo come un tutto interdipendente.

"Il Tao che può essere spiegato, non è l'eterno Tao".

Così recita il Tao Te Ching, il testo fondamentale attribuito a Laozi. Questa affermazione simboleggia la natura ineffabile e in continuo mutamento del mondo, caratterizzata da un flusso dinamico di energie chiamato "Qi"

In maniera analoga, la non-località quantistica propone che le particelle possano essere connesse tra loro indipendentemente dalla distanza fisica che le separa, un fenomeno che sfida il nostro concetto tradizionale di spazio e tempo. Questa connessione istantanea riflette l'idea taoista dell'interconnessione di tutte le cose, dove nulla esiste isolato o in forma statica.

Un parallelo significativo nella fisica quantistica è il concetto di entanglement, secondo il quale coppie o gruppi di particelle interagiscono in modi così profondi che lo stato di una influenza immediatamente lo stato dell'altra, indipendentemente dalla distanza. Questo ricorda il principio taoista di *Yin e Yang*, opposti e complementari, apparentemente distinti ma intimamente legati e in costante mutamento, contribuendo all'armonia del tutto.

David Bohm, un eminente fisico teorico noto per la sua visione olistica della realtà, ha proposto l'idea dell'"*ordine implicito*", un livello profondo dove tutte le parti dell'universo sono inestricabilmente connesse. Bohm stesso, influenzato dalla filosofia orientale e dal dialogo tra scienza e spiritualità, ha trovato molte similitudini tra le sue teorie e la saggezza del Taoismo, sottolineando che l'universo non è un insieme di entità separate, ma un tutto indiviso in cui ogni cosa fluisce e si trasforma.

Un racconto taoista narra di un saggio che osserva l'incessante movimento dell'acqua in un fiume e riconosce in esso la vera natura della realtà: flessibile, adattabile e mai statica. Così, nel mondo quantistico, dove le particelle esistono in stati di probabilità piuttosto che in posizioni fisse, troviamo un'eco della stessa saggezza: la realtà non è una serie di fermi fotogrammi, ma un film in continuo divenire.

In questo dialogo tra le antiche tradizioni filosofiche e le più recenti scoperte scientifiche, emerge una nuova visione del mondo, più fluida e interconnessa, che invita a ripensare non solo la nostra comprensione della natura, ma anche il modo in cui interagiamo con essa. Abbracciare il flusso dinamico del Tao e la non-località della meccanica quantistica può portare a una consapevolezza più profonda del nostro posto in un universo in cui ogni cosa è, in effetti, collegata a tutte le altre.

Meister Eckhart e l'unità del tutto.

L'universo in cui viviamo è un intreccio sorprendente di connessioni invisibili, una danza cosmica che sfugge alla nostra comprensione lineare. Nel cuore della fisica quantistica, il concetto di non-località sfida le idee tradizionali di separazione e distanza: particelle che rimangono connesse oltre spazio e tempo, comunicando istantaneamente. Ma questa meravigliosa intuizione scientifica non è del tutto estranea alle riflessioni dei mistici occidentali, i quali, secoli prima dell'avvento della fisica moderna, già intuivano una radicale unità del tutto. Tra questi, Meister Eckhart si erge come un faro del pensiero mistico medievale, un filosofo e teologo che osa immaginare un universo intrinsecamente connesso.

Meister Eckhart, monaco domenicano del XIII secolo, non solo parlava di Dio ma del divino in ogni cosa. Per lui, la separazione era un'illusione; tutto era interconnesso in un "*Uno*" che trascendeva le esperienze quotidiane di molteplicità. Eckhart scriveva:

"L'occhio attraverso il quale vedo Dio è lo stesso occhio attraverso il quale Dio vede me."

In queste parole riecheggia l'idea che, a un livello più profondo, osservatore e osservato si fondano in un'unica essenza.

Riflettendo su queste prospettive, ci troviamo di fronte a un interessante parallelo con la non-località quantistica. Se la fisica quantistica ci mostra che le particelle possono mantenere connessioni al di là delle distanze spaziali, Meister Eckhart ci invita a vedere un'analoga unione nel contesto spirituale e ontologico. La sua visione mistica era che l'anima umana e l'universo fossero inestricabilmente legati in un'infinita tela esistenziale.

Non sorprende che l'opera di Eckhart abbia influenzato pensatori e poeti da Goethe a Jung. La sua insistente esplorazione dell'unità si riflette nelle opere di Rainer Maria Rilke, che celebra la fusione di spirito e materia, e nel mistico poeta spagnolo San Giovanni della Croce, che scrisse dei "vincoli" che uniscono l'anima a quella di Dio.

La modernità offre ulteriori risonanze: in un'epoca segnata dalla frammentazione e dall'isolamento, le intuizioni di Eckhart trovano nuova linfa nelle correnti della fisica contemporanea. Basti pensare al paradosso del gatto di Schrödinger o all'entanglement quantistico studiato da Alain Aspect (che nel 1982 confermò l'interconnessione istantanea tra particelle lontane), che testimoniano un'unità a livelli che sfidano la nostra percezione.

In definitiva, Meister Eckhart ci offre non solo una prospettiva spirituale, ma una chiave di lettura che ci invita a vedere l'universo come un tessuto interconnesso. Quest'idea non solo arricchisce il nostro approccio alla fisica moderna ma ci ricorda che, al di là delle differenze apparenti, vi è uno straordinario e vibrante cosmo unito. La non-località quantistica e le intuizioni mistiche si fondono così in una profonda riflessione sull'unità del tutto, invitandoci a riconsiderare le divisioni che spesso diamo per scontate.

La non-località diviene quindi più di un semplice argomento scientifico; è un trampolino di lancio verso una nuova comprensione dell'esistenza, una che celebra l'imprevedibilità e il potenziale costante per la nuova nascita—un universo di meraviglie in cui l'incanto risiede nell'incessante capacità di sorpresa. In un'epoca che tende verso la frammentazione e il disincanto, l'immagine di un universo fluido e interconnesso proposta da Badiou e altri pensatori simili può servire come un potente antidoto culturale, invitandoci a riconsiderare il significato di connessione e creatività.

Il viaggio nel regno della non-località quantistica ci ricorda che, come disse lo stesso Badiou, *"l'universo è per sua natura fatto di eventi, di inizi improvvisi che rompono la continuità."*

In tal modo, abbracciando l'imprevedibile, ci avviciniamo a una visione dell'universo come fonte perpetua di stupore e innovazione.

In definitiva, la non-località non è solo una caratteristica scientifica da accettare ma è una porta su orizzonti che mettono alla prova i nostri principi essenziali sull'essere e l'esperienza. È un invito non solo a ripensare le frontiere della fisica ma anche a relazionarci, con umiltà e apertura, a quello che potrebbe essere un cosmo meraviglioso, complesso e infinitamente più vasto.

La non-località quantistica sfida le nostre convinzioni più radicate e ci invita a ridimensionare concetti come la separazione spaziale e la causalità. Propone un universo interconnesso, dove le distanze fisiche tradizionali perdono significato nel contesto quantistico. Man mano che approfondiamo la nostra comprensione di questi fenomeni, ci avviciniamo a una visione del mondo che unisce il microcosmo quantistico con le percezioni macroscopiche, ridefinendo i confini tra ciò che è reale e ciò che è possibile.

L'impatto della non-località sulle teorie dell'ontologia.

Nel labirinto invisibile dei fenomeni subatomici, la non-località quantistica emerge come un enigma affascinante, capace di scardinare le fondamenta del nostro modo di concepire la realtà. Questa peculiarità della meccanica quantistica non solo sfida la fisica classica, ma si insinua nelle profondità del pensiero filosofico, suggerendo nuove prospettive nella comprensione dell'esistenza stessa.

L'idea di non-località, resa popolare dagli esperimenti di Alain Aspect negli anni '80, ha dato la spinta a una revisione critica dei paradigmi ontologici tradizionali. Nella filosofia occidentale, l'ontologia si è spesso sposata con una visione localistica della realtà, dove ogni oggetto esiste indipendentemente dal resto. Tuttavia, la non-località dimostrata sperimentalmente infrange quei confini, suggerendo che le parti di un sistema quantistico mantengono connessioni che trascendono lo spazio.

Questa reinterpretazione della ontologia trova eco nelle intuizioni di studiosi contemporanei, molti dei quali vedono la non-località come una finestra su un universo più grande e interconnesso. La fisica quantistica non descrive solo microcosmi isolati, ma un arazzo di eventi intimamente intrecciati. Ciò che emerge è un universo dove le distanze non contano, dove ogni particella è una sinfonia di relazioni e possibilità.

Consideriamo le interpretazioni della meccanica quantistica: la varietà delle teorie riflette la ricchezza del dibattito ontologico. La famosa interpretazione di Copenhagen, sostenuta da Niels Bohr, suggerisce un mondo realizzato solo attraverso l'osservazione, mentre la teoria dei molti mondi di Hugh Everett apre le porte a un multiverso in cui ogni possibilità si realizza in universi paralleli. Questi modelli sfidano il nostro desiderio di una realtà unica e definitiva, insistendo sulla fluidità e sull'interconnessione come proprietà fondamentali della natura.

In questo contesto, il pensiero di David Bohm si distingue per la sua audacia. Bohm, con la sua teoria dell'ordine implicito, invita a considerare l'universo come un tutto indiviso, reiterando quella visione mistica che diverse tradizioni spirituali hanno coltivato da millenni. Secondo Bohm, la non-località non è un'anomalia, ma la norma, un richiamo verso una realtà dove ogni parte riflette il tutto.

Il gioco delle perle di vetro.

La non-località, dunque, non è solo un pilastro della fisica moderna ma un tema che appare in molte forme anche nelle arti e nella cultura popolare. Dalla fantascienza che esplora il concetto di universi paralleli alle metafore letterarie di Herman Hesse ne *"Il gioco delle perle di vetro"*, l'idea di un universo interrelato è il fil rouge che attraversa epoche e culture.

Nel panorama della letteratura del XX secolo, Herman Hesse emerge come una figura di straordinaria profondità filosofica e sensibilità estetica, capace di tessere trame narrative che sondano l'essenza stessa dell'esperienza umana e della conoscenza. In questo contesto, *"Il gioco delle perle di vetro"*, uno dei suoi lavori più enigmatici e riflessivi, si rivela un fertile terreno di esplorazione per qualsiasi mente curiosa di comprendere fenomeni complessi come la non-località quantistica attraverso la lente della metafora letteraria.

"Il gioco delle perle di vetro", ambientato in un futuro utopico nella provincia immaginaria di Castalia, ruota attorno a un gioco omonimo che fonde elementi di musica, matematica e filosofia in una sintesi armonica di conoscenza universale. Questo gioco non è solo un passatempo intellettuale ma diventa la rappresentazione di un ordine cosmico sottile, dove ogni perla riflette le altre, suggerendo l'interrelazione e la non-linearità dell'universo.

In questo senso, Hesse anticipa con straordinaria intuizione concetti che risuonano con le idee moderne di fisica quantistica che postulano un universo interconnesso. La non-località, principio per cui le particelle possono influenzarsi a vicenda istantaneamente anche a grandi distanze, ritrova una sua eco simbolica nel gioco delle perle di vetro. Ogni mossa nel gioco, ogni combinazione di pensiero, risuona attraverso le epoche e le arti, richiamando l'immagine di un universo dove tutto è intimamente connesso oltre le barriere spazio-temporali.

Tra i personaggi immersi in questo mondo di pensiero, Joseph Knecht emerge come il *"magister ludi"* (il maestro del gioco). La sua sete di conoscenza e la sua intuizione che vanno oltre i confini delle discipline tradizionali rappresentano un viaggio di scoperta simile a quello di uno scienziato che esplora i meandri della fisica quantistica. Knecht, con la sua vita dedita alla ricerca della verità e armonia, simboleggia il ponte tra il microcosmo interiore dell'anima umana e il macrocosmo dell'universo, un tema centrale anche nella non-località.

Hesse, inoltre, utilizza l'arte della musica come metafora centrale. La sinfonia che si crea durante una partita di perle di vetro rimanda all'idea che, come nella musica, le dissonanze e le armonie si connettono senza soluzione di continuità, producendo un insieme che va oltre la somma delle sue parti. Questa visione risuona profondamente con la concezione di un universo quantistico dove le parti sono inseparabili dal tutto.

Le influenze culturali e filosofiche che Hesse integra nel romanzo sono vaste e profonde. Da Platone a Laozi, ogni riferimento filosofico si inserisce nel gioco come parte di un mosaico complesso. Simile al concetto di entanglement quantistico, queste influenze attraversano il tempo e lo spazio, connettendo idee lontane tra loro in un unico schema di pensiero. La presenza di temi provenienti da diverse tradizioni spirituali e culturali sottolinea ulteriormente la visione hessiana di un'universalità della conoscenza e della coscienza.

In conclusione, "Il gioco delle perle di vetro" di Herman Hesse si presta a essere una ricca metafora della non-località quantistica, in cui ogni elemento del racconto, ogni pensiero filosofico, funge da tessera di un mosaico che raffigura un universo interrelato. Attraverso le sue metafore letterarie, Hesse non solo celebra la potenza dell'interconnessione intellettuale e spirituale ma prefigura un modo di pensare che trova oggi eco nelle più avanzate esplorazioni scientifiche del nostro tempo.

Cogliere l'invisibile. Metafisica o semplicemente fisica?

Le implicazioni della non-località offrono un fertile terreno per la riflessione non solo scientifica, ma anche metafisica e culturale. Esse prospettano la possibilità che il paranormale, il non misurato e l'indefinito siano anch'essi elementi di un quadro più ampio e non ancora del tutto compreso. In questo panorama, diventa persino legittimo domandarsi se concetti come la telepatia o la premonizione, da sempre relegati al margine del pensiero scientifico, possano trovare spazio in questa grande narrazione quantistica. Si tratta, dopotutto, di un mondo in cui il familiare e lo sconosciuto danzano insieme in un'incantevole simmetria.

Conseguentemente, la non-località diviene un invito ad abbracciare una visione del mondo capace di accogliere l'inaspettato e il magnifico. Mentre continuiamo a esplorare queste connessioni invisibili, ci troviamo davanti una nuova cosmologia, una che trascende i limiti dell'ordinario e ci invita a ridefinire il nostro posto nell'universo in termini di un'appartenenza universale e intimamente condivisa.

L'effetto Zeno.

L'effetto Zeno quantistico rappresenta una delle molte meraviglie di questo strano mondo della meccanica quantistica, dimostrando come l'osservazione possa influenzare il comportamento delle particelle subatomiche. Prende il nome dal famoso paradosso di Zenone, che concettualmente suggerisce che un oggetto in movimento possa essere fermato osservandone costantemente la posizione.

Nel contesto quantistico, l'effetto Zeno si manifesta attraverso la continua e ripetuta misurazione di un sistema, impedendo il suo cambiamento di stato. In altre parole, se si osserva un atomo instabile continuamente, la probabilità di decadimento dell'atomo si riduce, mantenendolo nello stato presente, come se il solo atto di misurazione congelasse il suo cambiamento.

Considerando la connessione tra meccanica quantistica e fenomeni paranormali, l'effetto Zeno offre un intrigante punto di riflessione. La possibilità che l'osservazione o l'attenzione mentale possano influenzare la realtà fisica, offre uno spunto di raccordo con esperienze paranormali in cui la mente sembra influenzare il mondo fisico in modi inspiegabili. Alcuni sostenitori nel campo del paranormale propongono che gli stati di coscienza alterati possano, in una certa misura, agire come misurazioni quantistiche che impediscono o modificano gli stati fisici della realtà.

Questa interpretazione, sebbene altamente speculativa, mette in discussione i limiti tra scienza rigorosa e esperienze soggettive. L'effetto Zeno quantistico, dunque, diventa un ponte tra il concreto e l'ineffabile, tra la fisica conclamata e i confini della percezione umana.

In sintesi, sebbene non ci siano prove scientifiche concrete che legano direttamente il paranormale e l'effetto Zeno quantistico, l'intrigante possibilità che l'osservazione possa influenzare il mondo fisico continua a ispirare teorie e discussioni in entrambi i campi. In un universo dove la realtà è modellata dalle leggi quantistiche, le frontiere del possibile rimangono inevitabilmente sfumate e aperte a nuove interpretazioni.

Coscienza e non-località.

Nel contesto della non-località quantistica si spalanca una finestra su un universo dai confini sfumati, un luogo dove le leggi della fisica sembrano quasi intrecciare un dialogo intimo con il concetto ancestrale del mistero. In questo contesto, il concetto di coscienza si intreccia con le sorprendenti implicazioni della teoria quantistica, invitandoci a esplorare nuove prospettive sulle realtà non fisiche e paranormali.

La coscienza è stata spesso al centro di riflessioni filosofiche e metafisiche, e la sua relazione con la non-località quantistica offre una chiave inedita per interpretare fenomeni che sfuggono alla percezione sensoriale ordinaria. L'idea che due particelle possano restare connesse anche quando separate da immense distanze, come accade nel fenomeno dell'entanglement, non solo sfida il nostro concetto di separazione spazio-temporale, ma suggerisce che l'interconnessione potrebbe estendersi ben oltre il dominio della materia.

Questa scoperta ha ispirato numerosi leader di pensiero a immaginare ponti tra la scienza e il paranormale. Una delle interpretazioni più affascinanti è la teoria delle stringhe e la possibile esistenza di universi paralleli, concetti celebrati anche dalla cultura popolare, come nei film di fantascienza.

Filosofi contemporanei, come David Chalmers, hanno esplorato le profonde connessioni tra la coscienza e la meccanica quantistica, suggerendo che la mente umana possa forse sintonizzarsi con queste realtà "altre". L'idea, sebbene non provata scientificamente, evoca strutturalmente il concetto junghiano di inconscio collettivo, dove le esperienze non sono limitate individualmente ma condivise a un livello profondo e universale.

Questa fluida commistione tra scienza e spiritualità trova eco in molte tradizioni culturali, dalle filosofie orientali, che da tempo sostengono l'interconnessione di tutte le cose, ai mistici occidentali che percepiscono la realtà come una danza di energie interconnesse. La meccanica quantistica, con i suoi enigmi e paradossi, sembra quasi adattarsi perfettamente a questa visione olistica, aprendo le porte anche a esplorazioni paranormali che, sebbene ancora ai margini della scienza, suggeriscono che c'è più nell'universo di quanto possiamo vedere o misurare.

Mentre continuiamo a svelare i misteri quantistici, emerge l'immagine di una realtà composta da trame invisibili e connessioni sottili. Questo ci spinge non solo a ridefinire i confini della scienza, ma anche a riconsiderare il nostro posto in un cosmo che è, forse, più consapevole e interconnesso di quanto abbiamo mai creduto possibile.

Ipotesi sulla connessione tra mente e fenomeni quantistici.

Nel regno della non-località quantistica si spalanca una finestra affascinante su una visione alternativa del mondo, in cui le realtà non fisiche e paranormali trovano un terreno di fertile discussione. Il matrimonio tra coscienza e non-località quantistica rappresenta una delle frontiere più seducenti e dibattute nella fisica contemporanea, osando affrontare una delle questioni più fondamentali dell'esistenza: il rapporto tra mente e materia.

La meccanica quantistica, da sempre, sfida le nostre intuizioni. Già con il paradosso EPR proposto da Einstein, Podolsky e Rosen nel 1935, si è aperta la discussione sulla incompletezza della fisica quantistica. Le diseguaglianze di Bell, negli anni '60, hanno formalizzato queste intuizioni e gli esperimenti di Alain Aspect negli anni '80 hanno fornito conferme sperimentali, spingendo molti a considerare che il mondo quantistico opera su una rete di connessioni insospettabili.

Nel contesto della coscienza, alcuni fisici e filosofi come Roger Penrose e Stuart Hameroff hanno proposto che i processi quantistici siano coinvolti nelle funzioni cerebrali, suggerendo che la coscienza stessa possa emergere da fenomeni quantistici. Questa ipotesi apre scenari quasi da fantascienza, dove la mente non è solo il prodotto di meccanismi classici, ma anche di intricati processi quantistici.

Il legame tra la mente e il mondo quantistico risuona con diverse tradizioni culturali e filosofiche, che da tempo immemorabile cercano di comprendere la natura della coscienza. Per esempio, Carl Gustav Jung, con il concetto di *"inconscio collettivo"*, spingeva l'idea di una connessione profonda tra le menti umane.

Carl Jung e le sue audaci intuizioni.

Uno dei pensatori che hanno osato esplorare questi territori enigmatici è Carl Gustav Jung. Nato il 26 luglio 1875 a Kesswil, in Svizzera, Jung fu una personalità poliedrica che ha lasciato un'impronta indelebile nella psicologia del XX secolo. Dopo aver studiato medicina all'Università di Basilea, si specializzò in psichiatria, discipline all'epoca ancora giovani e ricche di misticismo. È durante i suoi anni di ricerca che sviluppò un'ampia rete di collegamenti teorici, collaborando infine con Sigmund Freud, da cui però si discostò per via di alcune inconciliabili visioni.

Jung è ricordato soprattutto per la sua teoria dei *complessi dell'inconscio* e per la sua esplorazione del simbolismo dei sogni. Tuttavia, la sua eredità più duratura è forse quella dell'inconscio collettivo, un concetto che estende le profondità della psiche umana in una dimensione collettiva e transpersonale.

L'inconscio collettivo è una delle idee più audaci e influenti proposte da Jung. Contrapposto al concetto freudiano di inconscio personale, l'inconscio collettivo si configurava come una struttura mentale condivisa da tutta l'umanità, composta da archetipi e simboli comuni che risuonano con le esperienze e i miti delle diverse culture attraverso i secoli.

L'inconscio collettivo.

Secondo Jung, mentre l'inconscio personale è costituito da esperienze e ricordi individuali repressi, l'inconscio collettivo include impronte più universali — una sorta di memoria ancestrale. Qui risiedono le radici delle nostre paure innate, dei nostri sogni ricorrenti e delle inspiegabili connessioni che a volte percepiamo con il mondo circostante.

L'inconscio personale è limitato alle esperienze individuali, specialmente le sperienze che sono state represse, dimenticate, o inconsce per la singola persona. Invece, l'inconscio collettivo è più profondo e universale. Jung suggerisce che questo strato dell'inconscio opera in tutti gli esseri umani, indipendentemente dal background culturale o dalle esperienze personali, fungendo da deposito di conoscenze e ricordi ancestrali.

Fondamentale per l'inconscio collettivo è l'idea degli archetipi, modelli di pensiero e comportamento comuni a tutta l'umanità. Questi archetipi si manifestano attraverso simboli universali nei miti, nei racconti e nei sogni, presentando temi ricorrenti come l'eroe, la madre, la nascita e la morte. Gli archetipi non sono direttamente ereditati ma sono concetti che sembrano emergere naturalmente in tutte le culture, suggerendo l'esistenza di una base comune a livello psichico.

Un aspetto cruciale dell'inconscio collettivo è come esso spieghi le paure e i comportamenti istintuali che sembrano innate in ogni essere umano, come la paura del buio o dei serpenti. Queste reazioni possono essere considerate come risposte incorporate per la sopravvivenza, radicate nella memoria degli antenati che hanno affrontato situazioni di pericolo simili. Ai tempi di Jung, queste idee si sono fatte strada nel tentativo di comprendere non solo l'intima psiche umana, ma anche i meccanismi che uniscono le persone a livello subcosciente, trasversale nei secoli e nelle geografie.

Inoltre, l'inconscio collettivo è visto come fonte di connessioni effimere e inspiegabili che talvolta si provano con il mondo circostante. Ad esempio, la sensazione di *déjà vu* o i sogni che sembrano reali e significativi possono essere interpretati come manifestazioni di questo strato dell'inconscio, in cui il tempo e lo spazio non aderiscono alle normali leggi della fisica. Queste connessioni possono essere viste come il tentativo dell'inconscio di comunicare significati o verità universali che sfuggono alla comprensione conscia.

Questa dimensione della psiche, insomma, fornisce un legame con la spiritualità e la cultura, influenzando non solo il comportamento individuale, ma anche plasmando strutture e dinamiche culturali su larga scala. Le ricerche di Jung hanno aperto una strada a nuove interpretazioni delle scienze psicologiche, che riconoscono l'importanza di un'eredità psichica comune come fondamento delle esperienze umane, portando a un apprezzamento più profondo del modo in cui il trascendente e l'immanente si intrecciano nella vita quotidiana.

Il percorso di elaborazione del concetto di inconscio collettivo.

L'elaborazione del concetto di inconscio collettivo da parte di Carl Jung è stata un viaggio complesso e multidimensionale che ha coinvolto anni di studi, osservazioni cliniche, e riflessioni teoriche. Iniziò con il suo affascinante lavoro come psicologo e psichiatra, durante il quale osservò ripetutamente che molti dei suoi pazienti esibivano simboli e motivi nei loro sogni e nelle loro fantasie che non potevano essere facilmente spiegati dalle loro esperienze personali o dalla loro storia di vita. Queste osservazioni sollevarono in Jung la curiosità di esplorare da dove provenissero questi simboli e quale significato potessero avere.

Inizialmente, Jung si immerge in un vasto mare di letteratura mitologica e folcloristica, così come in religioni antiche e moderne, per cercare spiegazioni convincenti. Scoprì che molti dei simboli e motivi che apparivano nei sogni dei suoi pazienti erano sorprendentemente simili a immagini e temi ricorrenti in miti, leggende e testi religiosi di diverse culture e diverse epoche storiche. Questa scoperta lo portò a sviluppare l'idea che tali simboli, cui diede il nome di "archetipi," fossero parte di un livello più profondo della psiche che non era direttamente influenzato dalle esperienze personali, ma piuttosto da un patrimonio comune a tutta l'umanità.

Jung considerava gli archetipi come strutture psichiche innate, presenti dalla nascita, che modellano il modo in cui gli esseri umani percepiscono il mondo e si comportano in esso. Questi archetipi si manifestano in molte forme: il *Sé*, che rappresenta l'unità e la totalità della psiche; l'*Ombra*, che incarna gli aspetti inconsci e repressi dell'identità; il *Genitore*, simboleggiato attraverso figure materne e paterne presenti in tutte le culture; l'*Eroe*, protagonista delle narrazioni simboliche di trasformazione e crescita.

Nella sua ricerca, Jung era profondamente influenzato dalle discipline umanistiche e scientifiche del suo tempo. Lesse ampiamente di filosofia, biologia, antropologia e mitologia, cercando di connettere le sue osservazioni psicoanalitiche con un corpus di conoscenze interdisciplinari. La sua corrispondenza e amicizia con altri grandi pensatori dell'epoca, come Sigmund Freud, inizialmente lo condusse verso il campo della psicoanalisi freudiana, ma ben presto le differenze teoriche emersero, portando Jung a sviluppare il proprio approccio.

Una delle sue fonti di ispirazione più significative derivava dall'alchimia, una tradizione che studiò intensamente e che non interpretò semplicemente come un precursore della chimica moderna, ma come una ricca metafora dell'evoluzione psichica e spirituale. Il cerchio, un simbolo centrale nell'alchimia, divenne per Jung un'immagine di totalità e ordine — un archetipo del *Sé*.

Attraverso queste esplorazioni, Jung costruì gradualmente la sua teoria dell'inconscio collettivo come un bagaglio ancestrale di memoria comune, che viene condiviso da tutti gli esseri umani oltre le barriere culturali e temporali. Propose che l'inconscio collettivo fosse la fonte di ispirazione non solo per i miti e le religioni, ma anche per le grandi opere artistiche e letterarie, suggerendo che artisti e poeti fossero spesso guidati da intuizioni di questo strato profondo della psiche.

L'inconscio collettivo, quindi, non soltanto caratterizza il modo in cui individui e società sviluppano il loro sistema di valori e significati, ma fornisce anche un quadro di riferimento che ci connette a un'esperienza umana più universale. Jung era dell'idea che il riconoscimento e l'integrazione di questi archetipi nell'individuo fossero cruciali per lo sviluppo della personalità e per il raggiungimento di una vera consapevolezza e integrità personale.

In definitiva, l'elaborazione del concetto di inconscio collettivo di Jung non rappresenta solo una tappa fondamentale nello sviluppo della psicologia analitica, ma offre anche una profonda chiave di lettura della natura umana, suggerendo un legame intrinseco tra la psiche individuale e la miriade di storie e simboli che da sempre animano la nostra esperienza collettiva.

I legami dell'inconscio collettivo con la teoria della coscienza quantistica.

Ma cosa collega l'inconscio collettivo di Jung con il bizzarro mondo della fisica quantistica? Uno dei punti di contatto è proprio il concetto di non-località. La non-località quantistica, che descrive come particelle separate da grandi distanze possano influenzarsi reciprocamente in modo istantaneo, sfida l'idea di osservazione diretta e meccanicistica tipica della fisica classica. Questo si allinea sorprendentemente con alcune idee psicologiche.

L'inconscio collettivo di Jung è concepito come una sorta di banca dati universale della psiche umana, un serbatoio di simboli, temi e archetipi che trascendono l'esperienza individuale e sono condivisi dall'intera umanità. Gli archetipi, secondo Jung, sono modelli preesistenti che informano il modo in cui percepiamo e interpretiamo il mondo. Sono presenti in miti, sogni, arte e religioni di tutte le culture, rappresentando una forma di collegamento tra le menti umane.

Analogamente, la fisica quantistica, attraverso il fenomeno della non-località, introduce l'idea che tutto nell'universo sia interconnesso in modi misteriosi e al di là della nostra comprensione tridimensionale convenzionale. Nella non-località, le particelle quantistiche sembrano comunicare tra loro con una velocità superiore a quella della luce, indicando che lo spazio e il tempo sono concetti meno rigidi di quanto ci insegna la fisica classica.

Alcune teorie avanzate in relazione all'esistenza della " coscienza quantistica", come la teoria Orch-OR sviluppata da Roger Penrose e Stuart Hameroff, suggeriscono che i fenomeni mentali non possono essere pienamente spiegati solo tramite processi neurali classici. Secondo queste teorie occorre considerare processi quantistici che avvengono all'interno dei microtubuli nei neuroni. In questo contesto, lo stato cosciente può essere visto come una forma di superposizione o coerenza quantistica, dove la non-località potrebbe offrire un meccanismo per il collegamento tra diverse coscienze o stati mentali, simile a come Jung vede l'inconscio collettivo come una matrice globale in grado di influenzare e unire individui geograficamente e culturalmente distanti.

Questo ponte speculativo tra psicologia e fisica quantistica trova forza nel principio universale di interconnessione così come le particelle possono influenzarsi a distanza, forse anche le menti umane sono influenzate da modelli psichici universali che operano oltre i limiti fisici che ci appaiono evidenti.

Inoltre, il concetto di entanglement in fisica quantistica può essere visto come una metafora dei legami sottili e invisibili che l'inconscio collettivo di Jung presuppone esistere tra le diverse coscienze.

In sintesi, l'interconnessione proposta dall'inconscio collettivo e i fenomeni di non-località quantistica suggeriscono una rete di influenza e comunicazione che va oltre la portata della percezione sensoriale e razionale umana tradizionale, aprendo la mente a possibilità di esperienze ed esistenze che superano i limiti della materia come comunemente concepiti. Questa visione richiede un'apertura a interpretazioni dei fenomeni mentali che siano sia scientifiche che spirituali, sottolineando l'importanza di guardare la coscienza attraverso una lente multidisciplinare in cui fisica, filosofia e psicologia si incontrano.

In sintesi, l'interconnessione proposta dall'inconscio collettivo e i fenomeni di non-località quantistica suggeriscono una rete di influenza e comunicazione che va oltre la portata della percezione sensoriale e razionale umana tradizionale, aprendo la mente a possibilità di esperienze ed esistenze che superano i limiti della materia come comunemente concepiti. Questa visione richiede un'apertura a interpretazioni dei fenomeni mentali che siano sia scientifiche che spirituali, sottolineando l'importanza di guardare la coscienza attraverso una lente multidisciplinare in cui fisica, filosofia e psicologia si incontrano.

La possibilità che la coscienza possa operare secondo le leggi quantistiche aprirebbe una strada affascinante per comprendere l'interconnessione osservata da Jung nel suo inconscio collettivo. Potremmo immaginare gli archetipi junghiani come fenomeni di risonanza quantistica tra le menti umane, che trascendono i limiti dello spazio e del tempo, eco di quelle stranezze quantistiche che si manifestano a livello subatomico.

Esistono innumerevoli esempi di come questi concetti abbiano attraversato le frontiere non solo della scienza, ma anche dell'arte e della cultura popolare. Una famosa citazione di Jung afferma:

"Chi guarda fuori sogna, chi guarda dentro si sveglia".

Questo monito ci ricorda che l'esplorazione dell'inconscio è una strada verso la piena comprensione di sé, un viaggio che ricalca quella ricerca delle origini che i fisici quantistici intraprendono nel mondo delle particelle.

Nei tempi recenti, cinema e letteratura hanno saputo attingere a piene mani da questi concetti. Basti pensare a film come *"Cloud Atlas"* o a serie come *"Dark"*, che esplorano temi di interconnessione spazio-temporale e destino collettivo, intrecciando le vite dei personaggi in modi che riecheggiano le intuizioni di Jung e le bizzarrie della fisica quantistica.

"Cloud Atlas", film diretto da Lana e Lilly Wachowski e Tom Tykwer, è un ambizioso adattamento dell'omonimo romanzo di David Mitchell. Si presenta come un mosaico di storie ambientate in epoche diverse, che apparentemente sembrano indipendenti ma che, come onde di particelle quantistiche, si sovrappongono e interagiscono per formare un'unica storia unificata. Attraverso sei racconti, spaziando dal Pacifico del 1849 a un futuro post-apocalittico, i protagonisti incarnano ruoli che cambiano nel tempo, ognuno collegato agli altri da filamenti invisibili di azioni e conseguenze. Una delle sue citazioni più celebri afferma:

"Le nostre vite non ci appartengono. Siamo legati agli altri, nel passato e nel presente."

Questa riflessione sulla collettività dell'esperienza umana risuona con l'idea junghiana della mente collettiva, nel cui oceano di archetipi condivisi le nostre vite vengono modellate.

Similmente, la serie tedesca "Dark", creata da Baran bo Odar e Jantje Friese, utilizza i concetti di non-linearità temporale e la complessità degli universi paralleli per tessere una storia in cui i personaggi sono l'uno il riflesso dell'altro attraverso generazioni. Nel villaggio di Winden, il passato, il presente e il futuro si fondono in un ciclo eterno, simile a un loop quantico. Qui, gli individui sono intrappolati da un destino che sembra impossibile da alterare, un paradigma che evoca sia il determinismo che la potenzialità multiverso teorizzata dalla fisica quantistica, dove ogni decisione crea un universo separato.

In "Dark", la rappresentazione visiva di questi concetti è potente: i tunnel temporali e i nodi che collegano varie epoche non sono solo metafore, ma diventano il tessuto narrativo attraverso il quale i temi di destino e libero arbitrio vengono esplorati. La serie invita lo spettatore a considerare una realtà in cui tutte le scelte sono intricate in un tessuto di eventi inscindibili, riecheggiando le teorie di particelle intrinsecamente correlate a distanza, un concetto noto come entanglement.

Queste narrazioni cinematografiche e letterarie non solo rendono accessibili al grande pubblico concetti complessi, ma ne amplificano il significato emotivo, rendendo palpabile l'idea che, come afferma il fisico David Bohm:

"L'universo è un tutto non-diviso".

"Cloud Atlas" e "Dark" ci spingono a riflettere su come, in un certo modo, siamo tutti unità quantiche in movimento attraverso il tempo, connessi da una rete invisibile di storia, memoria e destino.

Attraverso questi racconti, autorevoli non solo per la loro complessità ma per la loro intrinseca ricerca di un significato oltre l'evidente, il cinema e la letteratura moderna si fanno mezzi potentissimi per esplorare la non-località della coscienza, un tema che continua ad affascinare e ispirare, rispecchiando un'umanità sempre più consapevole della sua interconnessione essenziale.

Mentre i misteri della non-località quantistica e della teoria dell'inconscio collettivo rimangono in gran parte inesplorati, la loro riflessione suscita un richiamo alle radici profonde della nostra comprensione del mondo e di noi stessi. Se la fisica quantistica continua a erodere le certezze della realtà oggettiva, la psicologia junghiana ci invita a esplorare gli strati nascosti della coscienza, aprendo nuove prospettive su come percepiamo noi stessi e la nostra relazione con l'universo.

Etica e non-località.

Da un punto di vista metafisico, la non-località suggerisce un universo in cui la separazione tra gli oggetti è più una questione di prospettiva che una realtà assoluta. Ciò porta a considerazioni filosofiche sulle unità di coscienza e l'apparente dualità mente-corpo, aprendo molte porte a interpretazioni che includono connessioni più sottili tra pensiero e realtà. Forse queste interpretazioni potrebbero essere parallele a teorie antiche e mistiche come l'unità del tutto professata dalle tradizioni orientali.

Le implicazioni etiche della non-località sono altrettanto profonde, sebbene spesso meno discusse. Se ogni parte dell'universo è interconnessa a livello quantistico, questo potrebbe suggerire una responsabilità etica intrinseca nelle nostre azioni, espandendo il senso di comunità oltre il nostro immediato ambiente fisico. Si potrebbe argomentare che questa onnicomprensiva tessitura dell'essere inciti a una visione più empatica e globale delle nostre decisioni quotidiane, come ipotizzato dai sostenitori dell'etica ambientale e dell'inter-connettività sociale.

Un esempio calzante è rappresentato da storie di meditazione, comuni a molte culture, che parlano della capacità di un singolo di "influenzare" il mondo a distanza attraverso lo stato mentale e l'intenzione. Sebbene scivolare nel campo delle speculazioni possa sembrare precipitoso, la scienza della non-località almeno offre una piattaforma teorica per esplorare queste idee speculative ma affascinanti.

In un contesto più ampio, la cultura popolare ha spesso pescato nella non-località per dare corpo a trame che valicano i confini della scienza e della spiritualità.

Nel teatro dell'esplorazione umana la non-località quantistica offre un palco dove scienza e metafisica interagiscono in modi inaspettati e potenzialmente rivoluzionari. Se, come suggerito dal fisico David Bohm, la realtà è un'interezza indivisibile, allora la nostra comprensione di essa potrebbe solo essere al principio. Le ricadute di questa visione pluralistica potrebbero ridefinire non solo il modo in cui osserviamo il mondo, ma anche come interagiamo con esso, con una consapevolezza etica rafforzata e un'apertura a possibilità finora impensabili.

Possibili cambiamenti nelle concezioni etiche moderne.

Nel cuore della fisica quantistica, tra equazioni criptiche e esperimenti controintuitivi, il concetto di non-località emerge come un enigmatico miraggio che sfida la nostra comprensione tradizionale della realtà. È qui, in questo regno di meraviglie scientifiche, che il velo tra il mondo fisico e quello delle possibilità non fisiche si solleva, offrendo una prospettiva che si intreccia con il paranormale e il metafisico.

La non-località quantistica, manifestata magnificamente attraverso l'entanglement, suggerisce l'esistenza di connessioni istantanee tra particelle distanti, un fenomeno che Albert Einstein descrisse con scetticismo come una "*spaventosa azione a distanza*". Tuttavia, invece di dissociarsi da questa bizzarria della natura, la scienza moderna, tramite verifiche sperimentali come quelle condotte da Alain Aspect, ha abbracciato la non-località come una parte cruciale della realtà quantistica.

Le implicazioni metafisiche della non-località sono straordinarie. Esse sfidano la concezione cartesiana di un universo fatto di entità separate, proponendo invece una realtà in cui ogni parte è in qualche modo collegata all'intero. Questa visione riecheggia antiche filosofie, tra cui quelle orientali, che vedono l'interconnessione come un principio centrale dell'esistenza. La fisica quantistica sembra così dipingere un quadro simile, suggerendo una matrice dell'universo che potrebbe spiegare fenomeni considerati paranormali o spirituali.

Il richiamo alla non-località trascende la scienza, permeando anche il campo filosofico. L'interpretazione della meccanica quantistica, tra cui il modello di David Bohm che coinvolge "ordini implicati", offre narrazioni che potrebbero insinuare l'esistenza di un campo di informazioni universale, una sorta di coscienza collettiva che avvicina le teorie scientifiche alla mistica.

Quando consideriamo la non-località in un contesto etico, il panorama si espande ulteriormente. Se ogni azione a livello quantistico ha un'eco in tutto il cosmo, si impone una riflessione sulla nostra responsabilità morale. In un mondo interconnesso, le implicazioni di ogni scelta individuale acquisiscono una dimensione assai più ampia. Questo potrebbe spronarci a riconsiderare le moderne concezioni etiche e il nostro impatto sul mondo, sia fisico che non fisico.

Il cambiamento di paradigma evocato dalla non-località ci invita a rivedere il concetto di separazione che spesso domina le nostre interazioni. La mente collettiva umana potrebbe beneficiare di nuove nozioni di amicizia e cooperazione, espresse in modo eloquente dal Dalai Lama, il quale ha enfatizzato più volte l'importanza dell'interconnessione per il benessere globale.

L'idea che la mente collettiva umana possa trarre profitto da nuove nozioni di amicizia e cooperazione è profondamente radicata nei concetti di interconnessione e interdipendenza. Il Dalai Lama, nei suoi insegnamenti, ha spesso sottolineato quanto sia cruciale riconoscere la nostra natura interdipendente per promuovere una società più armoniosa e compassionevole.

Nel contesto della mente collettiva, l'amicizia non è più solo un legame personale ma diventa un ponte che collega individui e comunità, fungendo da catalizzatore per la cooperazione globale. Questo significa che l'amicizia deve essere ridefinita non solo come un rapporto interpersonale basato sull'affetto e la fiducia, ma come un comportamento e un atteggiamento che trascendono le barriere culturali, religiose e nazionali. Una nuova nozione di amicizia implica la capacità di vedere il prossimo come un alleato nel perseguimento del bene comune, rompendo gli schemi tradizionali di competizione e diffidenza.

La cooperazione, invece, diventa fondamentale per affrontare le sfide globali come il cambiamento climatico, la povertà, e i conflitti armati. La visione del Dalai Lama suggerisce che attraverso una cooperazione autentica, possiamo superare divisioni radicate e costruire un futuro più sostenibile. Questo tipo di collaborazione richiede una trasformazione morale e etica, in cui l'empatia e la compassione guidano le azioni politiche ed economiche.

In un mondo sempre più interconnesso grazie alla tecnologia, c'è un'opportunità senza precedenti per coltivare una coscienza collettiva che abbracci questi principi di amicizia e cooperazione. Le piattaforme digitali possono facilitare il dialogo interculturale e la condivisione delle conoscenze, permettendo alle persone di condividere idee e soluzioni in modo più diretto e significativo. Tuttavia, è essenziale che queste tecnologie siano utilizzate con saggezza e orientate verso il rafforzamento delle connessioni umane autentiche piuttosto che accentuare le divisioni.

n conclusione, adottare le idee espresse dal Dalai Lama significa andare oltre le differenze superficiali e abbracciare una mentalità che valorizzi l'unità e la cooperazione. Solo attraverso questa prospettiva potremo affrontare efficacemente le sfide globali, promuovendo una civiltà che pone il benessere collettivo al di sopra degli interessi egoistici. Sviluppare una tale coscienza globale è essenziale per garantire un futuro prospero per tutte le generazioni a venire.

Prospettive filosofiche.

Le implicazioni filosofiche delle scoperte fin qui discusse sono di portata immensa. Se la non-località è vera, e lo è in ogni esperimento condotto finora, allora la nostra tradizionale visione del cosmo come un luogo ordinato dove causa ed effetto seguono il rigido protocollo delle distanze si sgretola. Cambia la concezione stessa della causalità: tutto può essere, in un certo senso, connesso con tutto il resto, a prescindere dalle distanze vastissime dell'universo.

Come la non-località ridefinisce la comprensione dell'universo.

Dal punto di vista filosofico, la non-località ha spalancato le porte a interpretazioni che collegano la scienza a visioni più spirituali e persino paranormali della realtà. L'idea che tutto sia collegato in un modo invisibile e impalpabile ha affinità con tante tradizioni spirituali e mistiche che da millenni parlano di una rete universale interconnessa. Questa connessione non è solo un tema centrale nelle filosofie orientali, come il Taoismo o il Buddismo, ma anche in alcuni movimenti privi di finalità commerciali che vedono nella fisica quantistica una giustificazione scientifica per esperienze spirituali e paranormali.

In quest'ottica, la non-località diventa una finestra su una visione dell'universo dove la materia e la mente, il fisico e il metafisico, non sono separati da barriere insormontabili, ma piuttosto intrecciati in una danza cosmica. Questa prospettiva porta a riflettere sul ruolo dell'osservatore nella costruzione della realtà, un tema centrale del famoso esperimento della doppia fenditura e un interrogativo che ha affascinato menti filosofiche per decenni.

Quindi, mentre continuiamo ad esplorare il regno quantistico, possiamo essere certi che al di là delle sue implicazioni scientifiche e tecnologiche, esista un invito a meravigliarci del mistero della realtà stessa. La non-località ci sfida a riconsiderare non solo ciò che l'universo è, ma come possiamo comprenderlo, aprendo la mente a possibilità che superano di gran lunga le nostre intuizioni quotidiane e i limiti del senso comune. È un viaggio nel cuore del mistero, dove la scienza incontra il filosofico, e forse anche lo spirituale.

Capitolo 6. Un approccio diverso al paranormale.

Introduzione ai fenomeni paranormali

Nel panorama delle teorie scientifiche, la non-località quantistica emerge come un concetto affascinante che sfida la nostra comprensione tradizionale della realtà. Questo capitolo esplora come la teoria quantistica possa offrire una prospettiva innovativa sui fenomeni paranormali, aprendo le porte a una comprensione più ampia delle "realtà" al di là di ciò che consideriamo fisico e tangibile.

Un dialogo tra fisica e mistero.

La non-località quantistica sfida l'idea intuitiva di un universo in cui gli effetti devono avere cause contigue nello spazio e nel tempo. Invece, come dimostrato nel fenomeno dell'entanglement, particelle distanti anni luce possono influenzarsi istantaneamente.

Ma cosa succede se questa stessa capacità di influenza offre una base per fenomeni che molti considerano al di fuori del regno scientifico? Telepatia, precognizione, e altre manifestazioni paranormali potrebbero trovare una nuova luce sotto la lente della non-località. Potrebbe essere possibile che la coscienza umana, simile alle particelle atomiche, possa essere in qualche maniera "entangled" con lo spazio e il tempo?

Prendiamo il caso di esperimenti personali ben documentati. Persone da culture diverse riportano esperienze di telepatia, come quando un pensiero privato sembra misteriosamente condiviso da un'altra persona distante. Sebbene la scienza tradizionalmente sia stata scettica verso tali racconti, alcuni ricercatori iniziano a considerare che potrebbero essere manifestazioni di connessioni non-locali a livello quantistico.

Un altro esempio intrigante è quello dei sogni precognitivi. Alcuni raccontano di aver sognato eventi che si sono avverati con precisione sorprendente. Potrebbe trattarsi di coincidenze? Forse. Tuttavia, se consideriamo il tempo come una dimensione non-lineare, come suggerito da alcune interpretazioni della fisica quantistica, l'idea che un individuo possa "vedere" il futuro diventa un po' meno incredibile.

Annullare il concetto di tempo.

L'esperimento sull'azione retroattiva tra particelle rientra in una più ampia esplorazione dei fenomeni quantistici che sembrano sfidare l'intuizione classica del tempo e della causalità. Una delle idee che possono richiamare l'idea di retroazione è legata ai fenomeni quantistici come l'entanglement e alcune interpretazioni della meccanica quantistica, come l'interpretazione suggerita da "Transactional", un'opera di John Cramer.

Nell'entanglement quantistico, due particelle diventano correlate in modo tale che lo stato di una particella non può essere descritto indipendentemente dallo stato dell'altra, anche se sono separate da grandi distanze. Un cambiamento nello stato di una particella sembra influenzare immediatamente lo stato dell'altra particella, indipendentemente dalla distanza.

L'interpretazione *Transactional* della meccanica quantistica, proposta dal fisico John Cramer, tenta di spiegare questo fenomeno attraverso un modello che coinvolge onde avanzate e ritardate che viaggiano avanti e indietro nel tempo. In questo modello, la transazione quantistica è completata da uno scambio reciproco di onde: un'onda avanzata viaggia indietro nel tempo dal ricevitore all'emettitore e un'onda ritardata viaggia avanti nel tempo dall'emettitore al ricevitore. Questo scambio teorico di informazioni potrebbe dare l'impressione di una "*retroazione*", poiché il futuro e il passato giocano un ruolo nel determinare i risultati degli eventi quantistici.

Bisogna notare, però, che queste idee sono ancora molto speculative e non c'è consenso nella comunità scientifica sul fatto che esse rappresentino correttamente la realtà fisica. Ad oggi, la meccanica quantistica è stata verificata sperimentalmente con estrema precisione, ma il suo comportamento controintuitivo solleva ancora domande fondamentali sugli argomenti di tempo, causalità e la natura della realtà stessa.

Archibald Wheeler. fino a che punto le nostre decisioni nel presente possono influenzare il passato?

Questa idea, che sembra più adatta a racconti di fantascienza che ai laboratori scientifici, è esplorata nel celebre esperimento di scelta ritardata di John Archibald Wheeler.

L'idea alla base dell'esperimento di scelta ritardata di Wheeler sfida la nostra comprensione lineare della causalità. Wheeler, un fisico teorico stimato, propose un'estensione del famoso esperimento della doppia fenditura di Young. In tale esperimento originale, la luce, o qualsiasi particella quantistica, viene fatta passare attraverso due fenditure, e può comportarsi come una particella o un'onda, generando una figura di diffrazione tipicamente associata alle onde.

Se una delle due fenditure è aperta, la particella passa attraverso di essa e si comporta come un corpuscolo. Tuttavia, se entrambe le fenditure sono aperte e non vengono effettuate misurazioni per determinare attraverso quale fenditura passa la particella, sullo schermo dietro le fenditure appare un pattern di interferenza caratteristico delle onde, indicando che la particella si comporta come un'onda.

Se si mantengono le due fenditure aperte ma si osserva attraverso quale fenditura passa la particella, il comportamento cambia ancora: la figura di interferenza scompare, rivelando un comportamento da particella. Cioè, la particella si comporta come onda se non vene osservata, e come particella se viene osservata inserendo un rivelatore nel circuito..

L'esperimento di scelta ritardata di Wheeler.

Wheeler amplifica la complessità mentale di questo esperimento aggiungendo una scelta ritardata: invece di decidere in anticipo se inserire un rivelatore nel circuito, l'operazione viene fatta solo dopo che la particella ha già attraversato le fenditure. In modo apparentemente paradossale, i risultati sembrano suggerire che la nostra scelta di osservare parti di un evento possa influenzare retroattivamente lo stato che quella particella ha preso nel passato.

L'esperimento di scelta ritardata di Wheeler è un affascinante esperimento che esplora i misteri della meccanica quantistica e, in particolare, la natura duale delle particelle. Introdotto dal fisico teorico John Archibald Wheeler negli anni '70, questo esperimento estende e approfondisce i concetti della dualità onda-particella, già affrontati nel celebre esperimento delle doppie fenditure.

La vera innovazione di Wheeler è introdurre la "scelta ritardata". In questo esperimento mentale, la decisione su come misurare la particella (come onda o come particella) viene fatta solo dopo che la particella ha già attraversato le fenditure, ma prima che sia rilevata sullo schermo. In altre parole, l'apparato di misura può essere cambiato in corsa per decidere di osservare la particella direttamente (rivelando la natura corpuscolare) o di misurarne l'interferenza (rivelando la natura ondulatoria).

Se si osserva la singola particella dopo il suo passaggio attraverso le fenditure per determinare attraverso quale fenditura è passata, essa si comporta come una particella, eliminando il pattern di interferenza. D'altra parte, se la misurazione non viene effettuata, oppure viene realizzata in modo da essere incompatibile con la conoscenza del percorso, il pattern di interferenza appare, mostrando il comportamento ondulatorio.

Questo esperimento implica che le caratteristiche quantistiche delle particelle sembrano essere "decise" non al momento del passaggio attraverso le fenditure, ma al momento della misurazione finale. Sembra suggerire che la realtà quantistica potrebbe non avere proprietà definite fino a quando non viene osservata, sollevando enormi quesiti filosofici.

In sostanza, la conclusione strabiliante è che la particella decide come attraversare la barriera dopo che l'ha già attraversata. La freccia del tempo è spezzata definitivamente.

L'esperimento di scelta ritardata ha ispirato numerosi dibattiti scientifici e filosofici sul ruolo dell'osservatore nella teoria quantistica. È spesso citato e analizzato in contesti che vanno oltre la fisica..

L'esperimento di scelta ritardata ha ispirato numerosi dibattiti scientifici e filosofici sul ruolo dell'osservatore nella teoria quantistica. È spesso citato e analizzato in contesti che vanno oltre la fisica.

L'esperimento di scelta ritardata di Wheeler ha connessioni con altre interpretazioni della meccanica quantistica, in particolare con l'interpretazione di Copenaghen, che sostiene l'indeterminazione fino all'osservazione. Inoltre, si avvicina ai fondamenti della "teoria del molti-mondi" di Hugh Everett, sollevando domande su come la realtà quantistica possa comportarsi in universi paralleli.

L'esperimento di scelta ritardata continua a essere un potente strumento concettuale per capire quanto poco ancora comprendiamo del mondo quantistico e di come le nostre percezioni della realtà potrebbero influenzare l'universo fisico. Invita a riflettere non solo sui limiti della fisica attuale, ma anche sulle possibilità infinite di una scienza sempre in evoluzione, intersecandosi con filosofia e metafisica sul ruolo dell'osservatore e la natura della realtà stessa.

Implicazioni metafisiche dell'esperimento a scelta ritardata di Wheeler.

Le implicazioni metafisiche di questo esperimento sollevano interrogativi straordinari sulla natura del tempo e della realtà. Ci spingono a riflettere se il passato sia un fisso fondamento storico o un ombra plasmabile attraverso azioni e osservazioni nel presente. Wheeler stesso ha detto che forse "*senza partecipante, non c'è universo*", alludendo all'idea che l'universo richiede osservatori, o partecipanti, per formare il corso della sua storia.

Questo riverbero rinvigorisce dibattiti filosofici antichi quanto Eraclito e Parmenide, che si interrogavano sulla natura del cambiamento e dell'essere. Inoltre, offre un intrigante spunto di riflessione all'interno di aree considerate normalmente estranee alla scienza, come il pensiero paranormale e l'esoterismo. Alcuni sostenitori delle teorie paranormali trovano nelle implicazioni dell'esperimento di Wheeler un'eco delle loro credenze riguardanti la mente che influisce sulla realtà fisica.

L'esperimento di Wheeler ha avuto una risonanza anche nella cultura popolare; autori e cineasti hanno spesso esplorato il concetto di causalità inversa nei loro racconti di fantascienza. Philip K. Dick, con la sua propensione per trame che sfidano il tempo e la realtà stessa, è uno di questi visionari, prefigurando nodi temporali e realtà che si modellano in base alle esperienze soggettive dei protagonisti.

Sul fronte musicale e letterario, l'idea che le nostre scelte attuali possano modificare, influenzare o interpretare il passato risuona con il senso di meraviglia e mistero che spesso accompagna l'umanità quando si confronta con l'ignoto. Leggende urbane e narrazioni esoteriche ne sono state inevitabilmente influenzate, attribuendo una dimensione quantistica agli enigmi della percezione umana.

Nel regno della non-località quantistica, Wheeler ci esorta a ripensare la nostra posizione nell'universo, non come osservatori passivi, ma come attivi partecipanti alla sua manifestazione. Sebbene le interpretazioni dell'esperimento rimangano controverse e ammantate di mistero, esse continuano a ispirare sia scienziati che artisti a esplorare i confini dell'ignoto.

Attraverso questo prisma quantistico, siamo invitati a immaginare un universo non più rigido e determinato, ma un cosmo vivo di possibilità, dove l'atto stesso di osservare diviene parte del più grande tessuto dell'esistenza. In questo viaggio verso l'inaspettato, la fisica quantistica ci offre non solo nuove teorie, ma anche nuovi modi di pensare e vivere.

Conclusione: oltre i confini della scienza.

Nel nostro viaggio alla scoperte della non-località quantistica e del paranormale, ci troviamo a un crocevia tra scienza e metafisica. Mentre continuiamo a esplorare le profondità della fisica, ognuno di noi è invitato a mantenere una mente aperta e curiosa. La non-località potrebbe non solo spiegare i misteri di ciò che pensiamo essere l'impalpabile, ma anche ricongiungere aspetti umani e cosmici sotto una luce comune, spingendoci a ripensare il nostro posto nell'universo.

Definizione e storia dei fenomeni paranormali.

Nella non-località quantistica lo spazio e il tempo si piegano in modi affascinanti e misteriosi, invitando a riesaminare l'interazione tra gli angoli più remoti dell'universo e ciò che spesso etichettiamo come fenomeni paranormali. Ma cosa intendiamo esattamente quando parliamo di paranormale? E come si è evoluta questa idea nel corso della storia?

I fenomeni paranormali si riferiscono ad eventi o esperienze che sembrano eludere le leggi fisiche note e sfidare la nostra comprensione della realtà. Esempi classici includono la telepatia, la precognizione, la telecinesi e gli incontri con apparizioni o poltergeist. Questi fenomeni, coltivati al limite tra scetticismo e meraviglia, hanno provocato domande fondamentali sulla natura della mente e della coscienza.

La storia dei fenomeni paranormali è antica quanto l'umanità stessa. Dal misticismo del passato ai circoli spiritisti del XIX secolo, l'interesse per il paranormale riflette un desiderio perenne di connettersi con l'ignoto. Sir Arthur Conan Doyle, creatore del celebre investigatore Sherlock Holmes, era un fervente sostenitore dello spiritismo, mentre Harry Houdini, il leggendario illusionista, era altrettanto determinato a smascherare chi truffava sfruttando la credulità popolare. . Queste figure emblematiche illustrano come il dibattito attorno ai fenomeni paranormali abbia da sempre oscillato tra fede e razionalità.

La non-località quantistica offre una lente nuova attraverso cui esaminare i fenomeni paranormali. Questo principio, reso noto dalla famosa espressione di Einstein "azione spettrale a distanza", descrive come particelle entangled possano influenzarsi reciprocamente istantaneamente, indipendentemente dalla distanza che le separa. Gli esperimenti di Alain Aspect e i fondamentali lavori di John Bell hanno fornito prove per tali correlazioni, sfidando la concezione classica di causalità.

Anche se l'applicazione diretta dei concetti quantistici al paranormale è ancora ampiamente speculativa, idee come la telepatia o la precognizione possono essere concettualmente allineate con la non-località. Carl Jung, con la sua teoria della sincronicità, propose che gli eventi non necessariamente causali possano essere connessi da significati profondi, un'idea che trova eco nella realtà quantistica.

Per dare un volto umano a questi collegamenti, potremmo citare personaggi come Edgar Cayce, noto come il "profeta dormiente", le cui capacità di leggere il futuro o guarire a distanza sono state discusse sia in termini mistici che scientifici. Allo stesso modo, le ricerche su soggetti apparentemente dotati di visione a distanza, investigate dalla CIA durante la Guerra Fredda nell'operazione Stargate, mostrano l'interesse istituzionale verso il paranormale e il suo possibile legame con fenomeni non-locali.

Infine, la narrativa e i media popolari continuano a esplorare questi temi, da opere di fantascienza che giocano con la teoria del multiverso all'analisi scientifica della possibilità degli universi paralleli proposta dalla Interpretazione a Molti Mondi di Hugh Everett.

Nel vasto teatro della non-località quantistica, ci troviamo di fronte non solo a una sfida concettuale ma a una straordinaria opportunità: riscoprire i confini della nostra comprensione e aprire uno squarcio verso realtà che vanno oltre il visibile, stimolando il continuo dialogo tra scienza e ciò che ancora osiamo chiamare "paranormale".

La fisica quantistica non smette mai di stupirci con le sue controintuitive rivelazioni. Una delle più recenti discussioni che unisce scienza e mistero riguarda l'ipotetica connessione tra non-località quantistica e fenomeni paranormali. Questa idea affascinante ha attratto l'attenzione non solo dei fisici teorici ma anche di filosofi e ricercatori del paranormale, tutti alla ricerca di un ponte tra il mondo tangibile e quello impercettibile.

Uno degli esempi più celebri di questo possibile collegamento è la cosiddetta "sincronicità junghiana". Secondo questa teoria, eventi apparentemente inspiegabili, come le premonizioni o le esperienze extracorporee, potrebbero avere radici nella stessa non-località che alimenta l'entanglement quantistico. L'entanglement, come noto, stabilisce un legame tra particelle che consente comunicazioni istantanee indipendentemente dalla distanza. È un fenomeno che sembrerebbe violare ogni nozione di causalità tradizionale.

Consideriamo, ad esempio, una situazione spesso citata nei dibattiti culturali: le cosiddette *"esperienze pre-morte"* (near-death experiences, NDE). Diverse persone che hanno vissuto questo tipo di esperienze raccontano di essersi sentite collegate a una sorta di coscienza universale, una testimonianza che riecheggia gli effetti dell'entanglement. È possibile che la non-località quantistica possa fornire una spiegazione scientifica a simili narrazioni? O si tratta semplicemente di evocative coincidenze?

Tuttavia, nonostante il fascino dell'idea, il fronte accademico è diviso. La comunità scientifica mantiene un evidente scetticismo: la connessione tra fisica quantistica e paranormale non ha, per ora, un fondamento empirico. Gli esperimenti rimangono difficili da realizzare e la spiegazione di questi fenomeni attraverso la fisica quantistica spesso si scontra con il forte desiderio umano di significato e trascendenza.

In sintesi, pur vivendo in un'epoca in cui la fisica quantistica sta ridefinendo ciò che consideriamo possibile. Siamo ancora agli albori della comprensione di come i fenomeni quantistici possano potenzialmente interagire con ciò che chiamiamo paranormale. Ma ci troviamo su un terreno fertile per esplorazioni future, e abbiamo la speranza che la scienza continui a illuminarci, rivelando aspetti della realtà che, per ora, rimangono nell'ombra.

Analisi storica: dai miti antichi allo spiritismo dell'Ottocento.

Miti antichi e moderne teorie scientifiche si intrecciano spesso in modi che sfidano la nostra comprensione della realtà. Nel cuore di queste discussioni sta la non-località quantistica, un concetto che, come ben sappiamo, ha lasciato profondi segni filosofici e scientifici. Tuttavia, cosa accade quando questo concetto si incontra con fenomeni storicamente e culturalmente ricchi, come quelli paranormali? Questo viaggio ci conduce dai miti più antichi, attraverso lo spiritismo del XIX secolo, fino alle soglie delle scoperte moderne di fisica quantistica.

Dagli albori della civiltà, gli esseri umani hanno raccontato storie di mondi invisibili e forze inspiegabili. Pensiamo agli antichi miti greci, che spesso descrivono le divinità come esseri che operano oltre il regno del visibile e del razionale. Il mito di Orfeo, con la sua discesa nel regno dei morti, esplora l'idea di un legame tra mondi apparentemente separati, un tema che risuona nel moderno concetto di non-località.

Parallelamente, in diverse culture, i racconti di esperienze extracorporee e comunicazioni con gli spiriti hanno alimentato credenze in forze che sfuggono alle leggi fisiche conosciute. Questi racconti, pur esoterici, rivelano il desiderio umano di comprendere e interconnettersi con mondi "altre".

Il XIX secolo vide l'ascesa di un movimento affascinante: lo spiritismo. Tra i suoi più celebri difensori troviamo Sir Arthur Conan Doyle, l'autore di Sherlock Holmes, che credeva fermamente nella possibilità di comunicare con i defunti. Questa era un'epoca in cui il soprannaturale si mescolava con la scienza nascente, e dove figure come Doyle trovavano consolazione spirituale e intellettuale in questi credo.

Al polo opposto figurava il grande illusionista Harry Houdini, un uomo dedito a smascherare frodi, ma al contempo affascinato dai fenomeni che sfidavano le sue spiegazioni razionali. Questa tensione tra fede e scetticismo riflette un dibattito che prosegue ai giorni nostri: quanto di questi fenomeni è spiegabile scientificamente, e quanto rimane "quantisticamente" misterioso?

Entra in scena la meccanica quantistica. Negli anni '80, l'esperimento di Alain Aspect dimostrò le implicazioni pratiche di uno dei più celebri paradossi della fisica: il concetto di "azione a distanza", definito da Einstein come "spooky action". John Bell, con il suo teorema, issò la questione al centro del dibattito scientifico: le particelle potrebbero comunicare istantaneamente tra loro, al di là della distanza che le separa.

Se paragoniamo questo fenomeno alla credenza ottocentesca dei medium che comunicavano con lo spirito dei defunti, vediamo paralleli intriganti: entrambe sfidano i confini spazio-temporali. Mentre i racconti di sedute spiritiche evocarono meraviglia e sospetto, gli esperimenti di Aspect hanno oggi convalidato l'esistenza di connessioni invisibili.

La non-località, nell'era moderna, diventa così una finestra su una realtà che non solo sfida la mente scientifica, ma riecheggia le antiche credenze in connessioni ultraterrene. Possiamo dunque intravedere come visioni diverse della realtà – mitologica, religiosa, quantistica – condividano una radice comune nell'esplorazione di ciò che sta al di là dell'esperienza sensoriale.

In questo senso, il mondo paranormale non rappresenta un antagonista della scienza, ma un'ombra intrigante della nostra continua ricerca di conoscenza. In definitiva, le questioni sollevate dalle intricate storie di spiritisti e fisici quantistici invitano a considerare nuovi modi di comprendere le interconnessioni dell'universo.

Così, guardando al cosmo e ai suoi misteri, possiamo sia celebrare che rispettare il fascino dell'ignoto, portando avanti un dialogo tra sfere che, pur sembrando separate, non devono necessariamente esserlo. È, forse, una lezione di umiltà e meraviglia che ci ricordano miti, spiriti e particelle quantistiche nel loro gioco eterno.

Un tema intrigante è l'idea che la non-località quantistica possa avere qualche connessione con la coscienza. Alcuni teorici suggeriscono che gli stati mentali possano essere il risultato di processi quantistici, anche se questa linea di pensiero è ancora altamente speculativa e controversa. Non esistono ancora prove concrete che supportino direttamente l'idea che la meccanica quantistica agisca su scala cerebrale per produrre coscienza. Tuttavia, alcune interpretazioni speculative esplorano la possibilità che il cervello possa operare in uno stato di "superposizione", portando a nuovi modi di intendere processi mentali, intuizioni e creatività.

La non-località sfida anche le nostre concezioni tradizionali di tempo e causalità. Nella fisica classica, causa ed effetto seguono un ordine temporale ben definito. Tuttavia, con la meccanica quantistica, le correlazioni istantanee tra particelle entangled sembrano avvenire senza un lasso di tempo, suggerendo una natura del tempo non lineare. Questo ha portato alcuni filosofi e fisici a speculare se il tempo stesso sia una mera illusione o una dimensione emergente piuttosto che fondamentale.

Classificazione dei fenomeni: telepatia, chiaroveggenza, psicocinesi, euforie religiose.

Immaginate un mondo in cui il battito d'ali di una farfalla in Brasile può davvero provocare un tornado in Texas. La nozione potrebbe sembrare più poetica che scientifica, ma al cuore della fisica quantistica giace il concetto di non-località, una connessione intima e istantanea tra particelle, indipendentemente dalla distanza che le separa. Ma cosa succederebbe se questa misteriosa connessione potesse essere estesa a fenomeni che sfidano la nostra comprensione del fisico? Ecco una breve rassegna di questi fenomeni, che verranno trattati più ampiamente nel seguito.

La telepatia.

Il termine evoca immagini di gemelli che comunicano senza parole, oppure, più spesso. di menti che "si sfiorano" nell'etere. Nel mondo della cultura popolare, da "X-Files" a episodi di "Star Trek", la telepatia ha sempre occupato un posto di rilievo. Ma c'è un collegamento scientifico? L'idea che la mente umana, come le particelle entangled, possa oltrepassare le distanze fisiche è affascinante. Alcuni studiosi, come il fisico David Bohm, la cui interpretazione olistica della meccanica quantistica apre alla possibilità di interconnessioni universali, potrebbero invitare a riconsiderare questi fenomeni sotto una nuova luce.

La chiaroveggenza.

Da Nostradamus ai profeti biblici, la capacità di "vedere" eventi futuri ha sempre stuzzicato l'immaginazione umana. L'idea che si possa accedere a una conoscenza al di là delle capacità sensoriali umane trova parziale riflesso nell'entanglement quantistico, che implica una connessione esistente tra stati di particelle attraverso distanze temporali. L'incapacità di Einstein di accettare la casualità e "l'effetto a distanza" offre uno sguardo sulla tensione tra determinismo e possibilità, un duello filosofico che si rispecchia nel mistero della chiaroveggenza.

La psicocinesi.

La levitazione di oggetti con la sola forza del pensiero è stata a lungo protagonista di narrazioni soprannaturali e il fulcro di spettacoli di illusionismo. L'esistenza di tale fenomeno è ancora controversa, ma può esservi un parallelo con esperimenti verificati di interazione quantistica dove, come visto nell'effetto Casimir, forze invisibili emergono tra superfici vicine. È possibile che meccanismi sconosciuti, simili a queste interazioni, possano fornire una base fisica a questi racconti straordinari?

Il potere del pensiero. Quando la mente influisce sulla materia.

Il potere del pensiero e la sua potenziale influenza sulla realtà fisica esterna sono da lungo tempo argomento di dibattito e curiosità. Il concetto di "mente su materia" è spesso collegato a fenomeni quali la telecinesi o la guarigione spirituale, ambiti in cui si presume che la volontà umana possa alterare il mondo fisico. Nella cornice della non-località, si ipotizza che la mente potrebbe influenzare lo stato delle particelle attraverso un qualche legame quantistico. Tuttavia, nonostante siano stati condotti svariati esperimenti in ambito parapsicologico per dimostrare tali connessioni, i risultati non si sono dimostrati conclusivi o riproducibili sufficientemente da guadagnare accettazione scientifica. La meccanica quantistica considera i sistemi fisici e la loro evoluzione in termini di probabilità piuttosto che certezze assolute, e non esistono prove che il pensiero umano possa direttamente manipolare tali probabilità.

La premonizione. Una visione quantistica del futuro?

La premonizione, ovvero la capacità di percepire eventi futuri, è un argomento affascinante che spesso supera i limiti della scienza convenzionale per entrare nel regno del paranormale. Alcuni sostenitori delle teorie quantistiche azzardano un collegamento tra non-località e premonizione, suggerendo che, se le particelle possono influenzarsi a distanza istantaneamente, forse gli esseri umani, a un livello quantistico, potrebbero "captare" informazioni dal futuro. Questa prospettiva, tuttavia, non è supportata da evidenze empiriche solide. L'entanglement, il fenomeno quantistico che costituisce il cuore della non-località, non permette comunicazione istantanea o conoscenza del futuro.

Le esperienze extra-corporee e i campi di energia.

Le esperienze extra-corporee, spesso descritte come momenti di separazione del corpo dall'anima o dalla mente, potrebbero trovare una cornice teorica speculativa nei campi energetici non locali, sebbene ancora non si disponga di un modello verificabile scientificamente.

Le euforie religiose.

Le esperienze religiose di ecstasy sono fenomeni personali di connessione con il divino descritti da mistici e santi. Queste esperienze di trascendenza e connessione cosmica rispecchiano, in modo spirituale, la visione del "tutto connesso" promossa da interpretazioni come quella di Everett nella teoria dei molti-mondi. Proprio come nel multiverso quantistico, in cui ogni possibilità coesiste, l'euforia religiosa potrebbe essere vista come un accesso a una realtà parallela o a un diverso strato di consapevolezza.

In questo viaggio attraverso il regno della non-località, non possiamo affermare con certezza scientifica che questi fenomeni abbiano radici concrete nelle leggi quantistiche. Tuttavia, abbracciando la possibilità che l'universo sia più strano e interconnesso di quanto appaia, apriamo la porta a nuove interpretazioni e comprensioni, stimolando un dialogo tra il mondo scientifico e quello delle esperienze umane profonde. Che questa finestra possa regalarci uno sguardo diverso sulla nostra realtà quotidiana o semplicemente alimentare la nostra meraviglia, è una domanda aperta, degna di continue esplorazioni.

Da decenni, il mondo della fisica quantistica ci continua a stupire con le sue bizzarre implicazioni per la realtà come la conosciamo.

In che modo queste idee scientifiche possono illuminare la comprensione di eventi come la telepatia, la precognizione o l'esperienza extra-corporea? Sebbene la tradizionale comunità scientifica sia comprensibilmente cauta nell'abbracciare spiegazioni paranormali, alcuni studiosi hanno esplorato queste possibilità con curiosità intellettuale.

È importante, tuttavia, mantenere una distinzione tra ciò che è scientificamente dimostrato e ciò che rientra nel campo delle ipotesi speculative. La bellezza della fisica quantistica risiede, sì, nella sua capacità di espandere i confini della nostra comprensione, ma anche nella disciplina e rigore del metodo scientifico che continua a guidarla.

Mentre brame di scoperta e desideri di unione tra scienza e spiritualità ci spingono a indagare questi domini misteriosi, rimane fondamentale un dialogo rispettoso e aperto tra scienziati e pensatori indipendenti, sempre pronti a sfidare le convinzioni dell'altro in nome del progresso congiunto.

Ciò che il futuro ci riserva è immancabilmente insondabile, ma la ricerca e l'investigazione della non-località quantistica potrebbero svelare nuove comprensioni non solo della struttura fisica del cosmo, ma anche delle innumerevoli possibilità che si dispiegano al di là dell'attuale panorama scientifico.

Scienza e paranormale: un vecchio conflitto

Il mondo della scienza e quello del paranormale sono stati per lungo tempo due pianeti apparentemente destinati a non incontrarsi mai, divisi da un vasto oceano di scetticismo e ortodossia scientifica. Tuttavia, l'emergere della non-località quantistica ha offerto una nuova lente attraverso cui riesaminare il rapporto complesso e storicamente conflittuale tra queste due sfere. Come può il mondo subatomico gettare luce su fenomeni che spesso sfidano le spiegazioni convenzionali?

Nel corso della storia, la scienza ha spesso guardato con sospetto alle affermazioni paranormali. Questo scetticismo era ben incarnato da figure come Harry Houdini, il famoso illusionista che dedicò la sua carriera alla demistificazione dei medium e degli spiritualisti come Sir Arthur Conan Doyle, che invece era un fermo sostenitore dell'esistenza di una realtà oltre il visibile. Per Houdini, i trucchi e le manipolazioni erano la chiave dietro i fenomeni misteriosi, mentre Doyle vedeva una connessione con l'altro mondo.

È qui, in questo liminale confine del conosciuto, che il mondo scientifico sfuma nella vasta zona grigia delle teorie paranormali e delle credenze spirituali. Questa regione è stata esplorata da vari pensatori, tra cui Sir Arthur Conan Doyle, celebre creatore di Sherlock Holmes ma anche fervente sostenitore dell'esistenza di una dimensione oltre il visibile, una realtà che trascende i limiti sensoriali e, a tratti, scientifici.

Arthur Conan Doyle e il sovrannaturale.

Conan Doyle, celebre per la sua mente logica e deduttiva nei suoi racconti polizieschi, fu anche un convinto spiritista. Dopo la morte del figlio durante la Prima Guerra Mondiale, Doyle si avvicinò profondamente allo spiritualismo, esplorando metodi che promettevano di colmare il divario tra i vivi e i morti. Credeva fermamente che la scienza non avesse ancora svelato tutti i segreti della natura, immaginando una realtà dove fenomeni paranormali come la comunicazione con gli spiriti o la preveggenza fossero non solo possibili, ma tangibili.

Riferendoci a Doyle, egli scrisse:

"Il mio desiderio è di portare speranza e conforto nell'idea di una vita eterna, svelando il velo che ci separa dai nostri cari persi."

Questo suo credo, fondato su esperienze e testimonianze dell'epoca, sollevò molte critiche ma anche curiosità sul terreno di incontro tra scienza e paranormale.

Il concetto di non-località quantistica fornisce un substrato teorico che affascina gli appassionati del paranormale. È questa idea che ha permesso a molti di avvicinare teorie quantistiche a esperienze mistiche, come quando il premio Nobel Eugene Wigner suggerì che la coscienza svolge un ruolo fondamentale nel collasso della funzione d'onda, una sorta di partecipazione della mente alla realtà fisica.

Le connessioni ipotizzate tra meccanica quantistica e fenomeni paranormali hanno storicamente attraversato anche ambiti letterari e artistici. Jung, il noto psicologo, attraverso il concetto di sincronicità, cercò di spiegare connessioni apparentemente non causali come porte verso una nuova comprensione del tempo e dello spazio. Anche il suo celebre amico Wolfgang Pauli, fisico quantistico, esplorò queste idee, ipotizzando che alcune specie di fenomeni potessero avere radici comuni nella struttura della psiche e della realtà materiale.

Se sir Arthur Conan Doyle fosse vissuto oggi, chissà come avrebbe reagito alle scoperte della fisica quantistica e alle sue bizzarre conclusioni? Avrebbe probabilmente accolto con entusiasmo l'idea di un universo così misterioso, dove la barriera tra i vivi e i defunti, tra il possibile e l'impossibile, potrebbe essere più sottile di quanto pensiamo.

Il confronto tra non-località quantistica e teorie paranormali rappresenta un affascinante ponte tra logica e mistica, tra il regno dell'invisibile e quello sperimentabile. La nostra comprensione continua ad evolversi, alimentando il dialogo tra fisica e filosofia, scienza e spiritualità, svelando non solo la complessità del mondo che ci circonda, ma anche di quello che portiamo dentro di noi. Quello di Doyle e di molti altri è un richiamo a non limitarci mai ad accettare il visibile come unica realtà.

Incapacità delle scienze classiche di spiegare il paranormale.

La relazione tra il mondo scientifico e i fenomeni paranormali è stata da sempre caratterizzata da tensioni e scetticismo. La scienza classica, con le sue leggi della fisica newtoniana, si è a lungo dimostrata incapace di spiegare eventi che sembrano sfuggire a qualsiasi interpretazione razionale. Tuttavia, con lo sviluppo della fisica quantistica e l'introduzione di concetti come la non-località, si aprono nuove possibilità di esplorare tali fenomeni da un'ottica diversa.

La storia è costellata di personaggi famosi che si sono trovati in bilico tra il credere e lo smentire il paranormale.

Le limitazioni della fisica classica nel poter spiegare fenomeni come la telecinesi, le premonizioni o le esperienze extracorporee hanno sempre alimentato il fascino di tali eventi. Mentre le leggi classiche della fisica vincolavano gli oggetti al tempo e allo spazio, la meccanica quantistica propose uno scenario radicalmente diverso, dove le particelle potevano "influenzarsi" istantaneamente a distanze cosmiche, suggerendo che anche il concetto di "località" possa essere revisionato. È su queste basi che alcune teorie propongono che i fenomeni paranormali possano essere visti sotto una nuova luce.

La sperimentazione scientifica è però ferrea nel suo approccio: ogni fenomeno deve essere verificato e ripetibile sotto condizioni controllate per essere considerato valido. Questo rigore ha spesso stroncato entusiasmi esoterici, portando a un generale scetticismo nei confronti di eventi non replicabili. Tuttavia, non possiamo ignorare che alcune storie e resoconti abbiano spinto scienziati di mentalità più aperta a investigare più profondamente, cercando di trovare un terreno comune tra il misurabile e l'inspiegabile.

La cultura contemporanea continua ad essere affascinata dall'idea di realtà alternative, dimensioni parallele e capacità umane straordinarie, alimentate da racconti, film e libri che mescolano scienza, fantascienza e paranormale. Con ogni nuova scoperta nell'ambito della fisica quantistica, ci avviciniamo, forse, a una comprensione più profonda di quanto poco ancora conosciamo dell'universo. Forse, come suggerito da alcuni fisici teorici, i misteri dei fenomeni quantistici e dei fenomeni paranormali appartengono a un'unica verità non ancora totalmente rivelata.

In questo contesto di continua esplorazione, la fisica quantistica fornisce una lente attraverso la quale potremmo non solo sfidare le nostre concezioni della realtà, ma anche invitare la scienza a reimmaginare i confini dello sconosciuto. È un viaggio senza fine nelle meraviglie dell'ignoto, sempre con la speranza che un giorno il mistero del paranormale possa essere svelato, non più come un'ombra ai margini della conoscenza, ma come una parte integrante e spiegabile del grande viaggio umano attraverso il cosmo.

Le implicazioni filosofiche e metafisiche della non-località includono domande sul ruolo della coscienza nell'universo. Alcune interpretazioni speculative suggeriscono che la coscienza potrebbe essere un campo non locale, simile a quanto descritto dalla teoria quantistica. Sebbene tali idee restino per lo più nel regno della teoria piuttosto che della prova empirica, esse invitano a una riflessione profonda sulla natura della realtà e sulla nostra percezione di essa.

Infine, la non-località ha potenziali implicazioni etiche. Se l'universo è intrinsecamente connesso, come suggerito dalla meccanica quantistica, vi è una possibile base scientifica per un'etica di interconnessione, dove ogni azione non solo ha conseguenze locali, ma potrebbe riverberarsi attraverso l'intera struttura dell'esistenza.

Il crollo della visione deterministica della fisica classica.

La relazione tra scienza e fenomeni paranormali è stata spesso conflittuale, con il paradigma scientifico classico che richiede prova e replicabilità per accettare nuovi fenomeni. Tuttavia, con l'avvento della fisica quantistica, alcuni scienziati e filosofi hanno iniziato a esplorare la possibilità che ciò che chiamiamo "paranormale" potrebbe trovare spiegazione nei misteri ancora irrisolti della meccanica quantistica.

Il 20° secolo ha visto un drammatico cambiamento nella nostra comprensione dell'universo con l'avvento della meccanica quantistica. A differenza della fisica classica, che dipingeva un mondo deterministico, la fisica quantistica ha introdotto il concetto di probabilità e incertezza. Albert Einstein, Boris Podolsky e Nathan Rosen illustrarono questo tramite il famoso paradosso EPR, che metteva in dubbio la completezza della meccanica quantistica.

Se i fenomeni quantistici possono manifestarsi in modi sorprendenti, è legittimo chiedersi se alcuni fenomeni paranormali potrebbero avere una sottostruttura quantistica. Fenomeni come la telepatia, la precognizione o la chiaroveggenza che sfuggono alla spiegazione scientifica tradizionale potrebbero avere un correlato quantistico?

Consideriamo la telepatia: potrebbe questo fenomeno essere spiegato attraverso la non-località quantistica? Carl Jung e il fisico Wolfgang Pauli esplorarono idee simili nel loro lavoro sul concetto di sincronicità, proponendo che potrebbero esistere connessioni acausali tra eventi psichici e fisici.

Un aneddoto famoso è quello di Arthur Eddington, che sottolineò la "stranezza" della fisica quantistica:

"Non solo l'universo è più strano di quanto immaginiamo, è più strano di quanto possiamo immaginare."

Questa citazione risuona nei moderni sforzi di comprendere le implicazioni della meccanica quantistica sui fenomeni che ancora sfidano la spiegazione scientifica.

In sintesi, l'esplorazione della non-località quantistica apre porte provocatorie su modi alternativi di concepire il paranormale, invitando al contempo a un dialogo tra scienza e mistero che potrebbe portare a nuove comprensioni della realtà stessa.

La non-località. Una sfida alla causalità.

Storicamente, la comunità scientifica ha sempre guardato con scetticismo a fenomeni come la telepatia, la precognizione e altri presunti eventi "paranormali". Questo conflitto culturale ha alimentato una narrativa che vede la scienza come arbitro della razionalità contro le credenze infondate del paranormale.

Una domanda sorge spontanea: può lo strano intreccio quantistico rappresentare un ponte tra la scienza rigorosa e quei fenomeni che non riusciamo a spiegare con il nostro attuale bagaglio conoscitivo? Mentre gli esperimenti come quelli di Aspect non suggeriscono una connessione diretta tra entanglement e il paranormale, la loro esistenza sfida l'intuizione e apre strade speculative che, sebbene affascinanti, richiedono ancora indagine.

Rivisitare i fenomeni paranormali alla luce della non-località.

Cosa succederebbe se le menti umane fossero in grado di sfruttare una sorta di "entanglement" a livello cognitivo? Ciò potrebbe spiegare esperienze soggettive spesso classificate come paranormali? Sebbene queste idee rimangano altamente speculative e non convalidate da prove scientifiche concrete, la stessa discussione mette in evidenza come il progresso in ambito quantistico possa rivelare orizzonti del pensiero alternativo prima considerati fuori portata.

La non-località quantistica rappresenta una delle frontiere più avvincenti e radicali della fisica moderna. Sebbene il collegamento diretto con i fenomeni paranormali rimanga, per ora, nel regno della speculazione, l'apertura mentale a possibilità scientifiche un tempo considerate fantastiche ci invita a una costante revisione delle nostre convinzioni. In un'epoca in cui la scienza riscrive le regole della realtà, forse sarebbe opportuno non tenere del tutto chiusa la porta su quelle che consideriamo possibilità straordinarie, lasciando aperto uno spiraglio al mistero e al meraviglioso.

Nel panorama del sapere umano, c'è una dicotomia storica che da sempre affascina e divide: quella tra il mondo scientifico e il regno del paranormale. Un tempo, personaggi come Howard Phillips Lovecraft e Arthur Conan Doyle si immergevano nelle ombre di mondi sconosciuti, mentre Harry Houdini, con implacabile scetticismo, svelava inganni e illusioni. Oggi, il mondo della fisica quantistica e, in particolare, il concetto di non-località, offrono una nuova lente attraverso cui riconsiderare questi fenomeni inafferrabili.

Da sempre, scienza e paranormale si sono trovati su lati opposti in un acceso dibattito. Houdini rappresentò il lato razionale, impegnato in una vera e propria crociata per smascherare chiunque affermasse di possedere poteri medianici.

A incarnare lo spirito critico verso il paranormale, emerso a inizio del XX secolo, è stato il grande illusionista e scettico Harry Houdini. Noto per le sue incredibili evasioni che affascinarono il pubblico di tutto il mondo, Houdini dedicò gran parte della sua vita a smascherare falsi medium e spiritisti. La sua crociata personale si delineò in risposta all'uso crescente della credulità pubblica da parte di tanti ciarlatani nel periodo di grande diffusione dello spiritismo.

Houdini, figlio di immigrati ungheresi, padroneggiava un'arte in cui l'inganno manipolato consapevolmente era ammirevole. Al contrario, i medium che ingannavano il pubblico facendogli credere di avere poteri soprannaturali tramite trucchi da due soldi lo indisponevano profondamente. In uno dei suoi saggi, "*A Magician Among the Spirits*", Houdini descrisse in dettaglio i metodi usati per simili frodi e il suo impegno a smascherarle.

Un episodio emblematico della lotta di Houdini contro il mondo del paranormale riguarda la sua amicizia e il successivo scontro con Sir Arthur Conan Doyle, il creatore di Sherlock Holmes. Doyle era un fervente sostenitore dello spiritismo, al contrario di Houdini, e la loro divergenza su tali credenze portò alla fine della loro amicizia. Doyle arrivò a credere che Houdini stesso avesse poteri soprannaturali e che le sue doti sceniche fossero solo una copertura per abilità psichiche reali. Questa era un'ironia che Houdini trovava sconcertante.

L'interesse per la ricerca della verità scientifica di Houdini trova eco anche nei lavori di scienziati come Richard Feynman, che spesso metteva in guardia contro le pseudoscienze e l'interpretazione errata della fisica quantistica. L'invito di Feynman era a mantenere un approccio scientifico rigoroso, evitando di innamorarsi di spiegazioni ecletanti prive di rigore sperimentale.

Nel presente, il tema della non-località continua a stimolare dibattiti intellettuali. Mentre la scienza continua a esplorare questi fenomeni con robustezza metodologica, la società non cessa di domandarsi dove si colloca il confine tra la realtà tangibile e l'inspiegabile.

Con il passare del tempo, la scienza moderna ha spesso intuito che dietro certi fenomeni considerati paranormale ci siano spiegazioni ancora da scoprire, e qui interviene la non-località quantistica.

Connessioni istantanee a distanze infinite.

La non-località quantistica sfida le nostre categorie mentali di spazio e tempo.

Se consideriamo la non-località come un elemento fondamentale nella fisica quantistica, possiamo teorizzare che, in un certo senso, la "*mente*" possa operare su un principio simile, permettendo fenomeni che risuonano con le esperienze paranormali. Si parla, con estrema cautela, della possibilità che la coscienza o l'intuizione umana siano in grado di cogliere queste interconnessioni su un livello che sfugge alla comprensione razionale corrente.

La non-località invita quindi a una revisione dei confini tra scienza e paranormale, suggerendo che alcune delle percezioni che consideriamo straordinarie potrebbero essere eco di una realtà più complessa e interconnessa. Potrebbe essere che il nostro universo sia più simile a un vasto intreccio quantistico, dove ogni pensiero, sentimento e esperienza si riflettono reciprocamente senza riconoscere i limiti che noi umani pensiamo di osservare.

In questo nuovo quadro concettuale, esplorare i fenomeni paranormali diventa un'opportunità per arricchire la nostra comprensione della realtà, unendo il mistero alla scienza, proprio come artisti e scienziati hanno aspirato a fare nel corso dei secoli. La non-località non solo sfida le nostre intuizioni, ma ci invita a considerare un universo più aperto, dove le connessioni sono la regola più che l'eccezione.

Interpretazioni quantistiche dei fenomeni paranormali.

La non-località ha alimentato non solo il dibattito scientifico, ma ha anche affascinato coloro che cercano di esplorare i confini tra realtà fisica e fenomeni paranormali.

Il mondo quantistico è un regno dove le manifestazioni intuitive delle dinamiche classiche si dissolvono nel mistero.

Alcuni interpreti della meccanica quantistica, come il celebre fisico David Bohm, hanno proposto teorie in cui l'entanglement potrebbe spiegare alcuni fenomeni inspiegabili. Bohm, con la sua teoria dell'ordine implicato, considerava l'universo come una totalità indivisibile in cui tutte le parti sono connesse in modo interdipendente. Questa visione può aprire porte speculative su come telepatia, precognizione e altre esperienze paranormali potrebbero non essere semplicemente giochi della mente o illusioni, ma manifestazioni di connessioni quantistiche non ancora comprese.

La connessione tra fisica quantistica e paranormale trova riscontro non solo in teorie scientifiche, ma anche nella cultura popolare e nei movimenti spirituali. Scrittori come Arthur C. Clarke hanno speculato sul fatto che ciò che oggi consideriamo "magia" potrebbe domani essere spiegato dalla scienza. Analogamente, le pratiche spirituali dell'Oriente, come la meditazione e il concetto di interconnessione universale, risuonano sorprendentemente con idee quantistiche di realtà a livelli più profondi di quanto pensassimo possibile.

In questo contesto, è utile riflettere su alcune storie ed esperienze iconiche. Si pensi a figure come Edgar Cayce, le cui previsioni accurate e diagnosi a distanza evocano i fenomeni di telepatia e precognizione spesso esplorati attraverso la lente del possibile entanglement mentale.

Edgar Cayce, spesso definito il "profeta dormiente", era un chiaroveggente americano che forniva diagnosi mediche e consigli a persone che non aveva mai incontrato, e che raccontava visioni di eventi futuri mentre si trovava in uno stato di trance. Le sue capacità evocano nella mente dell'osservatore le dinamiche dell'entanglement quantistico, dove due entità possono comunicare al di là dei limiti dello spazio e del tempo.

La non-località, che Albert Einstein liquidava come "azione a distanza spettrale", si manifesta nelle particelle subatomiche in modi che ricordano il modo in cui Cayce sembrava attingere a informazioni da fonti invisibili. Questo fenomeno quantistico potrebbe offrire una nuova prospettiva per comprendere come alcune presunte capacità umane, come la telepatia e la preveggenza, possano teoricamente verificarsi.

La storia di Edgar Cayce è ricca di aneddoti. Per esempio, durante una delle sue letture in trance, Cayce fornì dettagli medici incredibilmente accurati a favore di pazienti in altre parti del mondo, senza avere accesso diretto alle loro condizioni fisiche. Ciò richiama la mente al paradosso quantistico del "gatto di Schrödinger", una metafora che illustra il modo in cui due potenziali stati possono esistere simultaneamente fino a quando non vengono osservati. Potrebbe essere che le informazioni mediche percepite da Cayce esistesssero in una sorta di limbo quantistico fino a che non venivano "osservate" attraverso di lui?

Alcuni studiosi di parapsicologia, come Dean Radin dell'Istituto di Scienze Noetiche, suggeriscono che l'entanglement mentale tra individui sia possibile, e lo attribuisce a connessioni empatiche o telepatiche, simili all'entanglement quantistico. La possibilità che la nostra mente possa attingere a un campo universale di informazioni è da sempre un tema centrale nelle teorie sulla coscienza di autori come Rupert Sheldrake, che ipotizza l'esistenza di "campi morfogenetici".

Le esperienze e le previsioni di Edgar Cayce continuano a sollevare domande sull'interconnessione tra persone e informazioni a livello sottile. Mentre la scienza moderna non ha ancora abbracciato completamente le implicazioni paranormali dell'entanglement quantistico, queste sono state un fertile terreno di speculazione per coloro che cercano di spiegare i limiti apparentemente infiniti della coscienza umana.

In definitiva, la non-località quantistica e i fenomeni paranormali come quelli vissuti da Edgar Cayce ci spingono a riconsiderare la natura della realtà e il potenziale del pensiero. Potremmo non essere ancora in grado di coniugare i due mondi in termini scientifici rigorosi, ma come suggerisce il filosofo e fisico David Bohm, il nostro universo potrebbe essere molto più "intero e implicito" di quanto attualmente comprendiamo.

Sebbene la fisica quantistica non abbia ancora fornito risposte definitive su come essa possa spiegare i fenomeni paranormali, le sue implicazioni continuano ad ispirare nuove domande e a sfidare la nostra comprensione del mondo e della mente. Forse, nel futuro, la non-località potrà non solo risolvere enigmi scientifici, ma anche svelare segreti nascosti delle esperienze umane inspiegabili. Nel frattempo, l'avventura intellettuale continua, spingendoci a immaginare un universo dove il paranormale e il fisico si intrecciano in modi ancora da scoprire.

Telepatia ed entanglement mentale.

Nel panorama affascinante e misterioso della fisica quantistica, il concetto di non-località emerge come una delle nozioni più sconvolgenti e ricche di implicazioni, non solo per la scienza tradizionale, ma anche per chi cerca di comprendere fenomeni al confine del paranormale. La non-località, ci offre una lente attraverso cui osservare e reinterpretare una realtà che consideriamo intangibile e sfuggente come la telepatia. Questa è la capacità spesso discussa e mai scientificamente convalidata, di comunicazione mente a mente senza l'intervento dei sensi fisici.

La fisica quantistica, con le sue leggi apparentemente paradossali, ci invita a considerare che la distanza non rappresenta necessariamente una barriera invalicabile. L'entanglement quantistico ci mostra come le particelle intrinsecamente legate possono rimanere connesse indipendentemente dalla loro distanza spaziale. Questo fenomeno, corroborato dagli esperimenti di Alain Aspect nel 1982, infrange l'idea classica secondo cui le informazioni possono viaggiare solo localmente, suggerendo una connessione più profonda, forse al di là della nostra comprensione spazio-temporale.

Ma come possiamo conciliare questo con la telepatia? Qui entra in gioco una delle più audaci speculazioni filosofiche e scientifiche: l'entanglement mentale. Alcuni teorici e ricercatori nel campo della parapsicologia ipotizzano che, in analogia con le particelle quantistiche, anche le menti umane potrebbero, sotto certe condizioni, manifestare fenomeni di entanglement. Pur senza prove scientifiche tradizionali, queste idee trovano un certo fascino nella loro capacità di offrire spiegazioni a esperienze soggettive riportate attraverso la storia.

Il mondo della cultura popolare e della narrativa fantascientifica si è lanciato a capofitto in queste suggestioni. Film come Interstellar esplorano temi di connessione profonda tra individui attraverso dimensioni e realtà alternative, alimentando l'immaginazione collettiva con l'idea che i confini tra il fisico e il paranormale siano più sfumati di quanto crediamo.

Anche nel regno della filosofia, il parallelo tra entanglement quantistico e fenomeni paranormali ha trovato sostenitori. Pensatori come Ervin Laszlo hanno discusso di un "campo dell'informazione" universale che potrebbe spiegare l'apparente sincronizzazione tra eventi mentali umani. Sebbene collocandosi nella sfera della speculazione, questa prospettiva stimola dibattiti interessanti sulle possibilità di una connessione più profonda tra mente e materia, un tema che risuona attraverso le grandi domande filosofiche sull'esistenza e la coscienza.

Ervin Laszlo e il "campo di informazione universale" o Campo akashico.

L'entanglement quantistico descrive uno stato in cui due particelle, una volta interconnesse, diventano intrinsecamente legate l'una all'altra, indipendentemente dalla distanza che le separa fisicamente. Una misurazione effettuata su una particella influenza istantaneamente lo stato dell'altra, come se una sorta di comunicazione 'invisibile' superasse in velocità anche la luce stessa. Questo fenomeno sottolinea l'essenza della non-località: parti della realtà che permangono connesse, anche quando le componenti sembrerebbero isolate nello spazio.

Non è sorprendente che questo concetto abbia trovato terreno fertile anche tra coloro che studiano e sostengono fenomeni paranormali. Pensatori come Ervin Laszlo hanno esplorato queste bizzarre correlazioni attraverso la lente della filosofia, proponendo l'idea dell'esistenza di un "campo dell'informazione" universale, una sorta di matrix cosmica che potrebbe spiegare la sincronizzazione tra eventi mentali umani apparentemente scollegati. Secondo Laszlo, questo campo di informazione agisce come un grande database olografico, dove ogni pensiero e azione lascia un'impronta che influenza il tutto.

Questo modello teorico sfiora straordinariamente i resoconti di fenomeni paranormali come la telepatia o la percezione extrasensoriale. Le storie di gemelli separati alla nascita che conducono vite simili, con gusti e decisioni che rispecchiano quelli dell'altro, sono spesso citate come esempi di questa misteriosa connessione mentale. Anche la psicologia junghiana ha dato il suo contributo attraverso il concetto di sincronicità, quei fenomeni di coincidenza significativa che non paiono spiegabili tramite cause dirette e razionali, come l'esperienza di pensare intensamente a una persona e ricevere nello stesso istante una sua telefonata.

Al di là delle speculazioni filosofiche e delle comparazioni con il paranormale, l'entanglement quantistico trova delle analogie in aspetti assai concreti della cultura contemporanea, spesso rappresentati nei media e nei film di fantascienza. Basti ricordare i celebri film della serie "Matrix", dove la realtà percepita è una proiezione digitale, influenzabile e malleabile.

Ciò che risulta affascinante è questo inseguimento tra le diverse discipline, dove l'affiancamento di entanglement e paranormale spinge verso un ripensamento dell'esperienza umana come qualcosa che non è mera fisicità ma profonda connessione. In un'epoca in cui la scienza continua a svelare la complessità dell'universo, siamo invogliati a guardarci intorno e dentro con occhi che cercano il significato dietro le leggi naturali e quelle che al momento ci sfuggono.

In definitiva, il regno della non-località quantistica non risolve certo il mistero del paranormale. Tuttavia, offre un linguaggio intrigante per esplorare ciò che sta al di là del visibile, concedendo alla scienza e all'immaginazione il permesso di avvicinarsi nell'eterna ricerca di un senso, unificando il reale e il possibile in un abbraccio cosmico costante.

In definitiva, mentre la scienza continua a delineare i contorni dell'entanglement con sempre maggiore precisione, il ponte verso il paranormale rimane aperto con cautela e curiosità. Se queste due realtà possano mai trovare una vera convergenza rimane una domanda aperta, ma il viaggio attraverso questo intrigante e complesso territorio continua a offrirci visioni che sfidano il nostro modo di pensare e ci invitano a esplorare al di là dei confini del visibile e del prevedibile.

Sul piano filosofico ed etico, la non-località quantistica invita a riconsiderare nozioni fondamentali come la causalità e l'identità. Le implicazioni potrebbero estendersi anche al modo in cui comprendiamo concetti come la connessione umana o fenomeni che sono stati storicamente descritti come "paranormali". Tuttavia, è fondamentale distinguere tra ciò che la fisica quantistica descrive rigorosamente e le interpretazioni o speculazioni che ne derivano.

Sebbene la fisica quantistica offra una cornice teorica per fenomeni apparentemente "magici", le connessioni con qualunque idea paranormale non sono supportate scientificamente e, al momento, restano puramente speculative. Continuiamo a osservare come la scienza e la filosofia esplorano i limiti della conoscenza umana e le sorprendenti realtà del mondo quantistico.

Proposte teoriche. Connessioni tra mente e materia attraverso l'entanglement.

La fisica moderna sfida e insieme ispira reinterpretazioni delle realtà non fisiche, suscitando dibattiti sui fenomeni paranormali. Al centro di questa esplorazione vi è l'entanglement quantistico, quella misteriosa connessione che unisce particelle separate da distanze immense.

Ma cosa succede se questa strabiliante proprietà dell'universo non si limita al mondo delle particelle subatomiche? Alcuni teorici avanzano l'ipotesi che l'entanglement possa fornire uno spunto di riflessione sui fenomeni paranormali, come ad esempio la telepatia. Immaginate due menti che, come due particelle quantistiche, possono "intrecciarsi" in un modo che consente loro di scambiarsi informazioni istantaneamente, al di là delle barriere fisiche e della comunicazione convenzionale.

Questa idea, ancora largamente speculativa, trova terreno fertile nell'idea che la coscienza stessa possa essere connessa a livello quantistico. Alcuni filosofi e scienziati, come il fisico David Bohm, hanno suggerito che esista un "ordine implicito" nell'universo, un sottofondo profondo in cui tutte le cose sono collegate. In questo contesto, la mente umana potrebbe fungere da antenna, captando segnali attraverso un campo informativo universale, una sorta di Internet cosmico.

Il rinomato parapsicologo Dean Radin ha esplorato il concetto di entanglement mentale, suggerendo che le connessioni tra le menti umane, che alcune persone riportano come esperienze telepatiche, potrebbero avere una base reale. Un elemento do prova spesso citato è quello di gemelli separati alla nascita che provano sensazioni o pensieri simultanei, come se fossero collegati da un filo invisibile.

A sostenere questa visione esistono anche suggestioni culturali, attraverso miti e racconti che parlano di intuizioni telepatiche e capacità empatiche soprannaturali presenti nelle tradizioni di tutto il mondo. Dallo sciamanesimo indigeno alle credenze spirituali orientali, la telepatia e altre abilità paranormali sono state spesso percepite come doni che trascendono il mondo fisico, invitandoci a considerare una realtà più ampia e interconnessa.

Fin dagli albori della civiltà, le culture indigene hanno manifestato un profondo rispetto per l'invisibile trama che connette tutta la vita. Gli sciamani dei popoli nativi americani, per esempio, parlano di una rete cosmica, una sorta di memoria universale accessibile attraverso stati alterati di coscienza, che consente la comunicazione tra animi e spiriti oltre la barriera del tempo e dello spazio. Questa visione, sebbene perfettamente integrata nelle pratiche spirituali secolari, risuona stranamente con i moderni princìpi della fisica quantistica.

Analogamente, nelle tradizioni spirituali orientali, come il Buddismo e l'Induismo, l'idea che tutto nell'universo sia interconnesso è una verità assodata e centrale. Il concetto di "*Indra's Net*" nel Buddismo, che descrive un vasto reticolato di gemme luminose dove ognuna riflette tutte le altre, simbolizza la totalità interconnessa dell'universo, un'immagine sorprendentemente simile alle reti di entanglement quantistico.

La possibilità che la scienza quantistica possa fornire un fondamento alla comprensione di fenomeni paranormali come la telepatia, la preveggenza o le esperienze extracorporee ha catturato l'immaginazione di molti pensatori moderni. Nel suo libro "*The Quantum and the Lotus*", il fisico Matthieu Ricard e il monaco tibetano Trinh Xuan Thuan dialogano sulla possibilità che la scienza e la spiritualità possano incontrarsi, sottolineando la similarità tra gli insegnamenti quantistici e le tradizioni spirituali.

Ricard, noto anche come traduttore di Sua Santità il Dalai Lama e scienziato prestato alla vita monastica, porta una prospettiva unica che combina il rigore scientifico con la profondità spirituale del Buddismo tibetano. Thuan, un astrofisico di formazione accademica occidentale, ma profondamente influenzato dalla sua eredità culturale spirituale asiatica, accompagna questo dialogo attraverso le meraviglie dell'universo fisico.

Il fulcro del loro dialogo si concentra sulla similitudine tra i princìpi della fisica quantistica e le antiche tradizioni spirituali. Ad esempio, la non-località quantistica, l'idea che una particella possa influenzarne un'altra a distanza incommensurabile, trova un parallelo affascinante nelle concezioni buddiste dell'interconnessione universale. Questa nozione di interconnessione, presente anche nella filosofia orientale dell'"*Indra's Net*" come descritto precedentemente, viene vista come una rete infinita di riflessi che simboleggiano l'interdipendenza di tutte le cose.

Nel libro, Ricard sottolinea come il concetto di vacuità nella filosofia buddista, che suggerisce che nulla esiste di per sé ma solo in relazione con il resto, rispecchi stranamente la visione della realtà emergente dalle teorie quantistiche. Questo punto di vista sfida la percezione newtoniana di un universo fatto di oggetti distinti e separati, proponendo invece un intricato intreccio di relazioni e probabilità.

Thuan, d'altra parte, esplora il mistero dell'origine dell'universo e l'intricato ordine che sottende le leggi della natura, esprimendo meraviglia su come la scienza possa elevarci a una riflessione spirituale. Egli afferma che la scienza e la spiritualità non devono necessariamente essere in conflitto, ma possono completarsi a vicenda offrendo risposte a diverse domande esistenziali fondamentali.

Uno degli aneddoti interessanti che emerge dalle discussioni tra Ricard e Thuan è l'aspetto della meditazione e delle sue implicazioni. Nel Buddismo, la meditazione è uno strumento potente per esplorare la coscienza e l'interconnessione, un tema risonante con le domande aperte della fisica quantistica sulla natura del tempo e della realtà. La possibilità che pratiche meditative possano modificare la nostra percezione della realtà e forse anche interagire con essa in modalità che ricordano fenomeni di non-località, come la trasmissione del pensiero o la percezione a distanza, rimane una frontiera intrigante da esplorare ulteriormente.

In questo dialogo emergono figure critiche come Albert Einstein, che notoriamente definì la non-località quantistica come "*azione spettrale a distanza*", termine che da un lato cattura l'aspetto misterioso di questo fenomeno, e dall'altro lato sottolinea il suo atteggiamento scettico. Tuttavia, figure contemporanee nel campo della fisica teorica, come David Bohm, sono state più inclini ad abbracciare queste idee, proponendo visioni di un universo in cui l'intangibile ordine implicito regola le connessioni tra tutti gli elementi del cosmo.

Bohm era convinto che l'universo non fosse composto da parti separate e indipendenti, ma piuttosto da un ordine implicito che connette ogni elemento in un tutto sincronico. Le sue idee trovarono un'affascinante risonanza con il modo in cui molti schemi di pensiero orientali percepiscono l'universo, dove la separazione è un'illusione.

In definitiva, il dialogo intrapreso da Ricard e Thuan in "*The Quantum and the Lotus*" rappresenta un invito a non guardare alla scienza e alla spiritualità come entità separate, ma piuttosto come percorsi convergenti verso una comprensione più profonda della realtà. La non-località quantistica si profila come una chiave possibile di lettura di fenomeni che la scienza tradizionalmente ha faticato a spiegare, richiedendo al contempo un'apertura mentale verso nuove interpretazioni e intuizioni. Dopotutto, nel regno dell'ignoto che abita il cuore delle particelle quantistiche, forse il paranormale e il sacro non sono poi così distanti dai confini della nostra comprensione scientifica.

In conclusione, anche se le interpretazioni quantistiche dei fenomeni paranormali restano un terreno scivoloso e complesso, esse spingono la nostra immaginazione verso orizzonti inesplorati, suggerendo che la risposta a tali enigmi non si limiti a dimensionalità e distanze conosciute, ma possa, forse, risiedere in un dominio ancora tutto da scoprire.

Studi e sperimentazioni: risultati e criticità.

Nel regno della non-località quantistica si apre una finestra su una visione alternativa delle realtà non fisiche e paranormali, una prospettiva che fonde il mondo sorprendente della fisica con le intriganti possibilità offerte dai fenomeni che sfuggono alla nostra comprensione ordinaria. Tra questi, spiccano la telepatia e il concetto di "entanglement mentale", una sorta di collegamento diretto fra menti che ricorda il legame peculiare tra particelle quantistiche. La non-località quantistica, da sempre considerata un mistero affascinante, porta con sé suggestioni che vanno ben oltre i confini della fisica per tuffarsi nei territori inesplorati della mente umana e del paranormale.

La telepatia, definita come la capacità di comunicare mentalmente senza l'ausilio dei sensi ordinari, è stata spesso interpretata attraverso il prisma della non-località quantistica. Qui entra in scena l'idea di "entanglement mentale", una speculazione che suggerisce similitudini tra i legami quantistici e quelli che potrebbero esistere tra le menti umane. Dipinti di surrealismo, questi concetti sono stati accolti con entusiasmo dagli appassionati di misteri e dagli studiosi che cercano di esplorare le frontiere del possibile.

Studi e sperimentazioni. Dean Radin.

Uno dei pionieri più rinomati nel campo delle correlazioni mentali basate su principi quantistici è Dean Radin. Radin ha condotto vari esperimenti che tentano di misurare se i fenomeni tipicamente etichettati come paranormali possono essere spiegati con modelli quantistici. Attraverso esperimenti di laboratorio, come quelli che indagano sulla preveggenza inconsapevole o le reazioni fisiologiche a stimoli imprevisti, Radin ha cercato di valutare se esistono correlazioni che potrebbero sfuggire alle spiegazioni classiche.

Nell'universo delle idee che uniscono le scienze di confine con le discipline più tradizionalmente accettate, Dean Radin si distingue come una figura centrale. Ricercatore pionieristico presso *l'Institute of Noetic Sciences*, Radin si è dedicato a indagare uno degli interrogativi più audaci del nostro tempo: i fenomeni paranormali possono essere spiegati attraverso i modelli quantistici?

'interesse di Radin per il paranormale nasce da un profondo desiderio di comprendere ciò che sfugge alle spiegazioni convenzionali. Al cuore del suo lavoro c'è la non-località quantistica, un concetto che suggerisce come particelle a grande distanza possano essere istantaneamente interconnesse. È possibile, si chiede Radin, che fenomeni quali la preveggenza e la telepatia possano divenire comprensibili attraverso lo stesso prisma?

Uno degli esperimenti più noti condotti da Radin è il cosiddetto "*Presentiment Experiment*", che mira a rivelare se l'organismo umano possa reagire a un evento emotivo prima che questo accada. In questo contesto, i partecipanti sono sottoposti a immagini casuali di natura sia neutra che emotivamente carica, mentre vengono monitorate le loro reazioni fisiologiche come le variazioni nel battito cardiaco, la conduttanza della pelle, ecc. Ciò che Radin ha scoperto è che ci sono sottili ma misurabili cambiamenti nei parametri fisiologici che avvengono ancor prima che l'immagine venga effettivamente visualizzata. Questi risultati sembrano sfidare le leggi classiche del tempo e della causalità.

Un altro esempio notevole del lavoro di Radin è lo studio sulla "*Intention Experiment*", dove gruppi di individui vengono invitati a focalizzarsi mentalmente su specifici risultati all'interno di ambienti controllati. Questi esperimenti hanno spesso mostrato modificazioni lievi ma significative nei sistemi fisici come cristallizzazione dell'acqua e crescita delle piante, sebbene le interpretazioni di tali risultati rimangano oggetto di dibattito.

Il lavoro di Radin non è privo di controversie. Argomenti critici sottolineano la necessità di replicabilità e il rischio di interpretazioni sovrannaturali che distorcono il rigore scientifico. Tuttavia, l'importanza del suo contributo risiede nell'espansione dei confini della conoscenza e nella stimolazione del dialogo tra fisica teorica, psicologia e filosofia. Come afferma Radin,

"Quando ci avventuriamo oltre le frontiere dell'ignoto, il nostro compito non è trovare risposte definitive, ma porre con coraggio le domande più audaci."

Radin stesso sembra essere ispirato dalle osservazioni del fisico David Bohm, che postulava un ordine implicito nell'universo, suggerendo una visione romantica dell'interconnessione universale. La sua collaborazione intellettuale con altre figure, come Rupert Sheldrake e il lavoro di J.B. Rhine sulla percezione extrasensoriale, genera un tessuto ricco di spunti validi per affiancare l'ambito della conoscenza convenzionale con quello della speculazione empirica.

Le implicazioni culturali di tali ricerche sono profonde e si estendono ai margini della filosofia e della spiritualità. In un'epoca in cui la scienza sembra talvolta in conflitto con i valori personali e intuitivi, le indagini di Radin offrono un ponte tra mondi apparentemente inconciliabili, proponendo una visione in cui la coscienza stessa potrebbe non essere vincolata dai confini dello spazio e del tempo.

Mentre le prove definitive che colleghino i fenomeni paranormali a leggi quantistiche restano nel regno della possibilità futura, il lavoro di Dean Radin rappresenta un invito a considerare l'interconnessione come una realtà potenziale, un'ipotesi che sfida e al contempo ispira la comunità scientifica e il pubblico ad un risveglio alla vastità dell'ignoto.

Gli studi di Joseph Banks Rhine.

Nel campo delle abilità paranormali, la telepatia è spesso citata come una dimostrazione delle connessioni sottili e invisibili tra menti. Storicamente, fenomeni di telepatia sono stati documentati e studiati con interesse variabile e scetticismo, da studiosi come J.B. Rhine, il padre della parapsicologia moderna, che cercò di indagare scientificamente la trasmissione del pensiero.

In un mondo dove le leggi della fisica quantistica evocano una realtà più bizzarra e sconfinata di quella descritta dalla comune esperienza sensoriale, i fenomeni paranormali come la telepatia suscitano interesse e speculazioni. Esplorare queste connessioni significa viaggiare non solo tra i laboratori scientifici, ma anche attraverso le pieghe della cultura popolare e delle antiche tradizioni.

Tra i pionieri di questo viaggio vi è Rhine, considerato il "padre della parapsicologia moderna". Rhine, negli anni '30, intraprese il coraggioso tentativo di sondare scientificamente uno dei più affascinanti e controversi fenomeni: la telepatia, o la trasmissione del pensiero. In un'epoca in cui il razionalismo scientifico dominava la scena, egli cominciò a sfidare le convenzioni accademiche con approcci empirici e rigorosi, portando queste idee dal margine al centro del dialogo scientifico.

Il lavoro di Rhine si concentrò al *Duke University*, dove condusse una serie di esperimenti utilizzando *carte Zener*, carte speciali contrassegnate con simboli facili da ricordare. Questi simboli (una stella, un cerchio, delle linee ondulate, una croce e un quadrato) furono usati per testare i soggetti su loro abilità telepatiche. Rhine invitava una persona a "inviare" mentalmente le immagini delle carte ad un "ricevente," la cui capacità di indovinare le carte determinava il suo presunto potere telepatico.

I risultati di Rhine furono inizialmente sorprendenti e sembravano indicare la presenza di fenomeni al di là delle spiegazioni casuali. Le sue pubblicazioni, come "*Extra-Sensory Perception*" nel 1934, divennero subito argomento di interesse. Tuttavia, il lavoro di Rhine non fu senza critiche. Molti scettici sottolinearono presunti difetti metodologici, mancanza di riproducibilità dei risultati e complicazioni legate alla psicologia dei partecipanti come possibili spiegazioni alternative.

Malgrado il dibattito, il lavoro di Rhine incapsulava un'epoca e un entusiasmo per esplorare l'inconosciuto che ancora oggi affascina molte delle menti curiose. È significativo che, mentre la fisica quantistica sfiorava il concetto di non-località, ovvero l'interazione istantanea tra particelle distanti, il lavoro di Rhine evocasse un'analoga *"ipotesi lokista"* per la mente umana.

La "*ipotesi lokista*" è un concetto elaborato da Gianluca Nicoletti, un noto giornalista e scrittore italiano. Si tratta di una riflessione provocatoria sull'idea che l'intelligenza umana si stia trasformando in una sorta di "*internet interiore*", grazie all'accesso costante alle informazioni attraverso la tecnologia moderna.

Nicoletti ipotizza che i nostri cervelli stiano diventando sempre più simili al funzionamento di un motore di ricerca: con la capacità di reperire informazioni in tempi rapidissimi, selezionando e archiviando una grande quantità di dati. Questa visione porta a riflettere su come la nostra intelligenza e il nostro apprendimento siano influenzati dal continuo collegamento con il mondo digitale e dal modo in cui gestiamo l'enorme flusso di informazioni a cui siamo esposti quotidianamente.

L'ipotesi lokista invita quindi a interrogarsi sul cambiamento delle dinamiche di pensiero, memoria e conoscenza che derivano dall'integrazione sempre più stretta tra mente umana e tecnologia.

Così, mentre la non-località rimane uno dei concetti più straordinari della teoria quantistica, il lavoro pionieristico di J.B. Rhine continua a suscitare dibattiti su quanto e come le teorie delle scienze dure possano intrecciarsi con l'esplorazione delle possibilità umane - un filo conduttore che dal razionalismo del laboratorio si estende ai confini più lontani delle possibilità speculative.

Piuttosto emblematico è quanto affermato dalla drammaturga e scrittrice americana Susan Blackmore, che dopo aver esplorato l'ambiente della ricerca parapsicologica, giunse alla conclusione che l'esito di tali ricerche, più che confermare o sfatare la telepatia, accende una profonda riflessione sulla natura della mente e della coscienza stessa.

Tuttavia, al di là di tali fenomeni specifici, la vera sfida forse risiede nel riconoscere come questi elementi di interconnessione possano ampliare la nostra comprensione della coscienza e della realtà stessa. È importante sottolineare che, nonostante il fascino esercitato dalle possibili connessioni tra la non-località quantistica e il paranormale, la scienza tradizionale affronta questi argomenti con cautela, mancando ancora di prove empiriche concrete che possono sostenere affermazioni di tale portata.

Eppure, la ricerca dell'interconnessione ci invita a riflettere non solo sul modo in cui vediamo il mondo, ma anche su come viviamo in esso. Forse la non-località quantistica non dimostra le percezioni visionarie degli antichi saggi, ma apre comunque un contest dove scienza, spiritualità e filosofia possono ancora dialogare, spingendosi insieme verso i limiti delle conoscenze umane. Alla fine, sia che si consideri candidato per spiegare il paranormale, o solamente un principio della fisica affascinante nella sua enigmaticità, la non-località quantistica ci ricorda l'intricato e misterioso arazzo del cosmo di cui siamo parte.

Risultati e criticità.

I risultati degli studi citati sono affascinanti, tuttavia, spesso si trovano ad affrontare critiche pesanti riguardo alla mancanza di replicabilità e alla possibilità di addurre tali eventi a coincidenze statistiche o bias cognitivi. I critici sottolineano inoltre che, nonostante un secolo di indagini, non è stato possibile ottenere una solida prova scientifica a favore dei fenomeni paranormali, inclusa la telepatia, in linea con gli standard metodologici più rigorosi.

Culturalmente, l'idea che le menti possano essere "entangled" risuona profondamente. Da film come Interstellar, che esplora dimensioni parallele e la possibilità di contatti mentali attraverso il tempo e lo spazio, a riferimenti più tradizionali come i racconti di telepatia nei romanzi dell'Ottocento, la connessione mentale continua a stimolare l'immaginazione popolare.

La non-località quantistica e le sue giustapposizioni con il paranormale ci invitano a riflettere sulle possibilità che il nostro universo nasconda ancora regole inesplicabili e connessioni invisibili. Mentre la scienza moderna continua a esplorare e a porsi domande, il fascino per ciò che sfugge alla concretezza fisica alimenta il nostro desiderio di scoprire. Se un giorno la fisica quantistica fornirà veramente una chiave interpretativa ai misteri della mente e del paranormale, non possiamo ancora dirlo con certezza. Tuttavia, la ricerca e la curiosità umana ci ricordano che ogni ipotesi, anche quella più audace, può ancora trovare spazio nel grande disegno della conoscenza.

Psicocinesi. La mente che influenza la materia.

La frontiera tra scienza e misticismo, da sempre nebuloso confine tra il verificabile e l'inspiegabile, torna ad animarsi nel dibattito moderno attraverso un ponte di condivisione concettuale: la non-località quantistica. Fenomeni come la psicocinesi, l'intrigante ipotesi che la mente possa influenzare la materia a distanza, si insinuano nel discorso scientifico, spingendoci a riconsiderare i limiti della nostra comprensione della realtà.

Psicocinesi e non-località. Un amalgama controverso.

La psicocinesi, o PK, affascina e divide da decenni. Si parla dell'abilità della mente di influenzare oggetti distanti senza intervento fisico diretto. Da Uri Geller, famoso per i suoi esperimenti di piegamento dei cucchiai, alle indagini di laboratorio condotte dal *Princeton Engineering Anomalies Research* (PEAR), l'idea che la coscienza possa interagire direttamente con la materia ha continuamente suscitato attenzione e scetticismo.

I fenomeni di entanglement quantistico, però, hanno nuovamente aperto spiragli d'interesse. Particelle legate da questo fenomeno mantengono una connessione istantanea a dispetto della distanza. Questa è una conferma non troppo remota dal concetto di mente che si estende oltre il corpo fisico. Come ha detto Einstein, questa è la "spaventosa azione a distanza" che non smette di turbare e ispirare.

La natura controintuitiva della meccanica quantistica solleva domande insistenti. Gli approcci interpretativi del mondo quantistico si diversificano in modo quasi metafisico: il modello di Copenaghen suggerisce che la realtà esiste solo nel momento dell'osservazione; la teoria dei mondi multipli di Everett apre a universi paralleli dove ogni possibilità quantistica è attuata; la meccanica bohmiana introduce una guida implicita, una sorta di campo di informazione globale che potrebbe alludere a un'intricata rete di connessioni invisibili.

E se, in questo spettro di possibilità, la realtà mentale e quella fisica fossero più connesse di quanto crediamo? Fenomeni paranormali come la psicocinesi possono non solo sfidare il nostro attuale paradigma scientifico, ma forse anche invitarci a considerare interpretazioni più ampie e visionarie.

Un dialogo infinito tra : scienza e cultura.

Mentre la comunità scientifica rimane generalmente scettica riguardo alla PK, la possibilità di una simile connessione mentale-materica stimola una ricca produzione narrativa.

Non è soltanto nel laboratorio che questi concetti proliferano; la cultura pop ha sempre flirtato con l'idea che la mente possa modellare il mondo fisico. La letteratura e il cinema, da Philip K. Dick a Christopher Nolan con il suo "Inception", esplorano ossessivamente mondi dove il pensiero conquista la realtà fisica.

"Inception" di Christopher Nolan.

Un esempio emblematico è il film "Inception" di Christopher Nolan, dove i sogni e la realtà si intrecciano in una danza complessa che sfida il concetto di tempo e spazio. In "Inception", la mente diventa il terreno di gioco supremo, capace di costruire e distruggere città intere, come se i pensieri stessi potessero manipolare la materia.

Nolan, attraverso il suo stile narrativo intricato, esplora l'idea che la consapevolezza umana possa non solo percepire ma anche alterare la realtà fisica, un parallelo suggestivo con le ipotesi sulla PK. Nell'universo di "Inception", il concetto che i sogni possano essere un mezzo per alterare il mondo reale riflette, in modo simbolico, il sogno stesso della psicocinesi: la capacità di agire sul mondo senza toccarlo.

Il film, noto per la sua complessa narrazione e i suoi innovativi effetti visivi, esplora la possibilità che i sogni siano più che mere esperienze private; possono essere strumenti per manipolare la realtà stessa. Nel film, Dom Cobb (interpretato da Leonardo DiCaprio) è un ladro specializzato nel "rubare" idee dal subconscio delle persone attraverso la condivisione del sogno. Tuttavia, la vera sfida per lui e il suo team è l'"inception": l'impiantare un'idea nel subconscio di qualcuno, in modo che questa idea cresca autonomamente come un pensiero originale.

Nel contesto di "Inception", i sogni diventano un terreno di orchestrazione e manipolazione della realtà, riflettendo in modo simbolico la natura della psicocinesi. Ad esempio, i protagonisti costruiscono interi mondi onirici dettagliati nel subconscio dei loro obiettivi, influenzando il comportamento delle persone nel mondo reale una volta sveglie. Così come la psicocinesi permette, nella teoria paranormale, di influenzare la materia con la mente, i personaggi di "Inception" alterano decisioni e convinzioni reali attraverso la manipolazione dei sogni.

Un momento cruciale nel film si presenta quando Cobb tenta di impiantare un'idea nel subconscio di Robert Fischer (interpretato da Cillian Murphy), l'erede di un impero commerciale. La missione porta il team attraverso sogni dentro sogni, strati su strati di realtà, ognuno dei quali deve essere costruito e gestito attentamente per evitare il collasso. Questa manipolazione del sogno-struttura per influenzare il subconscio di Fischer è una rappresentazione drammatica della possibilità che la mente possa plasmare la realtà, un tema centrale nella psicocinesi.

Sebbene la scienza non confermi l'esistenza della psicocinesi, la continua esplorazione di tali idee nella cultura popolare evidenzia il profondo fascino e il desiderio umano di trascendere i limiti del fisico con la forza del pensiero. "Inception" diventa così un simbolo potente di questo desiderio, in cui i sogni non sono soltanto visioni notturne, ma strumenti di interazione con la realtà. Questo ponte tra mente e mondo, rappresentato artisticamente e narrativamente, continua a stimolare una serie di domande affascinanti: cosa succederebbe se potessimo davvero padroneggiare il mondo fisico attraverso la pura forza mentale? E se i confini tra il sogno e la realtà, tra possibile e impossibile, fossero più sottili di quanto pensiamo?

"Ubik" e l'influenza della mente sulla realtà,

La fascinazione per un simile potere mentale si estende anche ai media popolari oltre il cinema. In letteratura, autori come Philip K. Dick hanno esplorato temi correlati, dove la percezione e la realtà si fondono in modi inusuali, aprendo la discussione su poteri mentali sopiti e sulle frontiere del possibile. In particolare, opere come "Ubik" esaminano l'influenza della mente sulla realtà, suggerendo la possibilità di un'interazione continua tra percezione e mondo fisico.

La psicocinesi, o PK, si riferisce alla capacità di influenzare fisicamente l'ambiente circostante solo con il potere della mente. Anche se attualmente non supportata dalla scienza convenzionale, questa teoria affascina per le sue potenziali implicazioni sulla natura della realtà stessa. Non sorprende quindi che autori di fantascienza, come Philip K. Dick, abbiano esplorato questi temi nei loro lavori letterari, creando mondi dove la percezione e la realtà si intrecciano in modi sorprendenti.

"Ubik" è stato pubblicato nel 1969, quando questi argomenti non erano ancora popolari come lo sono ora. Il romanzo dipinge un futuro distopico in cui la morte non è definitiva e le persone possono essere conservate in uno stato di sospensione semi-viva, chiamata "mezzo-vita". Qui le percezioni soggettive dei protagonisti sono continuamente messe in discussione, e la linea tra il sogno e la realtà diventa sottilissima.

"Ubik" esplora l'influenza della mente sulla realtà attraverso diversi personaggi, tra cui Joe Chip e Glen Runciter. Chip, un tecnico di sicurezza, si trova in un caos di eventi distorti, indugiando in una lotta tra realtà che sembrano regredire nel tempo, con oggetti che si trasformano in versioni obsolete di se stessi. Questo graduale degrado della realtà percepita è una metafora potentissima per la psicocinesi, suggerendo la possibilità che le menti dei protagonisti stiano inconsciamente alterando il mondo fisico intorno a loro.

La figura di Runciter, il quale inizialmente appare morto durante un'intricata operazione commerciale, diventa una sorta di guida ultraterrena per Chip. I messaggi criptici di Runciter che appaiono dappertutto (su monete, manifesti, e addirittura bollette) fungono da paradigma dell'interazione fra mondo fisico e menti umane. In "Ubik", l'apparente comunicazione dall'oltretomba sfida la nozione materialistica della realtà e impone al lettore di considerare la possibilità di una connessione non-locale, simile a quella postulata nella meccanica quantistica.

Uno degli elementi più emblematici del romanzo è l'introduzione del misterioso spray "Ubik", un prodotto che sembra stabilizzare la realtà e fermare il declino temporale percepito dai personaggi. Questo "correttivo" rappresenta l'estremo della possibilità psicocinetica — un oggetto creato e utilizzato per riportare il controllo mentale su una realtà altrimenti sfuggente e caotica.

Philip K. Dick utilizza queste trame contorte per indagare come la mente possa percepire e potenzialmente alterare la realtà. La sua esplorazione del concetto si avvicina alla psicocinesi, evocando i misteri della meccanica quantistica, dove i fenomeni di non-località e sovrapposizione sfidano la nostra comprensione lineare dello spazio e del tempo. Con "Ubik", Dick non solo racconta una storia avvincente, ma invita i lettori a considerare possibilità latenti di poteri mentali e le frontiere ignote tra percezione, coscienza e realtà esterna.

Le tre stigmate di Palmer Eldritch.

Anche in "The Three Stigmata of Palmer Eldritch", dove il confine tra il mondano e il trascendente è costantemente superato, Dick suggerisce un mondo in cui la coscienza può riscrivere la realtà.

Il romanzo è ambientato in un futuro distopico, dove l'umanità ha colonizzato alcuni pianeti del sistema solare. In questo contesto, le droghe ricreative sono diventate il mezzo principale per sfuggire all'opprimente realtà quotidiana. La droga "*Can-D*" permette ai consumatori di sperimentare una realtà condivisa, ma il suo effetto è di breve durata. Entra in scena Palmer Eldritch, un enigmatico imprenditore interplanetario che introduce una nuova droga, la "*Chew-Z*". A differenza della Can-D, la Chew-Z offre un'esperienza che trascende il tempo e lo spazio, spingendo i limiti della percezione e della realtà.

La Chew-Z non solo permette ai suoi utilizzatori di creare mondi personali, ma anche di piegarli fuori dal dominio delle leggi fisiche tradizionali. È in questo punto che possiamo vedere come Dick gioca con l'idea della psicocinesi. La droga permette alla coscienza di riscrivere realtà tangibili, suggerendo che la mente umana, se opportunamente potenziata, potrebbe esercitare un'influenza diretta e forse meccanica sul mondo fisico.

Il personaggio di Palmer Eldritch stesso diventa un simbolo trascendentale. Dotato delle sue tre stimmate (la mano d'argento, i denti di metallo e un occhio artificiale) Eldritch rappresenta un'intrusione aliena nell'esperienza umana. Queste trasformazioni fisiche più che simboli, si manifestano come elementi di un potere onnipresente, un'eco delle possibilità offerte dalla non-località quantistica, dove una mente può toccare un'altra istantaneamente attraverso lo spazio infinito.

I protagonisti di Dick vivono in un costante stato di confusione percettiva, con Leo Bulero e Barney Mayerson che sperimentano realtà multiple e distorte sotto l'influenza della Chew-Z. Questa continua re-immaginazione del reale si connette direttamente alle speculazioni paranormali della psicocinesi, ponendo la domanda su quanto sia potente la mente umana nel modellare la propria esperienza esistenziale.

Culturalmente, l'influenza di Dick risuona in opere che esplorano l'impatto dell'alterazione della realtà attraverso la percezione, però spinge ancora oltre, dissolvendo completamente i confini tra il reale e il possibile, e proponendo un universo dove la coscienza umana stessa potrebbe essere l'autore finale della sua storia.

In conclusione, Philip K. Dick ci invita a riflettere sulla sorprendente congiunzione tra scienza e metafisica, tra il tangibile e il trascendentale. *"The Three Stigmata of Palmer Eldritch"* rimane un'opera fondamentale per chiunque sia interessato alle contorte possibilità che emergono quando la scienza moderna incrocia il regno del paranormale.

Carl Jung e il concetto di sincronicità.

Nel contesto filosofico e spirituale, è impossibile non menzionare Carl Gustav Jung, il celebre psicanalista svizzero, che avanzò il concetto di sincronicità. Jung definì la sincronicità come una *"coincidenza significativa"* tra eventi che non sono legati da un nesso causale evidente, ma che possiedono un legame simbolico e profondo. Questa idea si affianca al principio della non-località, suggerendo che vi possano essere connessioni sottili e universali che operano al di là della nostra comprensione razionale. Jung, in collaborazione con il fisico Wolfgang Pauli, esplorò le implicazioni della meccanica quantistica per la psicologia, ipotizzando che la mente e la materia potessero essere connesse a un livello più profondo e misterioso.

La nozione di sincronicità di Jung richiama una curiosa analogia con la non-località quantistica: entrambe le idee sfidano la nostra comprensione lineare di causa ed effetto. Mentre la non-località ci dice che due particelle possono influenzarsi a vicenda istantaneamente senza interazione diretta, la sincronicità suggerisce che eventi separati nel tempo e nello spazio possano essere collegati da significati comuni che trascendono qualsiasi spiegazione logica. Questo solleva un interrogativo affascinante: esiste un substrato universale di connessioni invisibili che collega la coscienza umana al tessuto della realtà quantistica?

Jung introdusse il concetto di dimensione psicoide, che punta a una profonda interconnessione tra psiche e materia, un terreno comune che va oltre l'osservabile. Per Jung, la struttura dell'inconscio collettivo, popolato da archetipi universali, può manifestarsi in fenomeni che apparentemente sfidano le leggi della fisica.

La dimensione psicoide suggerita da Jung accoglie l'idea che la realtà mentale e quella materiale non siano entità separate, ma piuttosto aspetti integrati di un unico processo cosmico. In conversazioni con Wolfgang Pauli, un eminente fisico quantistico, Jung esplorò la possibilità che eventi sincronistici rappresentassero questa connessione profonda, una risonanza tra la psiche e la fisica. La sincronicità, una "coincidenza significativa" priva di un evidente legame causale, diventa così un esempio pratico di come il principio di non-località possa essere osservato non solo nel microcosmo delle particelle subatomiche ma anche nella nostra vita quotidiana.

Un aneddoto spesso citato sugli incontri tra Pauli e Jung riguarda la "maledizione di Pauli", un fenomeno che appare confermare, seppur in modo ironico e superstizioso, l'influenza mentale sulla materia. La leggenda narrava che le attrezzature scientifiche tendevano a guastarsi quando Pauli si trovava nei pressi di un laboratorio, un curioso esempio di come una presenza mentale potesse influenzare la realtà fisica.

Nei campi del paranormale, la psicocinesi si è materializzata in esperimenti e narrazioni speculative. Famosi esperimenti condotti nel *Massachusetts Institute of Technology* e in altri prestigiosi istituti hanno tentato, con risultati controversi, di misurare l'effetto della mente sulla materia. Anche se la scienza ortodossa continua a rimanere scettica nei confronti di questi fenomeni, non si può negare l'interesse che essi suscitano nel cercare di spiegare quella che potrebbe essere una manifestazione più ampia della non-località quantistica.

Sul piano culturale, le implicazioni della dimensione psicoide e della non-località hanno affascinato artisti e scrittori. Le opere di Philip K. Dick, per esempio, spesso esplorano la fusione tra realtà soggettiva e oggettiva, creando mondi in cui i confini tra mente e materia si confondono. Nella narrativa fantascientifica e metafisica, si trovano spesso espressioni delle tensioni tra libertà mentale e determinismo fisico, temi che Jung stesso ha contribuito a elevare a un livello più profondo di consapevolezza.

Il dialogo tra la meccanica quantistica e le teorie psicologiche di Jung offre una ricca tela su cui possiamo esplorare le intersezioni tra mente e materia. Anche se le teorie quantistiche rimangono per lo più nel dominio della fisica, esse aprono la porta a ripensamenti radicali su come concepiamo la realtà. Queste idee non solo stimolano il nostro immaginario ma ci invitano a indagare più a fondo le potenzialità insondate della mente umana, suggerendo che la coscienza e l'universo potrebbero essere entità più interconnesse di quanto abbiamo mai immaginato.

In definitiva, mentre la scienza tradizionale indaga i misteri della non-località, e la filosofia esplora la sincronicità e altre teorie dei fenomeni psichici, emerge la suggestione che vi possano essere livelli inesplorati della realtà dove le regole classiche della fisica sono solo una parte del quadro più vasto e complesso delle leggi dell'esistenza. Il dialogo tra questi domini può dunque non solo espandere la nostra comprensione dell'universo, ma anche avvicinarci a nuovi modi di pensare la connessione tra mente, materia e il grande mistero della vita stessa.

Spostamento degli oggetti. Il poltergeist.

Un tema intrinsecamente legato alla non-località quantistica è la psicocinesi (PK), il supposto potere della mente di influenzare oggetti fisici a distanza. Tra i più enigmatici tra questi fenomeni, vi è quello dei poltergeist, con manifestazioni che includono inspiegabili spostamenti di oggetti.

Nel regno degli eventi inspiegabili e dei fenomeni che sfidano la logica, il poltergeist rappresenta un intrigante enigma, un crocevia dove la fisica classica incontra le speculazioni quantistiche e le teorie paranormali. Chiunque abbia mai sentito parlare di poltergeist, parola tedesca che si traduce in "spirito rumoroso", sa che si tratta di fenomeni apparentemente non ordinari di spostamento di oggetti, rumori inspiegabili e, in generale, un'attività che sfida il senso comune del mondo fisico.

La questione dei poltergeist è stata a lungo un terreno fertile per storie di fantasmi e racconti dell'orrore, ma è anche emersa come un campo d'interesse per investigazioni parapsicologiche. Un esempio classico è il caso di Enfield. Tra urla, mobili che si spostavano e voci insolite, il fenomeno di Enfield ha ricevuto un vasto interesse mediatico e cinematografico, rimanendo ancora oggi una delle più celebri e dibattute manifestazioni di poltergeist.

Il caso di Enfield, verificatosi negli anni '70 in un tranquillo sobborgo inglese, è uno degli esempi più celebri e controversi associati al fenomeno del poltergeist. Ha attratto l'attenzione sia del pubblico sia degli investigatori di fenomeni paranormali grazie alla sua intensità e alle numerose testimonianze dirette.

Tutto ebbe inizio nell'agosto del 1977, quando la famiglia Hodgson, residente in una modesta casa bifamiliare a Enfield, iniziò a riportare strani fenomeni all'interno della loro abitazione. Peg e i suoi quattro figli furono testimoni di una serie di avvenimenti inspiegabili, tra cui colpi alle pareti, mobili che si muovevano da soli, oggetti lanciati attraverso le stanze e suoni inquietanti come voci e urla stridenti.

Uno degli episodi più famosi coinvolse una poltrona che si spostava inspiegabilmente attraverso la stanza, un fenomeno osservato non solo dalla famiglia ma anche da alcuni testimoni esterni, tra cui vicini e personale investigativo. Gli eventi furono riportati dettagliatamente dai media locali, portando alla ribalta nazionale e internazionale il caso di Enfield.

Anche se gli scettici suggerirono che i fenomeni fossero una messa in scena, investigatori come Maurice Grosse e Guy Lyon Playfair, membri della *Società per la Ricerca Psichica*, passarono molto tempo con la famiglia Hodgson e registrarono una vasta gamma di attività anomale. Le loro documentazioni includevano rumori inspiegabili e voci gutturali provenienti da Janet, una delle figlie, fenomeni che avevano pochi precedenti nella ricerca di fenomeni paranormali.

Il caso di Enfield rimane, ad oggi, uno dei più documentati e studiati nel campo del poltergeist, suscitando sia interesse che scetticismo nel mondo scientifico e occulto, e viene spesso citato in discussioni sui limiti della nostra comprensione della realtà e delle possibilità della mente umana di interagire misteriosamente con l'ambiente fisico.

Il poltergeist, quindi, non è solo un enigma da risolvere, ma una porta aperta su un universo di possibilità, un punto d'incontro tra la curiosità umana e il mistero insito nell'esistenza stessa. Una sfida continua per gli scienziati e i filosofi, alla ricerca della vera natura di un fenomeno che potrebbe avere radici nella struttura più profonda della realtà.

L'"effetto Pauli".

Nel tentativo di dare un fondamento teorico a tali fenomeni, alcuni studiosi hanno ipotizzato collegamenti con la meccanica quantistica, in particolare il concetto di non-località, che in fisica si riferisce alla capacità delle particelle di influenzarsi istantaneamente a grandi distanze. Anche se la fisica quantistica opera su scale subatomiche, figure come il fisico Wolfgang Pauli hanno suscitato interesse con incidenti personali sorprendenti, noti come "effetto Pauli".

L'effetto Pauli è un fenomeno curioso associato al fisico Wolfgang Pauli per la sua capacità, con la sola presenza, di causare malfunzionamenti nei laboratori scientifici. L'effetto Pauli è un fenomeno curioso associato al fisico Wolfgang Pauli per la sua capacità, con la sola presenza, di causare malfunzionamenti nei laboratori scientifici. Nonostante non ci siano prove concrete (per esempio, filmati) che possano confermare tale effetto, la leggenda continua a incuriosire sia scienziati sia appassionati di fenomeni paranormali.

L'effetto Pauli prende il nome da Wolfgang Pauli, uno dei fisici teorici più eminenti del XX secolo, noto per il suo "principio di esclusione" che ha contribuito in modo fondamentale alla meccanica quantistica. L'effetto Pauli si riferisce a una serie di episodi in cui accadeva che la sola presenza fisica di Pauli in un laboratorio scientifico causasse malfunzionamenti o guasti inattesi alle apparecchiature tecniche.

Molti dei colleghi di Pauli raccontarono aneddoti dove, in presenza di Pauli, si sarebbero verificati guasti misteriosi. Ad esempio, si narra che un esperimento particolarmente complesso fu interrotto da un'esplosione quando Pauli entrò nel laboratorio. Otto Stern, un collega di Pauli, fu tra quelli che aveva aneddoti su come gli strumenti cessavano di funzionare correttamente quando Pauli era nei paraggi. Nonostante il carattere aneddotico di queste storie, la frequenza con cui si verificavano creò una sorta di cultura del mito attorno al "tocco maledetto" di Pauli.

Otto Stern gli proibì di visitare il suo laboratorio. Pare che altri colleghi non l'avessero fatto solo per riguardo alla sua autorevolezza scientifica.

Le spiegazioni dell'effetto Pauli variano. Alcuni lo considerano una coincidenza amplificata dal fascino per il lato enigmatico della personalità di Pauli e la sua mente brillante. Altri si sono chiesti se, in qualche modo, il concetto di non-località nella meccanica quantistica possa offrire una spiegazione, sebbene questa sia in gran parte una speculazione piuttosto che una teoria scientifica. Alcuni riferimenti potrebbero indicare che il "campo energetico" di una persona potrebbe influenzare il funzionamento delle attrezzature, ma queste spiegazioni non trovano riscontro nel metodo scientifico classico.

Carl Jung, famoso psicoanalista e grande amico di Pauli, aveva un interesse particolare per i fenomeni che si trovano al confine della realtà empirica, come le sincronicità. Jung e Pauli collaborarono su ricerche che esploravano la connessione tra psicologia e fisica, il che potrebbe includere considerazioni sull'effetto Pauli.

Jung riteneva che esistessero fenomeni in cui eventi fisici e psicologici sembravano significativi e sincronici al di fuori della causalità.

La collaborazione dei due scienziati esplorava l'integrazione tra il mondo interiore della psiche e l'universo esterno della fisica, suggerendo una realtà in cui potrebbe esistere un legame non ancora compreso tra mente e materia.

L'effetto Pauli può essere visto come un esempio di come la scienza e il paranormale talvolta si intersecano nella percezione pubblica e come tali racconti possano persistere come parte non spiegata del folklore della comunità scientifica. Inoltre, la collaborazione tra Pauli e Jung rappresenta un importante collegamento culturale tra il mondo della fisica e quello della psicologia, evidenziando l'interesse umano per comprendere i fenomeni che non rientrano facilmente entro i parametri della scienza convenzionale.

Il "professor Fliegende".

Tra i fenomeni paranormali, i poltergeist sono forse i più connessi alla nozione di psicocinesi. Viste come entità o forze che muovono oggetti senza contatto visibile, tali manifestazioni sono state documentate e studiate da parapsicologi che ipotizzano un legame con l'energia mentale umana, in particolare degli adolescenti, come una forma inconscia di PK.

Hans Bender, figura leggendaria nel campo delle ricerche parapsicologiche, ha dedicato la vita a indagare su fenomeni apparentemente inspiegabili come la psicocinesi (PK).

Hans Bender, noto come "*il professor Fliegende*" (il professore volante) per il suo dinamismo e la sua continua ricerca di spiegazioni oltre il percepito, è stato una delle voci più influenti negli studi sulla parapsicologia del Novecento. Bender ha diretto il *Forschungsstelle für Parapsychologie* presso l'Università di Friburgo, un centro d'avanguardia dedicato allo studio scientifico di fenomeni paranormali come i poltergeist, le apparizioni, e appunto la psicocinesi. Egli ha lavorato per inserire queste ricerche nel contesto scientifico, tentando di costruire un ponte tra la fisica quantistica e ciò che tradizionalmente veniva classificato come esoterismo.

Bender e i suoi collaboratori hanno condotto esperimenti rigorosi per validare la possibilità della psicocinesi, fenomeno in cui un individuo, attraverso la sola forza mentale, potrebbe influenzare oggetti fisici. Nonostante il risultato spesso controverso e difficile da replicare, alcuni esperimenti hanno comunque suggerito una connessione sottile tra mente e materia, riscaldando il dibattito scientifico e culturale.

Accanto a Hans Bender, il panorama della ricerca parapsicologica è popolato da altre figure di spicco, come J.B.

Rhine, fondatore di uno dei primi laboratori di psicologia presso la *Duke University*, che ha coniato il termine ESP (percezione extrasensoriale). Rhine ha tentato di dimostrare scientificamente la possibilità di fenomeni come la telepatia e la chiaroveggenza, usando metodi statistici innovativi per l'epoca. Il suo approccio sperimentale ha influenzato non solo la parapsicologia ma ha creato una connessione culturale con altri ambiti della scienza.

Nel regno della non-località quantistica, la ricerca del comprensibile all'interno dell'inspiegabile continua ad affascinare scienziati e appassionati del mistero, offrendo un intrigante tessuto di speculazione e scienza, dove la capacità della mente di interagire con la materia rimane un enigma in attesa di essere svelato.

I poltergeist e la psicocinesi ci spingono a riflettere su vulnerabilità e limiti della nostra comprensione del mondo, sollevando domande fondamentali: la mente umana, in condizioni particolari, può veramente infrangere le leggi della fisica così come le conosciamo? Le risposte a queste domande potrebbero risiedere non solo nei futuri sviluppi della fisica quantistica, ma anche nella nostra capacità di rivolgerci con una nuova mente aperta a quella zona di confine tra il noto e l'ignoto, tra la scienza empirica e l'insondabile.

La mente come potente agente trasformativo nel buddismo e nel taoismo.

Culturalmente, l'idea che i pensieri possano avere un effetto tangibile sulla realtà non è nuova. Nelle tradizioni spirituali e filosofiche di tutto il mondo, esiste l'idea che il pensiero e la intenzione possano influenzare il mondo fisico. Ad esempio, nel buddismo e nel taoismo, la mente è vista come un potente agente trasformativo che può colpire il flusso delle energie nel mondo.

Ad esempio, nel buddismo, l'enfasi è posta sull'interconnessione di tutti gli esseri e sulla natura illusoria della realtà percepita. Secondo il buddismo, coltivare una mente pura può influenzare il mondo interno ed esterno, un principio incarnato nei *bodhisattva*, figure illuminate che si dice abbiano il potere di portare benedizioni tangibili a chi li circonda.

Un altro esempio calzante è il taoismo. Questa filosofia cinese antica, immortalata nel classico "*Tao Te Ching*" di Laozi, sostiene che armonizzandosi con il Tao, o "*la Via*", si possa accedere a una fonte di forza vitale universale, il "*Qi*". Il Taoismo enfatizza il *Wu Wei*, un principio di azione senza sforzo, che suggerisce che la vera potenza scaturisce dal vivere in conformità con il naturale flusso delle energie cosmiche. Si narra che il leggendario Laozi stesso fosse capace di compiere prodigi semplicemente attraverso l'attivazione e la canalizzazione del "*Qi*".

Ciò che è, e ciò che potrebbe essere.

In conclusione, l'idea che la mente possa influenzare la materia è un crocevia dove convergono fisica, metafisica e cultura, stimolando un dialogo senza tempo sulle potenzialità inespresse dell'essere umano. Sebbene la scienza continui a cercare risposte definite, il mistero persiste, incitando curiosi e credenti a esplorare i limiti dell'immaginazione e del possibile.

Anche i fumetti, con serie come "*X-Men*", presentano personaggi con abilità telecinetiche, come Jean Grey, la cui capacità di manipolare la materia con la mente rende tangibile la fusione tra scienza speculativa e fantasia.

Tuttavia, i collegamenti tra non-località quantistica e poteri paranormali come la PK non sono sostenuti dalla fisica rigorosa. La scienza richiede prove empiriche e riproducibili, un'area dove i fenomeni PK non sono ancora riusciti a stabilirsi. Tuttavia, il fascino della PK risiede nella sua capacità di costringerci a riconsiderare i limiti della mente umana.

Il dialogo tra scienza e paranormale, dunque, non riguarda solo ciò che è, ma ciò che potrebbe essere. Questo emergere di nuove prospettive, seppur speculative, arricchisce il mosaico delle possibilità umane, spronandoci a esplorare con la mente ciò che il cuore intuisce essere vero. E così, mentre continuiamo a esplorare i confini della conoscenza, l'ecosistema della non-località quantistica ci spinge a immaginare mondi dove l'immateriale e il fisico si incontrano, unendo il potere del pensiero al cuore pulsante della materia.

Queste esplorazioni, aneddoti e dibattiti ci incalzano a pensare oltre, a guardare dove la fisica quantistica ci offre una lente attraverso cui potremmo eventualmente discernere il subliminale impatto che la mente potrebbe esercitare sul mondo. Un avventura d'indagine tanto affascinante quanto essenzialmente umana, sollevando il velo della certezza verso le misteriose ombre del possibile. La non-località potrebbe non essere la chiave della psicocinesi, ma certamente ci invita a estendere il nostro sguardo oltre l'orizzonte tangibile.

Esperimenti e modelli interpretativi nella meccanica quantistica.

La non-località quantistica rappresenta una frontiera misteriosa ed affascinante. Questo principio, che sfida la nostra comprensione tradizionale della separazione spazio-temporale, è stato reso celebre da fenomeni come l'entanglement quantistico e gli esperimenti che ne verificano la validità. Ma cosa succede quando questi concetti vengono applicati al dominio del paranormale, ad esempio alla psicocinesi, ossia la presunta capacità della mente di influenzare la materia a distanza?

La psicocinesi è spesso relegata nel regno delle pseudoscienze, eppure l'idea che la mente possa influenzare il mondo fisico a distanza affascina filosofi, scienziati e scrittori da secoli. In questo contesto, la non-località quantistica offre uno spiraglio di comprensione teorica. Secondo questa visione, la mente e la materia potrebbero essere interconnesse attraverso meccanismi ancora sfuggenti, simili a quelli osservati nell'entanglement quantistico.

Diverse interpretazioni della meccanica quantistica offrono prospettive uniche sul fenomeno della psicocinesi. La meccanica di Bohm, ad esempio, propone un'interpretazione dove le particelle sono guidate da onde pilota, suggerendo un ordine implicito nel quale tutte le cose sono connesse; una visione che potrebbe teoricamente sostenere l'idea di una mente che opera a distanza. D'altro canto, il multiverso della *"Many-Worlds Interpretation"* di Everett, vista spesso come materiale ideale da sceneggiatura hollywoodiana, come nel film *Interstellar*, ispira l'idea che la psicocinesi potrebbe implicare uno spostamento tra realtà parallele.

Nonostante la mancanza di prove scientifiche concrete, ci sono stati numerosi esperimenti nel tentativo di dimostrare la realtà della psicocinesi. Famoso è *l'esperimento di Pear*, lanciato dalla *Princeton University*, dove ricercatori monitoravano l'interazione di individui con generatori di eventi casuali, cercando di identificare una correlazione tra mente e materia.

Tra i tentativi più audaci di esplorare l'influenza della mente sulla materia si annovera l'esperimento del *Princeton Engineering Anomalies Research* (PEAR) guidato dal fisico Robert G. Jahn e dalla psicologa Brenda Dunne.

Negli anni '70 e '80, la non-località quantistica rappresentava un concetto rivoluzionario, sostenendo che le particelle potessero influenzarsi reciprocamente istantaneamente, a prescindere dalla distanza che le separava. Jahn, allora decano della *School of Engineering and Applied Science di Princeton*, decise di avventurarsi in questo campo incerto, esplorando se la coscienza umana potesse influenzare sistemi fisici.

Al cuore degli esperimenti di PEAR c'era un apparato di generazione di eventi casuali (REG), un dispositivo che produceva una sequenza casuale di simboli, simile al lancio di una moneta. Ai partecipanti veniva chiesto di "influenzare" mentalmente il dispositivo perché producesse un certo risultato, sfidando le leggi della probabilità.

Oltre dieci anni di sperimentazione intensiva furono dedicati a determinare se l'intenzionalità umana potesse, in qualche modo, influenzare il comportamento statistico di questi generatori random. PEAR coinvolse numerosi soggetti, dai ricercatori agli studenti, ciascuno invitato a focalizzarsi sulla loro capacità di alterare i risultati. Centrale in questa ricerca era Brenda Dunne, la coordinatrice del laboratorio e collaboratrice chiave di Jahn. La sua formazione in psicologia fu cruciale per interpretare i dati e moderare le interazioni umane con l'apparato.

Gli esperimenti furono strutturati con rigore scientifico per affrontare bias e variabili confondenti, ma i risultati furono spesso comunque oggetto di critiche da parte della comunità scientifica. Nonostante le critiche, Jahn e Dunne continuarono a pubblicare studi che mostravano deboli ma persistenti deviazioni dai risultati attesi casualmente, sostenendo che la coscienza umana poteva effettivamente avere un impatto misurabile.

La narrativa di PEAR è costellata di storie di soggetti che affermavano di "sentire" una connessione con il REG, percependo se stessi come parte di un fenomeno più grande. Quest'esperienza soggettiva, spesso descritta in termini quasi mistici, sembrò rinforzare in alcuni partecipanti la convinzione nelle teorie di psicocinesi, la capacità della mente di influenzare la materia.

Un fatto particolarmente intrigante emerso dalle ricerche di PEAR riguarda l'evento tragico dell'11 settembre 2001, quando gli attacchi alle Torri Gemelle sconvolsero il mondo. In quell'occasione, il *Global Consciousness Project*, nato come naturale estensione degli studi di PEAR e diretto da Roger Nelson, osservò delle anomalie significative nei dati raccolti dai REG. Prima, durante e dopo gli attacchi, i dispositivi mostravano una deviazione dalle norme statistiche attese, suggerendo una sorta di "fluttuazione cosciente" collettiva.

La deviazione dei valori rilevati dimostrava che l'imminenza dell'evento aveva scovolato anticipatamente le coscienze delle popolazioni coinvolte nel tragico evento.

Questo fenomeno sollevò domande provocatorie: la mente collettiva dell'umanità era in qualche modo in grado di rilevare o anticipare un evento di tale portata? Le osservazioni suggerite da Nelson indicavano una correlazione che molti interpretavano come un segnale di una coscienza globale, anche se le interpretazioni rimangono ardentemente dibattute.

Robert G. Jahn, con il suo acume scientifico e la sua disponibilità a esplorare territori inesplorati, diventò un'icona accademica delle possibilità estese della coscienza. Insieme a Brenda Dunne, coordinatrice e coautrice di numerosi studi, Jahn sfidò la comunità scientifica ad espandere il proprio orizzonte di ricerca. Dunne svolse un ruolo cruciale, contribuendo a dare forma e struttura ai risultati per garantire che questi fossero comprensibili e accessibili.

Mentre molte critiche continuano a definire i risultati del progetto PEAR e delle sue estensioni come aneddotici, tali esperimenti hanno certamente ampliato la gamma delle ipotesi ammissibili. Gli studi non dimostrano con certezza la realtà dei fenomeni paranormali, ma riescono a mantenere viva la discussione sulla vera natura della coscienza e la sua potenziale influenza sul mondo fisico.

In un'epoca in cui l'interconnessione è ormai scientificamente accettata a livello quantistico, eventi come gli esperimenti PEAR e le loro connessioni con avvenimenti globali offrono spunti di riflessione affascinanti. Continuano a sfidare i limiti conosciuti dalla scienza e nutrono il dibattito sulla possibile estensione delle capacità umane, suggerendo un universo molto più complesso e interconnesso di quanto spesso immaginiamo.

La profezia autoavverante" di William Thomas.

Un curioso collegamento culturale è il riferimento alla famosa *"profezia autoavverante"* di William Thomas, un concetto non dissimile dall'intento di chi partecipava agli esperimenti di PEAR.

Secondo William Thomas le aspettative e le credenze degli individui possono influenzare la realtà fisica. Questo concetto appare sorprendentemente in sintonia con le intenzioni degli sperimentatori del PEAR, dove la coscienza e l'intenzione umana sembrano avere un impatto misurabile sugli eventi fisici.

La profezia autoavverante viene spesso illustrata con l'aneddoto dello *"spirito di Chicago"* descritto da Thomas, dove un gruppo di persone comincia a credere che una banca sia sull'orlo del fallimento. Questa paura, per quanto infondata, porta effettivamente al collasso della banca a causa del panico che spinge i clienti a ritirare i loro fondi. In questo senso, le credenze diventano realtà, proprio come le onde di probabilità che collassano in un risultato specifico in meccanica quantistica.

Nei laboratori del PEAR, guidati da Robert G. Jahn e Brenda Dunne, centinaia di esperimenti sono stati progettati per esaminare il modo in cui l'intenzione umana poteva influenzare dispositivi casuali. Partecipanti provenienti da diverse estrazioni culturali e professionali si sono prestati a concentrare la loro volontà sui generatori di eventi casuali, nella speranza di deviare i risultati oltre le aspettative puramente statistiche.

L'idea che la coscienza possa interagire con la realtà fisica rimanda a un'antica credenza nelle capacità psichiche umane, come la psicocinesi.

Complessivamente, il lavoro del PEAR e il concetto di "profezia autoavverante" di Thomas sollevano domande affascinanti sui limiti della mente umana e su quanto possa davvero modellare il mondo materiale. La suggestione che le nostre aspettative possano plasmare la realtà non è solo di rilevanza psicologica, ma anche di grande interesse per chi esplora il confine tra il noto e l'ignoto nel campo della fisica quantistica. In questo contesto, l'incontro fra scienza e cultura si arricchisce di nuove sfumature, spingendo ulteriormente i limiti di ciò che percepiamo come possibile.

Nel tempo, l'esperimento PEAR è diventato un simbolo di controversia e discussione, attirando l'interesse di autori e studiosi di paranormale. Sebbene molti scienziati abbiano criticato la fragilità statistica e la metodologia dell'esperimento, esso ha lasciato un'eredità duratura nella cultura popolare e nel campo della ricerca parapsicologica.

Il lavoro di Jahn e Dunne ha anche ispirato altre istituzioni a esplorare il potenziale della mente umana, unendo concetti di fisica quantistica e psicologia in una danza incerta ma affascinante. Le narrazioni di PEAR si intrecciano spesso con temi di film e romanzi, dove la sottile linea tra possibile e impossibile viene esplorata senza sosta.

Il tunneling quantistico.

Parlando di effetti quantistici che sfidano la nostra comprensione della realtà, dobbiamo considerare il fenomeno del tunneling quantistico. Questo concetto, che può sembrare controintuitivo, è fondamentale nella fisica quantistica e ha applicazioni che spaziano dai dispositivi elettronici ai processi biologici.

Il tunneling quantistico si verifica quando una particella attraversa una barriera energetica che, secondo la fisica classica, non dovrebbe essere in grado di superare. Immaginiamo una collina: in fisica classica, un'auto senza sufficiente energia per superarla rimarrà bloccata sul lato iniziale. Tuttavia, nel mondo quantistico, una particella come un elettrone può "attraversare" la collina senza mai scalare la cima. Questa capacità deriva dal principio di indeterminazione di Heisenberg, che permette alle particelle di esistere in stati energetici altrimenti proibiti, purché ciò avvenga in tempi brevissimi.

L'effetto di tunneling è essenziale nel funzionamento dei dispositivi elettronici moderni, specialmente nei semiconduttori e nei *"diodi tunnel"*, dove gli elettroni superano barriere energetiche per creare corrente elettrica. Inoltre, il tunneling gioca un ruolo intrigante in fenomeni astrofisici, come la fusione nucleare nel cuore delle stelle, dove le particelle devono superare immense barriere energetiche per fondersi.

Infatti, nel contesto dell'astrofisica, il tunneling quantistico è essenziale per comprendere la fusione nucleare che avviene nel cuore delle stelle, inclusa la nostra stella, il Sole. Le reazioni di fusione nelle stelle sono il processo principale attraverso il quale gli elementi leggeri si combinano per formare elementi più pesanti, rilasciando immense quantità di energia che forniscono la pressione necessaria per contrastare la gravità e mantenere l'equilibrio stellare.

Nel cuore delle stelle, le temperature e le pressioni sono incredibilmente elevate, e queste condizioni estreme permetterebbero occasionalmente alle particelle come i protoni di avvicinarsi abbastanza da poter superare la repulsione elettrostatica (comunemente chiamata barriera coulombiana) attraverso l'effetto tunnel. A temperature stellari, le energie termiche stesse generalmente non sono sufficienti a conferire ai protoni l'energia necessaria per superare queste barriere tramite mezzi classici. Tuttavia, il tunneling permette alle particelle di "passare" attraverso la barriera, rendendo possibili le reazioni di fusione.

Questo fenomeno non solo è fondamentale per l'energia che alimenta le stelle, ma è anche la chiave per la nucleosintesi cosmica, il processo attraverso il quale gli elementi sono formati e distribuiti nell'universo. Senza il tunneling quantistico, la fusione nucleare nelle stelle sarebbe troppo lenta e inefficiente per spiegare la quantità e l'abbondanza degli elementi che osserviamo nel cosmo.

Il tunneling quantistico dimostra come il comportamento delle particelle subatomiche su scala microscopica possa avere effetti macroscopici profondi e pervasivi, mostrando l'interconnessione tra la fisica quantistica e la vita dell'universo.

Oltre alle sue applicazioni pratiche, il tunneling quantistico stimola anche riflessioni filosofiche sulla natura della realtà. Solleva domande circa i limiti tra il possibile e l'impossibile e rimette in discussione la linearità del tempo e dello spazio come li concepiamo normalmente.

Spostandoci dalla scala delle particelle a una scala più vasta, consideriamo le implicazioni delle teorie quantistiche nei campi della biologia e della coscienza umana. Alcuni ricercatori suggeriscono che effetti quantistici potrebbero avere correlazioni con processi cerebrali, sebbene queste idee siano ancora oggetto di intenso dibattito.

La "psico-navigazione" e il controllo mentale.

La psicocinesi, o la capacità presunta della mente di influenzare la materia da lontano, è un tema ricorrente nella narrativa paranormale. Persone affascinate dall'idea di muovere oggetti con lo sguardo o piegare cucchiai con la forza del pensiero hanno spesso immaginato che i fenomeni quantistici offrano una spiegazione. In questo contesto, la non-località quantistica diviene l'eroe improbabile, in grado di fornire un ponte tra il mondo fisico e le capacità mentali straordinarie.

Ma come si collegano realmente la non-località e la psicocinesi? Alcuni teorici suggeriscono che, se particelle possono condividere informazioni istantaneamente a distanze cosmiche, forse esiste un meccanismo simile tra la mente umana e la materia. Tuttavia, la cultura scientifica dominante non supporta queste speculazioni; le esperienze documentate di psicocinesi spesso mancano di evidenza rigorosa.

L'accostamento tra mente e materia si estende anche al concetto di *"psico-navigazione"*, una sorta di controllo mentale sui percorsi della propria vita, o percezione del futuro. Questo richiamo di controllo mentale assume una piega più concreta con ricercatori come il dottor Robert G. Jahn, un ingegnere aerospaziale e decano all'Università di Princeton, che insieme alla psicologa Brenda Dunne ha condotto studi su soggetti umani che tentavano di influenzare macchine semplicemente con la mente, cercando di dare forma agli eventi attraverso l'intenzione. Le loro ricerche hanno acceso un dibattito sull'interazione tra mente e macchina.

Le implicazioni filosofiche sono profonde: se un giorno provassimo l'esistenza di una effettiva influenza della mente sulla materia, non solo riscriveremmo le regole della fisica, ma anche quelle della coscienza e della natura della realtà. La teoria di David Bohm aggiunge profondità a questo discorso, immaginando una realtà più vasta e intricata, dove l'ordine implicito governa relazioni tra entità apparentemente scollegate.

La non-località rimane oggi una peculiarità della meccanica quantistica, suffragata dagli esperimenti decisivi. Tuttavia, l'estensione di questa proprietà a fenomeni paranormali resta, per ora, un balzo azzardato secondo il mainstream scientifico.

Eppure, la fascinazione continua. In un mondo sempre più interessato a capire l'inconoscibile, la fisica quantistica offre una meravigliosa tela vuota su cui proiettare le nostre speranze e paure più intangibili. Per ogni questione inspiegabile, la non-località quantistica invita il sognatore a considerare il possibile: che forse, in qualche recondito angolo del multiverso, la mente davvero può scuotere le fondamenta del mondo fisico.

Premonizioni e visioni del futuro.

Immaginate un universo dove tutto è interconnesso, dove la distanza non è un ostacolo per la comunicazione istantanea e dove le leggi della fisica tradizionale sembrano piegarsi alle possibilità del pensiero più audace. Benvenuti nel misterioso e affascinante regno della non-località quantistica, un ambito che ha ispirato speculazioni non solo tra fisici e filosofi ma anche tra coloro che esplorano il misterioso mondo del paranormale.

Tra i fenomeni apparentemente paranormali, le premonizioni, quelle fugaci intuizioni che sembrano anticipare eventi futuri, sono tra i più affascinanti. La fisica quantistica, con la sua natura non deterministica e non-locale, ci offre una lente nuova attraverso cui osservare questi fenomeni.

Prendiamo ad esempio la teoria dell'entanglement quantistico. Le particelle "entangled" condividono una connessione così profonda che l'osservazione dello stato di una influenza immediatamente lo stato dell'altra, indipendentemente dalla distanza. Questo ci solleva una domanda intrigante: potrebbe esistere un "entanglement" simile tra coscienza e tempo, un legame attraverso cui possiamo "sentire" eventi non ancora accaduti?

La scienza, ovviamente, è cauta. La mancanza di prove concrete che colleghino premonizioni e fenomeni quantistici lascia il campo aperto a dibattiti accesi. Tuttavia, nella storia, non mancano figure che hanno esplorato questi confini con curiosità e mente aperta.

Voci dal passato.

Nel regno misterioso della non-località quantistica, una delle più affascinanti e enigmatiche proprietà della fisica moderna, emerge una possibilità che talvolta viene collegata a fenomeni apparentemente paranormali, come premonizioni e visioni del futuro. Sebbene la scienza ufficiale mantenga una rigida distinzione tra le realtà comprovate dalla fisica e le speculazioni del paranormale, a livello culturale e popolare questi mondi spesso si intrecciano, alimentati da un vasto repertorio di aneddoti e storie suggestive.

Uno di questi racconti riguarda il celebre sogno di Abraham Lincoln, il sedicesimo presidente degli Stati Uniti. Pochi giorni prima di essere assassinato nel 1865, Lincoln raccontò di aver fatto un sogno vivido in cui si trovava nella Casa Bianca, dove incontrava un cadavere coperto e avvolto nel lutto della nazione. Alla sua domanda su chi fosse morto, gli venne risposto che era il presidente, ucciso da un assassino. Questo episodio, annotato dal suo amico Ward Hill Lamon, ha alimentato discussioni sui possibili poteri premonitivi dei sogni e sul loro significato.

Il concetto di premonizione emerge in altre situazioni storiche di grande risonanza. Si possono citare i casi, ad esempio, di diverse persone che affermano di aver evitato di salire sul Titanic grazie a un improvviso e inspiegabile presentimento di tragedia, salvandosi così dalla catastrofica fine che attendeva il transatlantico nel 1912. Questi racconti, sebbene di difficile verifica, continuano a sopravvivere nel folklore moderno, talvolta presentati come prova dell'esistenza di un livello di consapevolezza al di là del nostro normale campo percettivo.

Le premonizioni e le visioni del futuro trovano spazio anche nella letteratura e nei racconti popolari. Ad esempio, nello spettacolo "La Valle delle Ombre" (*The Twilight Zone*), una serie cult che esplorava il paranormale con tocco filosofico, episodi di visioni premonitrici erano all'ordine del giorno, suggerendo un mondo in cui il tempo lineare poteva essere aggirato o percepito differentemente.

Ma gli esempi che si possono fare sono innumerevoli.

Nel racconto "*Minority Report*", poi adattato in un film di successo, l'autore Philip K. Dick ruota intorno all'idea di premonizioni utilizzate per prevenire crimini prima che avvengano. La storia esplora le implicazioni etiche e morali di affidarsi a visioni del futuro.

"*L'Incubo di Jerome Searing*" di Ambrose Bierce è un racconto in cui il protagonista esperisce visioni premonitrici riguardanti la propria morte, intrecciando il concetto di destino e consapevolezza del futuro imminente.

"*Le Cinque Persone che Incontri in Cielo*" di Mitch Albom è un romanzo in cui il protagonista riceve rivelazioni sul significato degli eventi della sua vita. Ma li riceve solo dopo la morte, una sorta di viaggio premonitorio a ritroso che ridefinisce la comprensione del proprio passato e futuro.

"*Donnie Darko*" è un film cult che esplora il tema delle premonizioni attraverso i sogni e le visioni del protagonista, con un intreccio che coinvolge viaggi nel tempo e la percezione alterata della realtà.

Nel romanzo "Destino" l'autore, Giorgio De Maria, racconta di un uomo che riceve visioni inquietanti su eventi futuri, sfidando l'idea del libero arbitrio e interrogandosi sul ruolo del destino.

Non possiamo omettere la citazioni di "Lost", la nota serie TV. Una delle trame principali della serie riguarda visioni e profezie sugli eventi che potranno accadere ai protagonisti, sfidando continuamente la loro comprensione del tempo e del proprio destino.

Queste opere condividono la fascinazione per la possibilità di vedere oltre il presente, riflettendo sui misteri del tempo e dell'esistenza attraverso l'immaginazione e il racconto.

A collegare queste esperienze alle scoperte scientifiche, seppur con un certo grado di speculazione, è spesso il fenomeno della non-località quantistica, tipicamente illustrato con l'entanglement. In questo fenomeno, le particelle sembrano comunicare istantaneamente a distanze enormi, suggerendo una "connessione invisibile". Alcuni teorizzano che ciò potrebbe rendere conto di intuizioni o conoscenze che sembrano trascendere le normali capacità umane. Tuttavia, è cruciale notare che, attualmente, la comunità scientifica tendenzialmente materialista nega l'esistenza di evidenze che colleghino direttamente la non-località quantistica a fenomeni paranormali come le premonizioni.

Nonostante la scienza continui a cercare spiegazioni razionali e testabili per comprendere il nostro universo, la persistenza di racconti di premonizioni rimane un intrigante elemento del nostro patrimonio culturale. Questi aneddoti sollevano interrogativi profondi sui limiti della conoscenza e della percezione umana, continuando a stimolare il dibattito su quanto del mondo intorno a noi rimanga ancora da scoprire o da capire.

La commistione tra scienza e mito, tra ciò che conosciamo e ciò che non riusciamo a spiegare, continua a ispirare artisti, scrittori e pensatori, mantenendo viva la fiamma della curiosità umana mentre ci addentriamo sempre più in profondità nei misteri della coscienza e della realtà stessa.

Le "coincidenze significative" e la sincronicità di Carl Jung.

Carl Jung, lo psicoanalista svizzero famoso per aver formulato il concetto di sincronicità, parlava di *"coincidenze significative"* che trascendono la connessione causa-effetto. Il pensiero di Jung si allinea sorprendentemente con l'idea che eventi distanti possano essere in qualche modo interconnessi, fornendo un possibile ponte tra la psiche umana e i misteri quantistici.

Carl Jung è famoso per aver introdotto il concetto di "sincronicità". Si tratta di "coincidenze significative" che sembrano sfidare le leggi della causalità lineare, suscitando interesse per le loro eventuali connessioni con fenomeni paranormali come premonizioni e visioni del futuro.

Secondo Jung, le coincidenze significative non sono semplici accadimenti casuali, ma eventi che, pur non essendo legati da un nesso causale diretto, appaiono connessi da un significato profondo e personale. Questo tipo di esperienza, spesso ignorata ma universalmente sperimentata, si manifesta quando un evento esterno sembra rispecchiare uno stato interiore, creando un senso di connessione che va oltre la spiegazione logica.

Un esempio classico fornito da Jung stesso riguarda una sua paziente che stava raccontando un sogno piuttosto insolito in cui aveva ricevuto uno scarabeo dorato. In quel momento, un insetto si schiantò contro la finestra della stanza. L'insetto era uno scarabeo dorato, estremamente raro in quel periodo dell'anno. Questo evento, pur non essendo legato da alcun legame causale con la conversazione, funse da potente catalizzatore nel percorso terapeutico della paziente, costituendo un significativo "ponte" tra mondo interiore ed esteriore.. Questo evento, pur non essendo legato da alcun legame causale con la conversazione, funse da potente catalizzatore nel percorso terapeutico della paziente, costituendo un significativo "ponte" tra mondo interiore ed esteriore.

Distinguere tra coincidenze ordinarie e significative è cruciale per cogliere l'essenza del pensiero junghiano. Mentre le coincidenze ordinarie possono essere attribuite al puro caso, le coincidenze significative emergono con una qualità "numinosa", quasi mistica, che genera un senso di meraviglia e introspezione. Jung riteneva che queste coincidenze avessero il potere di rivelare connessioni nascoste nell'inconscio collettivo, un'idea che, in parte, si allinea con i principi della non-località quantistica, dove elementi distanti risultano inestricabilmente collegati senza un intervento diretto.

Le coincidenze significative abbondano nella letteratura, nel cinema e nell'arte, che fungono spesso da specchio delle profondità e delle connessioni nascoste della psiche umana. Nella cinematografia, film come "Magnolia" o "Cloud Atlas" esplorano la sincronicità attraverso trame complesse che intrecciano vite apparentemente separate, sottolineando l'idea che il nostro mondo sia un tessuto intricato di legami invisibili.

Il film "Magnolia", diretto da Paul Thomas Anderson, è un'opera corale che presenta una serie di storie interconnesse che si svolgono nell'arco di una sola giornata nella San Fernando

Valley, in California. Ogni personaggio affronta i propri dilemmi esistenziali, ma mentre le loro vite personali sembrano scorrere in parallelo, eventi e simboli misteriosi tessono un legame invisibile tra di loro, come una pioggia di rane, che rimanda a improbabili eventi biblici. Questa pioggia di rane diventa una metafora visiva di coincidenze significative che rivelano come le vite siano intrinsecamente collegate da fili che il caso non può sminuire.

Nel suo cuore, "Magnolia" esplora il potere della coincidenza e della grazia salvifica che emerge in momenti di indeterminatezza. I personaggi, interpretati da un cast stellare tra cui Tom Cruise, Julianne Moore e Philip Seymour Hoffman, sono legati da speranze, fallimenti e inaspettate rivelazioni che riflettono la visione junghiana della sincronicità. Nella narrazione la nostra esperienza soggettiva del mondo diventa un campo di connessioni inattese e potentemente simboliche.

"Cloud Atlas", diretto dai Wachowski e da Tom Tykwer, è un film che porta la sincronicità su un palcoscenico epico, esplorando sei storie che si estendono su epoche diverse, dal 19° secolo a un futuro post-apocalittico. Tratto dal romanzo di David Mitchell, il film presenta un viaggio impressionante attraverso il tempo e lo spazio, mostrando come le azioni e le decisioni di singoli individui possano riverberarsi nel tempo, influenzando generazioni future.

I personaggi sono interpretati dagli stessi attori, tra cui Tom Hanks e Halle Berry, visti attraverso le diverse ere. Così nasce un interessante gioco di ruoli che sottolinea la tematica della reincarnazione e della continuità dell'anima. Le storie, apparentemente separate, s'intrecciano attraverso simboli ricorrenti e temi di amore, brutalità, sacrificio e redenzione. Questo intreccio complesso suggerisce che esiste un livello profondo di connessione tra gli individui, in linea con la filosofia junghiana che ci invita a riconoscere l'interconnessione tra le esperienze umane e il mondo invisibile.

Entrambi i film, "Magnolia" e "Cloud Atlas", usano la struttura narrativa per sondare i concetti di sincronicità e interconnessione, promuovendo l'idea che esista un ordine nascosto nell'universo che trascende il semplice caso. Esplorano la possibilità che le nostre vite non siano isole solitarie ma piuttosto parte di un mosaico più grande, dove ogni evento e decisione risuona e trova eco in luoghi e tempi inaspettati.

Questi racconti cinematografici trovano eco nelle tradizioni filosofiche e mitologiche che da sempre contraddistinguono la rete di legami che unisce l'umanità e il cosmo. Dai miti sui destini intrecciati presenti nelle narrazioni indigene, agli eventi di sincronicità descritti nei testi religiosi, l'umanità ha sempre cercato di comprendere la magia che traspare dalle coincidenze significativi. In questo scenario, la teoria di Jung risuona come un invito a guardare il mondo con occhi nuovi, pronti a cogliere il significato nel caos, ad abbracciare la meraviglia delle connessioni che attendono di essere scoperte proprio sotto la superficie dell'apparente casualità.

Dunque, la sincronicità non è solo un concetto psicologico ma un fenomeno culturale e narrativo che ci invita a esplorare le possibilità infinite del nostro intricato universo, dove creatività e destino danzano insieme in un cosmo di legami segreti e meraviglie ancora tutte da scoprire.

Destini che si intrecciano.

La sincronicità emerge con forza anche nelle narrazioni mitologiche, rivelandosi una componente profondamente radicata nelle culture spirituali. La mitologia norrena, in particolare, offre una ricca casistica di episodi che illustrano come i destini dei personaggi si intreccino in modi misteriosi e significativi, unendo il vissuto personale al tessuto cosmico.

Un esempio emblematico di sincronicità nella mitologia norrena è il mito di Baldr. Sin dall'inizio, si sapeva che Baldr, il dio della luce e della purezza, avrebbe incontrato un destino fatale. La madre di Baldr, Frigg, tentò di prevenire la sua morte chiedendo a tutte le cose del mondo di non ferirlo. Tuttavia, dimenticò di chiedere pietà per il figlio alla Mistletoe, una pianta considerata insignificante.. Loki, il dio degli inganni, usò proprio un dardo di vischio per orchestrare la morte di Baldr, adempiendo a ciò che era stato profetizzato. Questo evento non solo cambiò il destino di Baldr, ma influenzò l'intero pantheon norreno, segnando l'inizio del Ragnarök, la fine del mondo. La morte di Baldr rappresenta un esempio di come eventi apparentemente scollegati possano convergere in modo significativo e inevitabile, unendo le singole esperienze alla destino cosmico.

Un altro episodio significativo riguarda la storia di Sigurd, il leggendario eroe che uccise il drago Fafnir. La sua vicenda intreccia una serie di coincidenze e destini di vari personaggi, inclusa la sua tragica relazione con Brynhildr. Ogni azione e decisione presa lungo il cammino di Sigurd sembra guidata da una mano invisibile che trasforma casualità in intricati intrecci di significati e finalità precognite.

La saga dei Nibelunghi, che incorpora anche elementi delle leggende norrene, offre ulteriori spunti sulla sincronicità. Le Nornir, le dee del destino, tessono infallibilmente i fili delle vite umane e divine, creando un intricato arazzo dove le sincronicità non sono mai casuali, ma piuttosto una manifestazione del destino scritto e implacabile.

Queste narrazioni non solo affascinano per la loro capacità di raccontare come i destini individuali siano intrecciati in un disegno più grande, ma richiamano anche alla mente la questione modernamente attuale della non-località, suggerendo che, come nell'entanglement quantistico, anche le vite umane possano rispondere a leggi di interconnessione che sfidano le nozioni tradizionali di spazio e tempo.

La mitologia norrena, quindi, non solo narra storie avvincenti, ma anche offre profondi insight nelle esperienze umane, mostrando come la sincronicità sia stata parte dell'esperienza umana molto prima che le moderne teorie psicologiche e quantistiche cercassero di spiegare l'inspiegabile.

L'esplorazione delle coincidenze significative, in linea con la sincronicità di Jung, non si limita a un esercizio intellettuale, ma invita a riflettere su come percepiamo la realtà e le sue implicazioni sulle nostre vite. Questa visione apre a nuovi spazi interpretativi, spingendoci a considerare il ruolo della psiche in una dimensione più ampia e integrata del cosmo.

In un'epoca in cui la scienza e la tecnologia sembrano dominare il racconto del mondo, il richiamo alla sincronicità rappresenta un invito a riscoprire la bellezza dell'incognito, dei simboli e delle possibilità che trascendono il tangibile. La connessione ipotetica tra mente e materia suggerita da Jung ci incoraggia a esplorare come queste dimensioni possano offrirci non solo comprensione ma anche intuizione su un futuro che potrebbe esistere oltre la soglia della nostra attuale comprensione.

Le coincidenze come base ai fenomeni di sincronicità.

Nel regno della non-località quantistica, la frontiera tra il mondo scientifico e quello dei fenomeni paranormali si fa sfocata, aprendo la strada a una riflessione su eventi che trascendono le leggi tradizionali della causa e dell'effetto. È proprio in questo contesto che il concetto di sincronicità, formulato dal famoso psicoanalista svizzero Carl Jung, trova una collocazione intrigante. Jung definì la sincronicità come il manifestarsi di "coincidenze significative", episodi che paiono interconnessi nonostante la mancanza di un nesso causale diretto. Ma cosa significa realmente questo, e quali implicazioni può avere nel nostro modo di percepire la realtà?

Jung si avvicinò per la prima volta al concetto di sincronicità lavorando con i suoi pazienti.

L'interesse crescente per la non-località quantistica sta alimentando nuove riflessioni sulla sincronicità. Questo principio quantistico sembra risuonare con l'idea di Jung che le coincidenze possano avere significati che sfuggono alle spiegazioni tradizionali. Così, intorno alla sincronicità si riunisce una sorta di microcosmo di fenomeni: le premonizioni, le visioni e le esperienze paranormali appaiono come manifestazioni di un modello di realtà in cui la separazione temporale e spaziale è illusoria.

Queste suggestioni implicano una reinterpretazione radicale della coincidenza significativa, da semplice "curvatura del caso" a indizio di un'entità più vasta e incomprensibile che guida gli eventi. In definitiva, esplorare la sincronicità ci invita a guardare oltre la superficie degli eventi quotidiani, cercando il filo d'oro che potrebbe collegare l'apparenza del caos a un ordine più armonico e nascosto.

Il sogno come visione del futuro.

Nel regno enigmatico della non-località quantistica, che abbatte le leggi tradizionali dello spazio e del tempo, affiorano sorprendenti connessioni con le teorie paranormali. Tra i fenomeni che suscitano maggiore fascino e curiosità, troviamo i sogni profetici, visti da molti come visioni di un futuro misteriosamente ineluttabile. Ma quale potrebbe essere il legame tra queste esperienze oniriche e le stranezze della realtà quantistica?

Il concetto di non-località quantistica sfida la nostra comprensione standard del mondo fisico. Nei primi anni del secolo scorso, studi come quelli di Albert Einstein e Niels Bohr hanno portato alla luce fenomeni in cui particelle subatomiche comunicano istantaneamente, indipendentemente dalla distanza che le separa. Questa sfuggente abolizione della distanza, seppur avvolta nel mistero della fisica teorica, apre ipotetici varchi a una nuova interpretazione dei sogni profetici.

Carl Jung, noto per la sua teoria della sincronicità, ipotizzò che certe coincidenze significative potrebbero non essere semplicemente casuali, ma rispecchiare qualcos'altro, situato oltre la nostra percezione ordinaria del tempo e dello spazio.

L'elemento del tempo gioca un ruolo cruciale in entrambe le sfere: nei sogni, il tempo viene spesso percepito in modo non lineare. I sogni possono catapultarci nel passato o offrire scorci di un futuro non ancora vissuto consapevolmente. Analogamente, nella meccanica quantistica, il concetto di "entanglement" suggerisce che la linearità temporale potrebbe essere un'illusione generata dalle limitate condizioni della nostra percezione macroscopica.

Dal punto di vista culturale, storie di sogni profetici ci accompagnano fin dall'antichità. Si pensi a Giuseppe, nella Bibbia, che interpreta i sogni del Faraone anticipando anni di carestia e abbondanza. O all'imperatore Augusto, il quale, secondo la tradizione, fu avvertito attraverso un sogno del rischio imminente della sua vita.

Alcuni ricercatori contemporanei, come Dean Radin, esplorano l'idea che la coscienza potrebbe essere legata alla rete di fenomeni quantistici, suggerendo che il cervello umano, mediante processi che ancora ci sfuggono, potrebbe a volte captare segnali da questo reame sfuggente.

Se la fisica quantistica è il linguaggio dell'universo al suo livello più fondamentale, allora forse i sogni profetici rappresentano momenti in cui la nostra mente riesce a sintonizzarsi su una frequenza diversa, in grado di attraversare le frontiere temporali così come le conosciamo. Pur rimanendo un terreno fertile per la speculazione e lontano dall'essere dimostrato scientificamente, questo legame offre un intrigante campo di studi per coloro che cercano di comprendere la realtà al di là delle convenzioni ordinarie. Il sogno come visione del futuro potrebbe, quindi, non essere un semplice gioco della mente, ma un'esperienza ancorata a un più profondo tessuto cosmico.

Il presente e il futuro dei misteri quantistici.

In ambito più contemporaneo, gli esperimenti di Alain Aspect negli anni '80 hanno confermato la violazione delle disuguaglianze di Bell, rafforzando l'evidenza della non-località. Tali dimostrazioni accademiche creano un terreno fertile per ipotesi al limite del fantastico, suggerendo un universo dove la separazione tra presente e futuro potrebbe essere meno rigida di quanto pensiamo.

Il fascino della non-località risiede anche nella sua capacità di stimolare immaginazione e speculazione, incoraggiando un dialogo tra scienza e paranormale che potrebbe arricchire entrambi i campi. Mentre la scienza continua la sua indagine rigorosa, la possibilità che esista un legame tra l'infinitamente piccolo e il mondo dei fenomeni umani rimane una frontiera affascinante.

Alla fine, che si creda o meno nei fenomeni paranormali, la non-località quantistica ci invita a riflettere su quanto ancora ci sia da scoprire sui meccanismi dell'universo e sulla connessione enigmatica tra il tangibile e l'intangibile. In questo regno di infinite possibilità, l'invisibile talvolta sembra confondersi con il visibile, suggerendo uno scenario in cui il futuro potrebbe non essere poi così separato dal nostro presente.

Non è raro trovare teorie che suggeriscono un legame tra processi quantistici e fenomeni paranormali. La capacità delle particelle entangled di influenzarsi istantaneamente anche a grandi distanze rievoca in un certo modo i racconti di telepatia o premonizione. Sebbene al momento non esistano prove scientifiche dirette che colleghino eventi paranormali e meccanismi quantistici, l'analogia solleva domande interessanti: il nostro universo potrebbe essere più interconnesso di quanto crediamo?

È fondamentale mantenere un rigore scientifico nel valutare queste affermazioni. Gli scienziati tendono a delineare chiaramente la differenza tra ciò che è attualmente testabile e verificabile e ciò che rientra nel regno della speculazione. Tuttavia, lo studio della non-località incoraggia anche il pensiero innovativo, costringendoci a riconsiderare concetti tradizionali di spazio e tempo.

Il collegamento tra non-località quantistica e paranormale tocca inevitabilmente anche questioni filosofiche. Cosa implica per il libero arbitrio e la causalità se il nostro mondo è fondamentalmente non-locale? Le discussioni su questi temi portano spesso a visioni contrastanti, tra chi vede potenziali spiegazioni per fenomeni altrimenti inspiegabili e chi resta scettico e considera la non-località solo come una proprietà limitata al mondo microscopico.

Mentre la ricerca continua ad espandere i confini della nostra comprensione dell'universo, è cruciale rimanere aperti a nuove idee, pur mantenendo un approccio basato sulle evidenze. La non-località quantistica offre una lente nuova attraverso la quale esplorare il mondo, e potrebbe rappresentare una chiave per comprendere aspetti ancora sconosciuti della realtà, facendo luce, seppur indirettamente, anche su fenomeni al margine della scienza convenzionale.

Questi temi stimolano non solo la nostra curiosità scientifica ma anche la nostra capacità di immaginare un universo che funziona secondo regole ancora tutte da scoprire.

Uno degli aspetti più affascinanti della meccanica quantistica è la possibilità che i suoi principi possano offrire una spiegazione razionale per fenomeni che, altrimenti, rientrerebbero nel paranormale. La connessione con la telepatia, per esempio, viene spesso suggerita a causa della caratteristica "non-locale" dell'entanglement quantistico. Se due particelle entangled restano connesse indipendentemente dalla distanza che le separa, alcune teorie speculative propongono un modello simile per le menti umane, suggerendo che un meccanismo quantistico potrebbe permettere una comunicazione istantanea delle informazioni.

In maniera analoga, la precognizione potrebbe essere vista attraverso la lente della meccanica quantistica come un'interazione con stati futuri. Nella *"many-worlds interpretation"*, per esempio, ogni evento quantistico crea un ramo nuovo dell'universo. Alcuni sostengono che questa moltitudine di universi paralleli può permetterci, in teoria, di accedere a informazioni di versioni alternative del futuro.

Non possiamo tralasciare le esperienze religiose e di estasi, fenomeni spesso associati al paranormale. Queste esperienze soggettive potrebbero avere una connessione con la coscienza e i processi cerebrali. Alcuni studiosi suggeriscono che eventi di entanglement a livello microscopico, all'interno dei neuroni, possano influenzare la nostra percezione del sacro e del trascendente.

Resta fondamentale, tuttavia, notare che gran parte di queste idee mancano di un forte supporto sperimentale. La comunità scientifica, pur mostrando un interesse crescente verso queste connessioni, mantiene un approccio cauto, insistendo sulla necessità di rigorosi test empirici.

In sintesi, mentre la meccanica quantistica offre affascinanti prospettive sugli aspetti più enigmatici della nostra realtà, la distanza verso una spiegazione scientifica dei fenomeni paranormali rimane ampia. Come sempre, il progresso sta nel continuo dialogo tra teoria ed esperienza, tra speculazione e dimostrazione.

Predestinazione.

Quando si esplora l'affascinante regno della non-località quantistica, le leggi della fisica tradizionale sembrano dissolversi, aprendo la strada a nuove possibilità e interrogativi che sfidano la nostra comprensione dello spazio, del tempo e della causalità. In questo contesto, emerge un concetto che da secoli intreccia filosofia, religione e mitologia: la predestinazione. Ma che cosa esattamente si intende con "predestinazione"? E quali sono le sue basi filosofiche, teoriche e mitiche?

a predestinazione è l'idea secondo cui gli eventi futuri sono già determinati, una narrazione scolpita nel marmo dell'universo che noi siamo destinati a seguire. È un concetto che sfida il libero arbitrio e introduce la possibilità di un destino preordinato. Sebbene possa sembrare una visione rigidamente strutturale, la predestinazione ha affascinato pensatori e filosofi per secoli, ponendoci davanti domande fondamentali sulla nostra reale capacità di scelta.

Le radici della predestinazione affondano nella filosofia antica e nelle tradizioni religiose. Uno dei primi pensatori a sviluppare una teoria elaborata sulla predestinazione fu Sant'Agostino, il quale sostenne che Dio, nella sua onniscienza, ha già deciso il destino di ogni anima. Questo concetto fu ulteriormente sviluppato da Giovanni Calvino nel XVI secolo, che inquadrò la predestinazione come un pilastro del calvinismo, sostenendo che Dio aveva deciso il destino eterno di ogni individuo prima della creazione del mondo, un'idea che contribuì a definire il dibattito teologico per secoli.

Anche in ambito filosofico, il tema della predestinazione ha trovato terreno fertile. Il determinismo, ad esempio, esplora l'idea che ogni evento sia legato a una catena ininterrotta di cause ed effetti, eliminando la possibilità di un vero libero arbitrio. Eminenti filosofi, come Baruch Spinoza, hanno aderito a questa visione, vedendo la realtà come una serie di eventi inevitabili governati dalle leggi della natura.

Le basi mitiche della predestinazione.

Molti miti antichi incorporano il concetto di predestinazione, suggerendo che il destino è inesorabile. Nella mitologia greca, le Moire (Cloto, Lachesi e Atropo) erano le dee del fato che avvolgevano il filo della vita umana, decretando inesorabilmente il destino di ogni individuo. Nessun dio o uomo poteva sfuggire al loro giudizio. Anche nel mito di Edipo, il tentativo di sfuggire al destino proferito dall'oracolo non fa che portare al suo compimento, sottolineando l'ineluttabilità del destino.

Un esempio letterario moderno di predestinazione è il romanzo "*Cento anni di solitudine*" di Gabriel García Márquez. La famiglia Buendía vive in un ciclo inarrestabile di eventi che sembrano destinati a ripetersi, un microcosmo del destino inevitabile che ogni membro della famiglia affronta.

Nel cinema, un film emblematico che affronta il tema della predestinazione è "Minority Report", ispirato a un racconto di Philip K. Dick. La storia si sviluppa in un futuro dove un'unità di polizia è in grado di arrestare i criminali prima che commettano un crimine, basandosi su previsioni apparentemente infallibili.

Anche autori come William Shakespeare hanno esplorato il tema della predestinazione nelle loro opere. In "Macbeth", il protagonista è portato a credere che il suo destino sia di diventare re, un suggerimento che lo conduce lungo un cammino di distruzione predestinata.

La relazione tra la non-località quantistica e la predestinazione trovano un parallelo intrigante nel principio di indeterminazione di Heisenberg: l'idea che non possiamo mai essere completamente certi di una particella e del suo movimento allo stesso tempo. Questo principio sfida la nostra concezione tradizionale di causalità e suggerisce che, a un livello fondamentale, l'universo potrebbe operare in modi non del tutto prevedibili per la mente umana, lasciando spazio a discussioni su come il destino possa effettivamente operare.

La predestinazione rimane un concetto profondamente radicato nelle nozioni di destino e libero arbitrio, sollevando continue riflessioni su quanto le nostre vite siano realmente nelle nostre mani. Attraverso la lente delle teorie quantistiche e le narrazioni culturali, continuiamo a esplorare se siamo architetti del nostro destino o semplici attori in un dramma già scritto.

Thomas Campbell, un ex scienziato della NASA e autore del libro "My Big TOE" (*Theory of Everything*), ha esplorato il concetto di un universo digitale, dove la realtà è il prodotto di una grande simulazione informatica. Secondo Campbell, la non-località potrebbe spiegare fenomeni paranormali come la precognizione o addirittura la telepatia, che, nella sua visione, potrebbero essere interpretate come accessi diretti a uno "*spazio dati*" universale dove tutte le possibilità esistono simultaneamente.

Consideriamo il famoso esperimento del "gatto di Schrödinger", non solo come un paradosso quantistico, ma anche come un meccanismo di riflessione sui limiti delle nostre percezioni. Se la coscienza umana è parte di un universo quantisticamente entangled, potrebbe essa stessa essere in grado di influenzare gli stati fisici, aprendo spazio a fenomeni altrimenti inspiegabili?

La non-località quantistica non offre risposte definitive, ma apre una finestra stimolante su realtà alternative e monolitiche, sfidando la nostra comprensione convenzionale dell'universo. Mentre la scienza cerca di comprendere meglio questi fenomeni, continua a ispirare discussioni appassionate e ricerca in campi sia scientifici che esoterici. Forse, nell'intersezione di fisica e filosofia, troveremo nuove chiavi di lettura per il misterioso legame tra il visibile e l'invisibile, tra ciò che sappiamo e ciò che solo osiamo immaginare.

Potere di guarigione.

La fisica quantistica, con il suo fascino enigmatico e le sue teorie rivoluzionarie, continua a provocare dibattiti vivaci non solo nel mondo della scienza, ma anche in ambiti legati al paranormale. Uno degli aspetti più intriganti della fisica quantistica è la non-località, un fenomeno che indica come le particelle possano essere connesse tra loro in modo istantaneo, nonostante siano separate da vaste distanze. Questa caratteristica ha offerto una nuova chiave di lettura a coloro che cercano di comprendere, o addirittura spiegare, fenomeni normalmente considerati "ai confini della realtà", come il potere di guarigione a distanza.

La possibilità che la guarigione possa essere influenzata da una forma di connessione non-locale trova terreno fertile nelle tradizioni culturali che, da secoli, parlano di energia vitale e connessioni invisibili tra le persone. La tradizione cinese del Qigong, per esempio, sostiene che l'energia vitale (*Qi*) può essere manipolata per promuovere la salute. In modo simile, le pratiche di guarigione a distanza, come il *Reiki*, predicano la possibilità di inviare energie benefiche attraverso lo spazio.

Il potere della preghiera.

La non-località quantistica apre una porta verso mondi poco esplorati, collegando la fisica avanzata a concetti che sfidano la nostra comprensione tradizionale della realtà. Tra queste connessioni inaspettate, la preghiera come agente di guarigione emerge come un argomento di profonda riflessione, ampliando l'orizzonte delle nostre capacità cognitive e spirituali.

Il concetto di non-località quantistica, in cui particelle distanti sembrano comunicare istantaneamente tra loro al di là delle leggi della fisica classica, evoca immagini di un universo intrinsecamente interconnesso. È all'interno di questo quadro che la preghiera, spesso considerata una pratica meramente spirituale, trova un intrigante spazio di discussione anche in contesti scientifici.

Nel secolo scorso, il potenziale della preghiera come mezzo di guarigione ha catturato l'interesse non solo di credenti ma anche di medici e ricercatori. Diversi studiosi hanno cercato di indagare se le dinamiche sottili e impalpabili della fede possano avere un impatto misurabile sulla salute fisica e mentale. In questi esplorativi panorami, spicca uno studio pionieristico condotto nel 1988 dal cardiologo Randolph Byrd al San Francisco General Hospital. Byrd voleva verificare se le preghiere di intercessione avessero effetto su un gruppo di pazienti affetti da malattie cardiovascolari. I risultati, pubblicati sul Southern Medical Journal, suggerirono che i pazienti per i quali si pregava mostravano un miglioramento rispetto a quelli nel gruppo di controllo che non aveva ricevuto preghiere. Nonostante le critiche metodologiche sollevate da alcuni scettici, questo studio ha aperto la strada a un'ampia discussione scientifica.

Successivamente, il tema è stato oggetto di ulteriori indagini, tra cui il noto studio "MANTRA II", condotto dalla *Duke University* nel 2005, che esaminava l'effetto delle terapie spirituali (preghiera inclusa) su pazienti sottoposti a procedure di angioplastica. Sebbene i risultati non abbiano dimostrato finora un effetto significativo delle preghiere in termini statistici, gli sforzi continuano a destare interesse e a portare alla luce la complessità di misurare scientificamente pratiche di natura intangibile. Questa complessità si aggrava se consideriamo che talvolta queste ricerche sono influenzate dall'ambiente stesso che le organizza, e che inconsciamente tende a dimostrare convinzioni preconcette.

Culturalmente, la pratica della preghiera è persino più pervasiva e indissolubilmente legata all'umanità. Grandi figure spirituali, come Madre Teresa e Mahatma Gandhi, hanno sottolineato la centralità della preghiera, non solo come rito personale ma come forza capace di influenzare il mondo esterno. Gandhi, in particolare, parlava della preghiera come il *"respiro della nostra esistenza"*, un modo per elevare l'essere umano oltre i suoi limiti terreni.

Attraverso le generazioni, molte culture hanno sviluppato connessioni profonde tra la preghiera e il benessere fisico. Nella tradizione cristiana, l'imposizione delle mani si accompagna a preghiere mirate alla guarigione. Pratiche simili emergono nel Reiki giapponese, seppur svincolato da connotazioni teistiche, e nella tradizione dei guaritori africani. In tutte queste varianti, il comune denominatore è la speranza che le intenzioni positive possano influenzare la materia fisica.

Nel regno della non-località quantistica, uno dei fenomeni più misteriosi e affascinanti della fisica moderna, ci addentriamo in un universo in cui le distanze sembrano perdere di significato, e le connessioni avvengono al di là del tempo e dello spazio come tradizionalmente intesi. Questo concetto, proveniente dalla meccanica quantistica, risuona curiosamente con alcune teorie paranormali e, soprattutto, con la profonda convinzione che l'intercessione a distanza, come la preghiera, possa avere un impatto tangibile sulla salute umana.

La fede, manifestazione di un potere interiore, è da tempo osservata per la sua capacità di intensificare le risposte del corpo attraverso percorsi psicologici che, pur essendo in gran parte ancora enigmatici, suggeriscono la capacità della mente di influenzare lo stato fisico. Questo è particolarmente evidente nelle pratiche dove la preghiera avviene in presenza: la percezione di vicinanza fisica e la suggestione condivisa possono creare un potente effetto benefico, rafforzando fiducia e speranza e, talvolta, producendo anchre effetti misurabili sulle condizioni di salute. Tuttavia, la questione diventa ancor più intrigante quando queste preghiere sono effettuate da gruppi di persone che non conoscono direttamente la persona malata e sono collocate in luoghi remoti.

Una delle questioni più dibattute nella relazione tra preghiera e guarigione è quella della preghiera a distanza. Dati aneddotici raccontano di miracoli di guarigione inspiegabili, ma gli studi scientifici condotti per verificare l'efficacia della preghiera a distanza forniscono risultati contrastanti. Uno degli studi più noti è stato il "*Study of the Therapeutic Effects of Intercessory Prayer*" condotto dal Dr. Herbert Benson, il quale ha coinvolto circa 1800 pazienti cardiopatici. I risultati mostrarono differenze modeste in termini di recupero tra coloro che erano soggetti a preghiera intercessoria e quelli che non lo erano. Questo esperimento alimentò dibattiti sia fra i sostenitori della guarigione spirituale sia tra gli scettici.

Tuttavia, l'interesse culturale intorno alla preghiera a distanza come strumento di guarigione non è mai svanito. Diversi personaggi famosi e leader spirituali hanno sottolineato l'importanza della preghiera. Madre Teresa di Calcutta, per esempio, ha sempre sostenuto il potere della preghiera per alleviare le sofferenze. La sua convinzione, forte e improntata sulla fede vissuta realmente, invitava le persone a pregare per chiunque nel bisogno, a prescindere dai confini fisici o culturali.

Nel 2009, il dottor Larry Dossey, un autore noto per i suoi scritti sull'intersezione tra medicina e spiritualità, ha proposto il termine "*Epoca della guarigione non-locale*", suggerendo che la guarigione, similmente a quanto avviene per le particelle quantistiche, possa avvenire indipendentemente dalla distanza. Nel 2009, il dottor Larry Dossey, un autore noto per i suoi scritti sull'intersezione tra medicina e spiritualità, ha proposto il termine "Epoca della guarigione non-locale", suggerendo che la guarigione, similmente a quanto avviene per le particelle quantistiche, possa avvenire indipendentemente dalla distanza. Dossey cita numerosi aneddoti di ammalati che sapevano di essere oggetto di preghiera da parte di persone che si trovavano a migliaia di chilometri di distanza. Tuttavia, nonostante la distanza degli intercessori, queste persone hanno riportato significativi miglioramenti clinici. Nonostante la difficoltà di verificare scientificamente queste affermazioni, esse stimolano una riflessione su come le connessioni umane possano estendersi al di là delle capacità sensoriali attualmente riconosciute.

Sul piano culturale, molti sistemi di credenze collettivi, dalle pratiche sciamaniche ai culti animistici, hanno sempre riconosciuto un'efficacia alla preghiera e alle ritualità praticate a distanza. L'idea che l'intenzione mentale possa influenzare la realtà fisica è presente in molti sistemi di pensiero orientali, come il buddismo e l'induismo, nei quali la meditazione e la preghiera trascendente sono viste come pratiche potenti in grado di alterare lo stato fisico ed emotivo del praticante.

Sebbene le prove scientifiche restino elusive, né la scienza né la medicina hanno l'ultima parola sulla potenza della preghiera a distanza. Del resto, la conferma scientifica richiede la ripetibilità, ben difficile da ottenere in questi casi. Ciò che è chiaro è che il valore della fede, della speranza, e della connessione spirituale rivestono un profondo significato. Essi offrono a molte persone conforto, forza e appartenenza, cioè elementi preziosi per il benessere generale dell'individuo. È impensabili misurati questi effetti e incasellarli su grafici e statistiche scientifiche. In un certo senso, la possibilità di un legame tra preghiera a distanza e guarigione rispecchia l'appassionante incognita della non-località quantistica: un regno d'infinite possibilità, in cui le certezze scientifiche si intrecciano con le domande più profonde dell'esistenza umana.

Molti esempi possono essere trovati nei racconti di guarigione a distanza. Sebbene spesso considerati aneddotici, questi episodi raccontano di individui che riportano miglioramenti incredibili dalle loro condizioni di salute, a seguito di cerimonie di guarigione o meditazioni eseguite da parenti o guaritori a centinaia di chilometri di distanza. Tali storie accendono l'immaginazione e provocano domande fondamentali: esistono meccanismi non ancora rilevati dagli strumenti della scienza tradizionale che potrebbero spiegare tali fenomeni?

Indipendentemente dalla posizione personale su questi temi, l'intersezione tra scienza e la possibilità di un 'potere superiore' ci invita a riflettere su come le aspettative e la positività possano essere parte integrante dei processi di guarigione. Forse, esplorare la dinamica della preghiera attraverso la lente della non-località quantistica non significa solo cercare prove tangibili, ma aprire una finestra su come percepiamo e interagiamo con l'ignoto.

In un mondo in cui la scienza cerca sempre di spiegare l'insolito, questa ricerca non cessa di richiamare la nostra attenzione su un aspetto invisibile ma potentemente reale della nostra esistenza. La vera lezione potrebbe essere che sia la scienza sia la fede hanno molto di più da offrirci in termini di comprensione umana, a patto che siamo disposti a osservare e ascoltare senza pregiudizi.

Il potere della mente.

Il concetto di entanglement quantistico, in cui due particelle correlate continuano a comunicare istantaneamente a distanze apparentemente infinite, solleva domande interessanti: È possibile che le menti umane siano in grado di utilizzare un simile canale per connessioni psichiche o energetiche? Diverse aneddoti raccontano di guaritori in grado di influenzare positivamente la salute di pazienti lontani, come nell'affascinante caso del Maestro spirituale Bruno Gröning che dichiarava di poter curare malattie gravi attraverso la fede e la connessione energetica.

Bruno Gröning è stato una figura controversa e carismatica nella Germania del dopoguerra, noto per le sue presunte capacità di guarigione spirituale. Nato nel 1906 a Danzica, divenne celebre a partire dal 1949 quando la stampa tedesca iniziò a riportare numerosi racconti su persone guarite da malattie considerate incurabili, grazie alla sua presenza e al suo insegnamento. Gröning non rivendicava alcuna formazione medica tradizionale; piuttosto, sosteneva di agire come un "*canale*" per una forza di guarigione divina che poteva essere assorbita dalle persone attraverso la fede e la predisposizione mentale.

Uno degli aspetti più affascinanti delle storie su Gröning è il concetto di "Heilstrom" o "flusso di guarigione". Gröning insegnava che questa energia divina poteva essere incanalata nel corpo semplicemente ascoltando attentamente il proprio ambiente e aprendo la mente e il cuore alla presenza divina. Secondo i racconti, taluni pazienti riportarono miglioramenti significativi o addirittura guarigioni complete dalle loro malattie croniche dopo aver partecipato agli incontri di Gröning o, come si diceva, anche solo pensando intensamente a lui e al suo messaggio.

Le sue pratiche e il modo con cui attraeva le persone portarono a un grande interesse mediatico e sociale. Migliaia di persone, spesso disperate per la mancanza di risultati della medicina convenzionale, accorrevano per ascoltarlo e ricevere le sue benedizioni.

Tuttavia, l'attività di Bruno Gröning attirò anche critiche e opposizioni. Le autorità sanitarie cercarono di fermare le sue pratiche sostenendo che esse potevano mettere in pericolo la vita dei malati che rinunciavano ai trattamenti medici tradizionali. Alla fine, Gröning fu sottoposto a diversi procedimenti giudiziari e fu accusato di esercizio illecito della medicina, sebbene vi fossero sempre testimonianze di persone che affermavano di aver sperimentato miglioramenti significativi grazie alla sua influenza.

Dopo la sua morte nel 1959, il culto della sua personalità non solo perdurò ma, in certi ambiti, si accrebbe, portando alla nascita di comunità e gruppi di studio che ancora oggi seguono i suoi insegnamenti. L'opera di Gröning continua ad essere oggetto di studio e di controversia, affascinando molti per il suo approccio non convenzionale alla guarigione e al benessere spirituale.

La storia di Bruno Gröning mantiene ancora oggi un'aura di mistero ed è un esempio di come la fede e l'intenzione possano avere un impatto significativo sulle percezioni di salute e malattia, invitando a riflettere sulle interazioni tra mente, corpo e spirito.

L'auto-guarigione.

Nel contesto delle interpretazioni quantistiche legate al paranormale, una delle aree più intriganti è quella dell'auto-guarigione. Alcune culture hanno da tempo riconosciuto poteri di guarigione che oggi potrebbero essere rivisti sotto la lente della non-località quantistica. La possibilità che il corpo umano possa avere meccanismi intrinsecamente legati a fenomeni quantistici per promuovere la guarigione è un'idea che guadagna terreno tra alcuni ricercatori della frontiera scienza.

Uno dei teorici più rilevanti in questo discorso è il fisico David Bohm, che propose l'esistenza di un "ordine implicito", un livello di realtà in cui tutto è interconnesso. Questa prospettiva dà vita alla discussione se le tecniche di auto-guarigione, come la meditazione o le pratiche orientali, possano operare in modo simile ai principi dell'entanglement, creando connessioni che trascendono lo spazio fisico tradizionale.

Linguaggio, cultura e scienza hanno da sempre unito le forze per esplorare fenomeni altrimenti spiegabili. Ad esempio, il dottor Larry Dossey, medico e autore, ha studiato e scritto ampiamente su come la preghiera e la "intenzione" possano influenzare la salute, suggerendo che queste pratiche millenarie potrebbero interagire con campi quantistici ancora da comprendere appieno.

La non-località quantistica emerge come uno tra i più affascinanti e sconcertanti fenomeni.. Ora, cosa succede quando tale fenomeno incontra le teorie paranormali? E, più specificamente, come si correla il potere dell'intenzione e della preghiera alla salute umana all'interno di questo contesto? Qui entra in scena il dottor Larry Dossey, una figura prominente che ha dedicato anni alla comprensione di quest'interazione.

L'intenzione come forza di guarigione.

Il dottor Dossey, medico rispettato e autore di numerosi libri, ha approfondito la relazione tra preghiera, intenzione e salute. La nozione centrale di Dossey è che la mente umana, attraverso la focalizzazione dell'intenzione, possa influenzare la realtà fisica, inclusa la salute del corpo. Questo concetto si allinea in qualche modo con l'idea di non-località, suggerendo che la mente possa agire oltre i limiti fisici del cervello.

In "*Healing Words*" e altri suoi lavori, Dossey esplora studi scientifici che esaminano l'impatto della preghiera intercessoria, ovvero del la preghiera per il benessere degli altri. In alcuni studi controllati, è stato osservato che i pazienti per i quali si era pregato mostravano miglioramenti statisticamente significativi rispetto ai gruppi di controllo. Sebbene controversi e non senza critiche, questi studi offrono uno spunto di riflessione sul potenziale potere dell'intenzione.

Il concetto di intenzione non è nuovo nel mondo del pensiero filosofico e spirituale. La nozione che la mente e l'intenzione possano influenzare la realtà fisica risale a tradizioni antiche. Per esempio, nella filosofia orientale e nella pratica dello yoga, l'intenzione (o "Sankalpa") è vista come uno strumento per manifestare cambiamenti concreti nella vita di una persona, promuovendo la guarigione interiore ed esteriore.

Nel campo dell'autoguarigione, l'intenzione è percepita come un catalizzatore di cambiamenti fisiologici nel corpo. La consapevolezza e la focalizzazione della mente possono alterare lo stato del corpo, come suggerito da pratiche di meditazione e *mindfulness*, che si concentrano sul potere trasformativo del pensiero concentrato e consapevole. Questa prospettiva viene avvalorata dalla crescente ricerca scientifica sulla neuroplasticità, che dimostra la capacità del cervello di autoregolarsi e auto-ristrutturarsi in risposta ai pensieri e alle esperienze.

Oltre a Dossey, numerose figure di spicco hanno esplorato l'interazione tra coscienza e benessere. Parapsicologi come Dean Radin hanno studiato fenomeni come la telepatia e la guarigione a distanza, collegandoli a concetti quantistici. Radin, nel suo libro "*Entangled Minds*", suggerisce che le connessioni mentali funzionino secondo principi quantistici, non diversamente dall'entanglement.

Gli aneddoti abbondano anche nella cultura popolare. Ad esempio, le storie di guarigioni miracolose presso santuari religiosi, come Lourdes, vengono spesso attribuite al potere della fede e dell'intenzione collettiva, creando un'aura di speranza che travalica l'intervento medico.

Se accettato nel suo potenziale, il concetto che l'intenzione possa influenzare la realtà fisica potrebbe rappresentare un nuovo paradigma per la cura della salute. Comprendere come l'intenzione e la connessione mentale possano divenire parte integrante dei trattamenti medici significa abbracciare un approccio più olistico alla guarigione, in cui mente, corpo e spirito lavorano in sinergia.

Sebbene sia ancora necessaria un'attenta ricerca per convalidare questi fenomeni e determinarne i meccanismi, essi rappresentano un'opportunità unica per ampliare la nostra comprensione delle capacità umane, incrociando i confini tra scienza e spiritualità. In questo terreno ricco di possibilità e di scoperte future, il lavoro pionieristico di Dossey offre un invito a esplorare il potenziale inespresso che risiede nella mente e nell'anima umana.

Connessioni tra la non-località e potere di guarigione

Il legame tra la non-località quantistica e il potere di guarigione è oggetto di vivaci discussioni sia in ambito scientifico sia in quello delle tradizioni spirituali.

Nelle interpretazioni della meccanica quantistica, come quella di Bohm, si ritrova l'idea che la realtà non sia una serie di eventi separati, ma un tutto indissolubile. Questo modo di vedere potrebbe spiegare fenomeni apparentemente paranormali come la guarigione a distanza.

Il Reiki.

Sebbene molti scienziati rimangano scettici riguardo alla possibilità di un collegamento diretto tra fisica quantistica e pratiche o esperienze paranormali, l'idea della non-località trova una risonanza sorprendente in alcune di queste discipline, accendendo il dibattito sulle possibilità di un'interconnessione energetica universale.

Prendiamo ad esempio la pratica del Reiki, una disciplina energetica che ha conquistato popolarità in Occidente. Sebbene manchino prove scientifiche solide, alcuni aneddoti e studi preliminari riportano effetti significativi, descrivendo il Reiki come un flusso di energia che trascende lo spazio fisico.

Il Reiki è una pratica di guarigione energetica giapponese, sviluppata all'inizio del XX secolo da Mikao Usui. La parola "Reiki" è composta da due termini giapponesi: "Rei," che significa "universale," e "Ki," che si traduce in "energia vitale." Questa energia vitale, secondo i praticanti del Reiki, permea tutto l'universo e può essere incanalata attraverso le mani del guaritore verso il ricevente per favorire il benessere fisico, emotivo e spirituale.

Il Reiki si basa su principi spirituali e un profondo rispetto per l'energia che scorre in ogni essere vivente. Mikao Usui ha sviluppato anche cinque principi guida per i praticanti di Reiki, che includono l'invito alla pace interiore e alla consapevolezza, sostenendo valori come l'assenza di rabbia, il disconoscimento delle preoccupazioni, essere riconoscenti, lavorare diligentemente e essere gentili con gli altri. Questi principi, secondo Usui, aiutano a ottimizzare l'efficacia della pratica fornendo una base di equilibrio e armonia.

Durante una sessione di Reiki, il praticante solitamente chiede al ricevente di sdraiarsi comodamente in un ambiente tranquillo. Attraverso l'imposizione delle mani, l'operatore cerca di trasferire l'energia universale verso il paziente. Le mani possono talvolta toccare delicatamente il corpo, ma anche a mani sollevate si crede che il flusso di energia rimanga efficace. La sessione può durare da 20 minuti a un'ora e spesso viene accompagnata da una sensazione di profondo rilassamento.

I praticanti suggeriscono che il Reiki può aiutare a bilanciare e armonizzare i centri energetici, conosciuti anche come *chakra*. Sebbene la scienza tradizionale non abbia finora fornito una spiegazione concreta di come il Reiki possa produrre effetti fisici, molti partecipanti riportano esperienze di riduzione dello stress, sollievo dal dolore e miglioramento del benessere generale.

I sostenitori del Reiki spesso citano la sua capacità di promuovere il rilassamento e ridurre l'ansia come uno dei principali benefici. Alcuni studi preliminari suggeriscono che il Reiki possa influenzare positivamente condizioni legate allo stress e al dolore cronico, sebbene siano necessarie ulteriori ricerche per comprendere pienamente i meccanismi alla base di tali effetti.

In ambito culturale, il Reiki ha influito sulle pratiche terapeutiche in tutto il mondo, guadagnando terreno anche in ambienti ospedalieri come terapia complementare. Ad esempio, il famoso ospedale londinese St. George's ha condotto ricerche sui potenziali benefici del Reiki nei pazienti oncologici.

Le testimonianze personali riguardanti il Reiki spesso parlano di esperienze straordinarie e apparentemente miracolose.

Prendiamo il caso di un noto autore e terapeuta, William Lee Rand, che racconta del suo incontro trasformativo con il Reiki: una sensazione di pace profonda lo pervase, spingendolo a dedicare la sua vita alla diffusione di questa pratica.

Un altro racconto suggestivo riguarda un'infermiera che, utilizzando il Reiki in un ospedale di New York, descrive come molti pazienti riferiscano una diminuzione dell'ansia preoperatoria e una più rapida ripresa post-chirurgica. Sebbene questi effetti possano essere attribuiti anche a fattori psicologici e placebo, l'interesse per il Reiki continua a crescere, stimolando curiosità e sperimentazioni.

Il Reiki rappresenta un affascinante punto di incontro tra spiritualità e scienza moderna. La sua capacità di richiamare concetti di non-località quantistica offre una visione della realtà che sfida le nostre nozioni convenzionali dell'universo. Mentre la scienza continua a esplorare i confini della mente e dell'energia, pratiche come il Reiki ci invitano a considerare possibilità che vanno oltre l'ordinario, puntando a una comprensione più ampia delle potenzialità umane. La sua influenza culturale ed empirica suggerisce che, indipendentemente dalle conclusioni scientifiche, il Reiki rappresenta un potente strumento di connessione e guarigione interiore per molte persone in tutto il mondo.

Il Qigong.

Nel misterioso mondo della non-località quantistica, alcune pratiche antiche sembrano offrire un senso di connessione universale che sfida il nostro comune modo di comprendere il mondo. Il Qigong, una disciplina cinese millenaria, incarna questo concetto attraverso la sua combinazione di movimento, meditazione e controllo del respiro, che mirano ad accrescere e riequilibrare l'energia vitale, o "*Qi*". Questo flusso energetico, secondo i praticanti di Qigong, può essere canalizzato per promuovere la salute e il benessere, a volte superando le spiegazioni scientifiche convenzionali e richiamando l'idea di una interconnessione quantistica.

Il termine "Qigong" deriva da "*Qi*," l'energia vitale che pervade l'universo, e "*Gong*," che si riferisce al lavoro o alla pratica. Le radici del Qigong affondano nella storia cinese di oltre 5000 anni, con influenze provenienti dalla medicina tradizionale cinese, oltre che da pratiche filosofiche taoiste e buddiste. Questa antica disciplina è stata tradizionalmente utilizzata per promuovere la salute fisica, migliorare la longevità, e coltivare la spiritualità.

I maestri di Qigong hanno da sempre sostenuto che l'energia vitale può essere armonizzata attraverso pratiche quotidiane, influenzando positivamente il corpo e la mente. Questo approccio olistico alla salute si allinea con la filosofia della medicina tradizionale cinese, secondo cui un flusso equilibrato di Qi è essenziale per il benessere.

Il Qigong si pratica attraverso una combinazione di posture statiche e dinamiche, esercizi di respirazione e meditazione. Queste pratiche variano da forme più leggere e meditative a quelle più fisicamente impegnative. Una sessione tipica di Qigong può iniziare con movimenti lenti e fluidi, accompagnati da una respirazione profonda e consapevole, seguiti da momenti di quiete e meditazione.

Un elemento cruciale del Qigong è la consapevolezza, che incoraggia il praticante a focalizzarsi sul respiro e sul movimento per favorire un flusso armonioso di Qi attraverso il corpo. Questa pratica regolare è considerata fondamentale per incrementare l'energia vitale, migliorare la salute e incrementare la consapevolezza spirituale.

Numerosi studi hanno suggerito che il Qigong può offrire benefici significativi, tra cui una riduzione dello stress, un miglioramento della flessibilità, dell'equilibrio e della salute mentale. Anche se le evidenze scientifiche definitive sono ancora in fase di sviluppo, molti praticanti riportano esperienze di guarigione straordinarie, a volte al di là delle spiegazioni razionali.

Il Qigong ha attratto l'interesse di vari ambienti culturali globali, venendo integrato in programmi di benessere e riabilitazione nei paesi occidentali. Personaggi come il dottor Yang Jwing-Ming, un rinomato esperto di arti marziali e medicina tradizionale cinese, hanno svolto un ruolo importante nella promozione del Qigong in Occidente attraverso libri, seminari e centri di istruzione.

Molti racconti e testimonianze personali sottolineano la potenza del Qigong come metodo di guarigione e trasformazione personale. Ad esempio, si narra di una donna che praticava Qigong quotidianamente per gestire una condizione cronica di dolore. La sua esperienza riportava non solo un sollievo fisico, ma anche un profondo miglioramento dell'umore e un aumento della resilienza emotiva.

In un altro caso, un uomo affetto da stress lavorativo trovò nel Qigong un rifugio sicuro, descrivendo una sensazione di connessione interna che lo aiutava a mantenere la calma e la concentrazione nei momenti difficili. Queste esperienze riflettono ciò che molti vedono come il vero potere del Qigong: una pratica che invita a esplorare un livello più profondo di interconnessione tra corpo, mente e spirito, simile alla misteriosa comunicazione non locale proposta dalla fisica quantistica.

In un'epoca in cui la scienza esplora incessantemente i confini della realtà quantistica, pratiche antiche come il Qigong ci offrono una prospettiva unica sull'interconnessione universale. Sebbene il legame diretto con i fenomeni quantistici rimanga un campo di vivace dibattito, il Qigong continua a ispirare migliaia di persone in tutto il mondo, fornendo strumenti per la guarigione personale e un ritrovato senso del sé in armonia con l'universo. Mentre i nostri metodi scientifici avanzano, pratiche come il Qigong ci ricordano che la saggezza antica può ancora sorprenderci con profondi insegnamenti sulla nostra esistenza interconnessa.

Risonanze scientifiche e culturali.

In ambito culturale, diversi leader spirituali e scienziati visionari hanno cercato di unificare concetti di spiritualità e fisica quantistica. Il Dalai Lama, per esempio, ha promosso dialoghi tra la scienza e il buddhismo per esplorare queste connessioni. Allo stesso modo, Deepak Chopra ha spesso argomentato che la coscienza umana potrebbe interagire con il mondo fisico in modi che la scienza quantistica sta cominciando a scoprire.

Tuttavia, è essenziale procedere con cautela quando si esplora l'incerta frontiera tra scienza e spiritualità. La non-località quantistica offre uno schema interpretativo utile, ma rimane tuttora una realtà che sfugge alla comprensione scientifica completa. Finché non avremo una chiara dimostrazione sperimentale, il terreno su cui si cammina resta quello delle ipotesi e delle possibilità.

In definitiva, la non-località quantistica rappresenta una finestra su una percezione dell'universo che potrebbe legittimare o spiegare esperienze e fenomeni altrimenti considerati paranormali. Mentre il viaggio verso la piena comprensione è solo all'inizio, questa esplorazione continua a ispirare tanto la scienza quanto la crescita spirituale, aprendo il cuore e la mente a nuove possibilità dell'universo.

La preghiera ha un potere non-locale?

La non-località sfida la nostra comprensione tradizionale dello spazio e del tempo. Ma potrebbe anche fornire una serie di chiavi interpretative per i fenomeni paranormali?

Prendiamo il potere di guarigione, per esempio. Tradizioni in tutto il mondo riportano eventi in cui la guarigione sembra avvenire senza intervento fisico diretto. Alcuni teorici hanno iniziato a esaminare queste esperienze attraverso la lente della fisica quantistica, suggerendo che la non-località potrebbe spiegare come l'intenzione di un guaritore possa avere effetti su un paziente distante. Sebbene i dati scientifici su questo argomento siano ancora frammentati, alcuni studi preliminari su pratiche come il Reiki o la terapia a distanza hanno iniziato a indagare questo potenziale collegamento.

E che dire della preghiera? Per millenni, la preghiera è stata vista come un mezzo potente per comunicare con una realtà trascendente, con effetti documentati sia a livello individuale che comunitario. Studi scientifici hanno cercato di comprendere il meccanismo attraverso cui la preghiera potrebbe influire su eventi fisici e salute. In questo contesto, la non-località suggerirebbe un legame che trascende la causalità convenzionale, permettendo alla preghiera di esercitare un'influenza non locale.

L'interesse per questo argomento non è nuovo. Carl Jung, famoso per i suoi studi sull'inconscio collettivo, collaborò con il fisico Wolfgang Pauli per esplorare le connessioni tra psiche e materia attraverso la sincronicità, eventi che sembrano magicamente collegati sebbene privi di una causa evidente. In un certo senso, potremmo considerare questi fenomeni non troppo lontani dalla non-località quantistica.

Inoltre, personalità come Deepak Chopra hanno promosso l'idea che le teorie quantistiche supportino una visione dell'universo interconnessa, dove lo spirito e la materia sono aspetti di una stessa realtà. Questa interpretazione contribuisce al dibattito più ampio su come la scienza moderna possa interagire con le antiche tradizioni e credenze spirituali.

Naturalmente, qualsiasi legame tra non-località e fenomeni paranormali è oggetto di vivace dibattito nella comunità scientifica e non tutti sono d'accordo sull'applicabilità di tali connessioni. Tuttavia, il dialogo tra fisica quantistica e paranormale offre un terreno fertile per l'esplorazione di nuove idee e possibilità. In un certo senso, può ispirare una visione più aperta della realtà, in cui l'inspiegabile non è relegato a una nicchia, ma piuttosto considerato una sfida per la nostra continua ricerca di comprensione.

La potenza del pensiero.

Nell'affascinante mondo della fisica quantistica, poche teorie hanno alimentato dibattiti più accesi e speculazioni più audaci della non-località. Fenomeni apparentemente inspiegabili si materializzano con la semplicità di un coniglio tirato fuori da un cappello magico: particelle che comunicano istantaneamente a distanze cosmiche, violando qualsiasi intuizione classica di spazio e tempo. È in questo paesaggio esotico che molti trovano una giustificazione scientifica per quelli che potremmo definire fenomeni paranormali. C'è chi vede in questa connessione non solo un'ancora per indagare la potenza del pensiero, ma anche un ponte culturale tra antiche credenze e moderne interpretazioni del possibile.

La non-località quantistica è la bizzarra conseguenza delle leggi della meccanica quantistica, una teoria che governa il mondo microscopico delle particelle subatomiche. La non-località ha guadagnato il suo status di icona pop con l'esperimento dell'entanglement, definito da Albert Einstein come "azione spettrale a distanza". Nella sua forma pura, significa che due particelle intrecciate possono influenzarsi istantaneamente, indipendentemente dalla distanza che le separa.

Per i teorici del paranormale, questo suggerisce la possibilità di connessioni mentali o spirituali che trascendono la distanza fisica. Potrebbe il pensiero umano influire su eventi lontani o persino comunicare senza parole, tramite un meccanismo simile all'entanglement?

Esplorando la possibilità che il pensiero umano possa operare in modalità non locali, ci imbattiamo in una vasta rete di credenze condivise attraverso culture e secoli. L'antropologo e studioso dei fenomeni paranormali Dean Radin, autore di "*The Conscious Universe*", sostiene che, se il pensiero influisce sulla realtà fisica, come suggeriscono risultati di alcuni esperimenti psicocinetici, allora ci confrontiamo con una sorta di non-località della mente.

Gli esperimenti sull'energia delle intenzioni, come quelli condotti dallo scienziato giapponese Masaru Emoto, che studiava l'impatto delle emozioni sui cristalli d'acqua, alimentano questa narrativa.

Masaru Emoto era un ricercatore giapponese noto per i suoi esperimenti sull'acqua. Egli sosteneva che le emozioni umane e le intenzioni potevano influenzare la struttura molecolare dell'acqua. Secondo Emoto, esponendo l'acqua a parole, musica o pensieri positivi, si formavano cristalli di ghiaccio esteticamente piacevoli e simmetrici, mentre l'acqua esposta a input negativi generava cristalli deformi e disordinati.

Emoto fotografava i cristalli d'acqua formati dopo il congelamento in diverse condizioni e sosteneva che le immagini dimostrassero l'effetto delle intenzioni umane sulla struttura fisica dell'acqua. Queste idee furono pubblicate in una serie di libri, tra cui "*The Hidden Messages in Water*", che hanno suscitato interesse e discussioni sul rapporto tra coscienza e materia.

Va notato, però, che gli esperimenti di Emoto sono stati criticati dalla comunità scientifica. Nonostante queste critiche, le idee di Emoto hanno affascinato molte persone e sono state interpretate da alcuni come un'affermazione di una connessione esoterica tra mente e materia. Ciò che emerge da questi dibattiti è un interesse per l'idea che i pensieri e le intenzioni possano avere effetti oltre il regno del tangibile, anche se, ad oggi, non ci sono prove scientifiche concrete a supporto di tali affermazioni.

Sebbene controversi, questi studi stimolano riflessioni sulla nostra capacità di influenzare la realtà fisica attraverso stati mentali, ridisegnando confini e possibilità umane.

La connessione tra non-località e mente trova risonanza nelle filosofie orientali, dove la separazione tra interno ed esterno viene spesso rifiutata a favore di una percezione olistica della realtà. L'antico concetto di "Akasha", presente nelle scritture induiste, descrive un etere mentale in cui tutto è interconnesso, anticipando forse quello che la fisica moderna sta scoprendo.

L'idea di "Akasha" proviene dalle antiche scritture e tradizioni filosofiche dell'India, in particolare dalle scuole di pensiero induiste e vediche. Nella cosmologia induista, Akasha è uno dei cinque elementi fondamentali, insieme a terra, acqua, fuoco e aria. È spesso tradotto come "etere" o "spazio" ed è considerato il substrato in cui risiedono e si manifestano tutti gli altri elementi.

Akasha va oltre il semplice elemento fisico ed è spesso associato a un tipo di spazio o campo sottile, che è visto come il contenitore di tutte le informazioni e delle energie. Nelle tradizioni esoteriche, Akasha è talvolta descritto come una dimensione mentale o spirituale che conserva i ricordi e le esperienze dell'universo, a volte interpretato come una sorta di "archivio" universale, noto anche come "registri akashici". Questi registri sarebbero un deposito metafisico di tutte le conoscenze e gli eventi.

Il concetto è molto simile all'inconscio collettivo di Jung e ai relativi archetipi.

L'interesse contemporaneo per la connessione tra Akasha e la fisica moderna si basa su concetti come l'entanglement quantistico e la teoria dei campi unificati, che suggeriscono che tutto nell'universo è collegato a un livello elementare. In particolare, la fisica quantistica ha rivelato che particelle separate possono mostrare interconnessioni istantanee indipendentemente dalla distanza che le separa, un fenomeno che alcuni trovano simile all'interconnettività universale suggerita dall'idea di Akasha.

Sebbene l'entanglement quantistico e altre scoperte simili della fisica moderna non confermino le interpretazioni spirituali dell'Akasha, queste scoperte sono spesso viste come un ponte tra le antiche intuizioni filosofiche e la moderna comprensione scientifica della realtà. È importante notare, tuttavia, che la scienza non tratta l'Akasha come un concetto fisico verificabile, ma piuttosto come un'interessante analogia per esplorare idee su come l'universo potrebbe essere interconnesso su un livello più profondo.

Nel mondo occidentale, la non-località quantistica trova un compagno spirituale nel pensiero del filosofo francese Henri Bergson, che propose il concetto di un "*tempo durevole*", una sorta di totalità temporale che somiglia sorprendentemente all'ambito indefinito delle possibilità quantistiche.

Henri Bergson, filosofo francese vissuto tra il XIX e il XX secolo, ha contribuito in modo significativo alla filosofia con le sue idee sul tempo e sulla realtà. Bergson introduce il concetto di "durevolezza" (in francese, "*la durée*"), un tipo di tempo che differisce dalla concezione meccanica e lineare tipica della fisica classica. Secondo Bergson, la durevolezza è un tempo vivido, qualitativo e sperimentato direttamente, anziché quantificabile in termini di secondi, minuti e ore. Egli descrive la durevolezza come una sorta di flusso continuo e indivisibile, in cui il passato persiste nel presente e fluisce nel futuro.

Questa idea si differenzia dalla concezione scientifica tradizionale del tempo come una sequenza di istanti misurabili separati e può sembrare risuonare con alcuni aspetti della fisica quantistica. Nella fisica moderna, e in particolare nei fenomeni di non-località quantistica, emerge l'idea che particelle distanti possano essere immediatamente connesse, e l'osservazione di una può influenzare istantaneamente l'altra, indipendentemente dalla distanza tra loro. Questo comportamento sfida la nostra comprensione intuitiva del tempo e dello spazio, suggerendo un intero più interconnesso e "non-locale".

La connessione tra le idee di Bergson e la fisica quantistica risiede nel modo in cui entrambe le prospettive mettono in discussione una visione puramente meccanicistica e deterministica dell'universo. Bergson vede la realtà come qualcosa di fluido e creativo, in cui il tempo non è semplicemente una dimensione rigida attraverso cui ci muoviamo, ma un elemento fondamentale della nostra esperienza cosciente e del cambiamento nel mondo. In un certo senso, la "durevolezza" di Bergson può essere vista come una metafora delle potenzialità indefinite e delle interconnessioni che alcune interpretazioni della meccanica quantistica suggeriscono, dove il futuro è una gamma di possibilità piuttosto che un singolo percorso predeterminato.

Mentre le idee di Bergson e i fenomeni quantistici appartengono a sfere diverse - filosofia e fisica - l'interesse per le loro somiglianze evidenzia una ricerca più ampia di comprendere la realtà in modo integrato, riconoscendo il tempo, la coscienza e la materia come elementi interconnessi di un tutto più ampio e complesso.

Coloro che credono nelle proprietà curative delle energie sottili o delle pratiche olistiche possono vedere nella sincronicità una prova di comunione spirituale o energetica. Ad esempio, alcuni raccontano di esperienze in cui individui affermano di aver ricevuto intuizioni o segnali che hanno portato a decisioni di vita cruciali, talvolta influenzando positivamente la loro salute mentale o fisica.

Allo stesso modo, personaggi storici come Albert Einstein e Wolfgang Pauli hanno mostrato un profondo interesse per l'intersezione tra fisica e psicologia, con Pauli collaborando con Jung per esplorare i legami tra meccanica quantistica e coscienza. Il loro lavoro ha aperto il dialogo su come la mente potrebbe interagire o addirittura influenzare la realtà fisica, alimentando ipotesi su una "connessione quantistica" capace di superare le distanze fisiche.

Un mondo di possibilità.

Il regno della non-località quantistica ci invita a una riflessione filosofica e scientifica su capacità ed eventi che, se veri, risiedono al di fuori del nostro attuale paradigma fisico. Molte domande restano inevase, ma la possibilità che il pensiero umano non sia vincolato dai limiti del mondo fisico tradizionale accende l'immaginazione.

Mentre ci avventuriamo nel ventunesimo secolo, la ricerca su queste connessioni potrebbe spalancare nuove finestre non solo su una scienza più completa della materia e dell'energia, ma anche sulla comprensione più profonda di noi stessi – come esseri fisici e mentali in un universo quantistico senza confini.

L'idea che la nostra mente possa interagire con la realtà in modi che vanno oltre la nostra comprensione convenzionale è affascinante e, sotto molti aspetti, rivoluzionaria. Se la non-località quantistica ci suggerisce che esistono connessioni tra particelle a distanze impensabili, potrebbe essere vero anche per le nostre menti, almeno a un livello ipotetico.

Studi pionieristici condotti da enti di ricerca come il *Princeton Engineering Anomalies Research* (PEAR) hanno esplorato il ruolo della mente nel modificare risultati casuali. Nonostante le critiche e le dispute sulla loro validità scientifica, questi studi continuano a ispirare dibattiti e nuove ricerche.

Nel campo sempre crescente della psicologia transpersonale, alcune teorie sotengomo che la mente non sarebbe un mero sottoprodotto del cervello ma un'entità più vasta, capace di sintonizzarsi su una rete di informazioni ancorata nell'universo stesso. Così la mente saprebbe creare una tela di non-località mentale che si riflette in esperienze mistiche e paranormali.

Tuttavia, la strada verso una comprensione piena di questi fenomeni è ancora lunga e irta di sfide. La scienza tradizionale richiede prove rigorose e verificabili, e molte esperienze paranormali restano elusive, sfuggendo agli studi empirici tradizionali. Inoltre, l'interpretazione dei dati spesso varia tra studiosi entusiasti e scettici risoluti.

La non-località quantistica, sebbene accettata in ambito fisico, deve ancora dimostrare la sua applicabilità diretta alla mente umana. Tuttavia, la possibilità di una dimensione mentale che operi senza i vincoli dello spazio e del tempo offre un nuovo panorama di studio, senza dogmatiche barriere, unendo talvolta scienza e spiritualità in un dialogo ancora da approfondire..

In sintesi, l'emergente comprensione della non-località quantistica non solo solleva interrogativi sulla natura della realtà fisica, ma ci invita a esplorare una versione più ampia della nostra esistenza, in cui l'intuizione umana e i potenziali psichici potrebbero avere un ruolo più significativo. Questa prospettiva ci spinge a considerare l'universo come un sistema integrato, in cui ogni parte è connessa con tutte le altre, offrendo un invito a riconsiderare la nostra relazione con il cosmo e, inevitabilmente, con noi stessi.

In questo viaggio di scoperta, aperto da menti curiose come quelle dei fisici quantistici e dei filosofi, emergeranno probabilmente nuove metodologie e intuizioni che arricchiranno la nostra comprensione delle capacità umane. Nel frattempo, la frontiera tra il fisico e l'intangibile rimane un affascinante confine da esplorare, pieno di sorpresa e mistero, ma anche di potenziale rivelazioni.

I poteri paranormali sono poteri di non-località?

In un mondo sempre più affascinato dalla connessione tra scienza e misticismo, il concetto di non-località quantistica è emerso come cardine interpretativo per fenomeni spesso classificati come paranormali. Lontano dall'essere un'idea marginale, la non-località trova radici profonde nella fisica quantistica, in particolare nel fenomeno noto come entanglement. Einstein stesso lo definì "*azione spettrale a distanza*", una descrizione evocativa per quella che appare essere una violazione delle distanze classiche, permettendo a particelle intrecciate di influenzarsi istantaneamente a distanze cosmiche.

L'esistenza di facoltà paranormali è stata spesso salutata con scetticismo. Tuttavia, figure come Dean Radin hanno cercato di integrare rigorosi approcci scientifici con l'esplorazione di fenomeni quali la psicocinesi e l'intuizione, suggerendo che la mente stessa possa operare come un'entità non-locale. Radin, attraverso esperimenti controllati, ha cercato di dimostrare che il solo pensiero possa influenzare la realtà fisica, un principio che riecheggia negli esperimenti di Masaru Emoto. Emoto ha esplorato come le intenzioni umane potessero modificare la struttura cristallina dell'acqua, in un dialogo tra mente e materia che sfida le convinzioni tradizionali.

La non-località non è un concetto esclusivamente scientifico ma spalanca porte su percezioni culturali e filosofiche. Nell'antica tradizione Hindu, il concetto di Akasha rappresenta un'eterea matrice dell'universo, dove ogni evento accaduto e ancora da accadere è eternamente presente. Similmente, Henri Bergson con la sua idea di "*duree*" suggerisce una dimensione del tempo che è continua e creativa, piuttosto che segmentata e lineare, risonante con la non-località come tessuto connettivo oltre i limiti del qui e ora.

Attraversando il confine tra filosofia e psicologia, Carl Jung introduce il concetto di "sincronicità", eventi che coincidono temporalmente ma senza una causalità lineare evidente. La sincronicità potrebbe essere interpretata come manifestazione tangibile di connessioni non-locali, suggerendo un tessuto invisibile che unisce la psiche e il mondo esterno.

La non-località quantistica, dunque, offre una prospettiva ricca e multidimensionale per interpretare i fenomeni paranormali. Essa invita a considerare che questi eventi, lungi dall'essere mere curiosità, potrebbero rappresentare manifestazioni di un'unica realtà unificante che trasgredisce i confini del tempo e dello spazio percepiti, sollevando interrogativi profondi sulla natura stessa della nostra esistenza e il suo incrocio con il potere del pensiero e della coscienza.

Opere che hanno influenzato il pensiero contemporaneo.

Nel vasto panorama delle teorie che cercano di spiegare gli enigmi dei fenomeni paranormali, un approccio particolare spicca per la sua originalità: l'interpretazione quantistica attraverso la lente della non-località. Questa prospettiva ha offerto una nuova finestra su realtà considerate da tempo al di fuori della scienza tradizionale. A guidare il lettore lungo questo affascinante percorso vi sono diversi libri e saggi che hanno aperto la strada a considerazioni audaci e spesso controverse.

Dean Radin e "The Conscious Universe".

Uno dei testi più emblematici è *"The Conscious Universe"* di Dean Radin, un pioniere nel campo della ricerca sulla parapsicologia. Radin esplora in profondità il potere della coscienza e come essa possa interagire con la realtà fisica attraverso meccanismi che la fisica quantistica potrebbe spiegare. Il libro si basa su una grande quantità di esperimenti che suggeriscono l'esistenza di fenomeni quali la telepatia e la precognizione, vedendo nella non-località quantistica una spiegazione plausibile per queste apparenti anomalie.

Il concetto di non-località quantistica si riferisce alla capacità delle particelle di influenzarsi reciprocamente a distanza, in modo istantaneo, sfidando la separazione spaziale; un comportamento misterioso reso celebre dai celebri esperimenti della doppia fenditura e dall'entanglement quantistico. Qui entra in gioco Radin, che nella sua opera cerca di mostrare come la mente umana potrebbe esercitare un'influenza simile sulla realtà.

Dean Radin, con una carriera che naviga tra la fisica e la psicologia, propone che la coscienza non sia limitata al funzionamento interno della mente umana, ma che possa estendersi oltre, interagendo con il mondo fisico. Questo argomento è affrontato attraverso una serie di esperimenti che esplorano fenomeni come la telepatia, la preveggenza e l'interazione mente-materia, tutti accomunati dall'apparentemente inspiegabile connessione a distanza.

Un esempio concreto tratto da "The Conscious Universe" è l'esperimento noto come il "Global Consciousness Project". Questo progetto, guidato da Radin e altri ricercatori, ha tentato di misurare l'influenza collettiva della coscienza umana su dispositivi generati casualmente (RNGs - *Random Number Generators*) distribuiti globalmente. I risultati hanno suggerito un cambiamento sistematico nei dati raccolti durante eventi globali emotivamente coinvolgenti, come i disastri naturali o le celebrazioni globali, che sembra sfidare la spiegazione statistica ordinaria.

Radin non è solo nel suo viaggio attraverso l'ambiguo confine della scienza e del paranormale. Il suo lavoro attrae sia ferventi sostenitori che critici scettici. La sua visione della coscienza che influenza la realtà fisica ricorda il tema centrale della trilogia *"The Matrix"*, dove la percezione e la realtà sono interamente interconnesse e plasmabili. Radin cita anche diverse tradizioni spirituali e filosofiche che, da millenni, suggeriscono una visione dell'universo come intrinsecamente interconnesso, un pensiero che oggi trova eco nel potenziale entanglement della coscienza stessa.

Critici come Richard Wiseman e James Randi sollevano obiezioni riguardo alla mancanza di replicabilità e alla robustezza metodologica degli esperimenti paranormali, enfatizzando la necessità di rigore scientifico. Tuttavia, Radin ribatte con un approccio che sottolinea la complessità di misurare fenomeni che si situano al di fuori delle nostre attuali capacità di comprensione, invitando la comunità scientifica a mantenere una mentalità aperta.

Uno dei concetti più provocatori trattati nel libro è l'idea che la coscienza umana possa non essere solo un sottoprodotto emergente dei processi cerebrali, ma piuttosto un elemento fondamentale della struttura dell'universo. Queste idee echeggiano nelle interpretazioni avanzate della meccanica quantistica, come quella della "coscienza che fa collassare la funzione d'onda", attribuita a studiosi come John von Neumann e Eugene Wigner, che suggerisce che l'osservazione cosciente possa determinare lo stato di un sistema quantistico.

"The Conscious Universe" invita a considerare queste possibilità con un mix di apertura e cautela, una danza sottile tra il rigore scientifico e l'esplorazione delle frontiere della conoscenza. Mentre alcuni aspetti rimangono oggetto di dibattito e critica, l'opera di Radin rappresenta un cantiere aperto nel viaggio verso la comprensione del nostro posto nell'universo e del potenziale inespresso della mente umana. Attraverso questo lavoro, si staglia una domanda essenziale.

Se la coscienza ha realmente la capacità di interagire con il mondo quantistico, quali sono le implicazioni per la nostra comprensione della realtà stessa?

Fritjof Capra e il "Il Tao della fisica".

Non possiamo non menzionare Fritjof Capra e il suo *"Il Tao della fisica"*, un'opera che, pur non focalizzandosi esclusivamente sui fenomeni paranormali, stabilisce un potente parallelismo tra i misteri del mondo quantistico e le antiche tradizioni spirituali. Capra indaga come la fisica moderna e la filosofia orientale condividano una visione olistica dell'universo, un tema che trova risonanza anche tra coloro che studiano il paranormale attraverso un prisma quantistico.

Il nocciolo della tesi di Capra in "*Il Tao della fisica*" si fonda sull'affascinante parallelismo tra la fisica moderna (in particolare la teoria quantistica e la relatività) e i principi fondamentali del misticismo orientale, come quelli del Buddhismo, dell'Induismo e del Taoismo. Capra propone che entrambe le tradizioni offrono una visione dell'universo come un'entità interconnessa e dinamica, dove la separazione tra materia e spirito si dissolve in una unità fondamentale. Questa visione olistica, sostiene Capra, trova mirabile espressione nella fisica quantistica, la quale sovverte il modo tradizionale di concepire il mondo come una macchina divisa in parti distinte.

Un esempio emblematico del libro è il confronto tra il concetto di "*vuoto*" nella fisica moderna e quello nel Taoismo. Nella fisica quantistica, il vuoto non è un'assenza di tutto, ma un campo vibrante di potenziali (il "vuoto quantistico") da cui possono emergere particelle. Questo rispecchia la nozione taoista del "*wu*", un vuoto fertile da cui tutto prende forma. "*Il Tao della fisica*" esplora come questa interconnessione dinamica è quasi identica all'insegnamento taoista che l'universo e il vuoto sono parte di un ciclo continuo di creazione e distruzione.

L'opera di Capra esplora anche le implicazioni dell'entanglement quantistico. Come detto, nell'entanglement le particelle restano collegate indipendentemente dalla distanza, comportandosi come un sistema unico. Paradossalmente, questo fenomeno ricorda l'idea buddhista di interdipendenza, dove ogni cosa è connessa a ogni altra in un intricato tessuto di relazioni. In un noto passaggio del libro, Capra afferma:

"La fisica non studia gli oggetti, ma relazioni tra oggetti",

una citazione che sintetizza l'approccio olistico comune a entrambe le tradizioni.

Nonostante le sue intuizioni, "*Il Tao della fisica*" ha attirato anche le solite critiche. Alcuni scienziati hanno suggerito che Capra tracci paralleli forzati tra argomentazioni spirituali e fisiche. Tuttavia, questi parallelismi, al di là delle loro confuse differenze di metodo e obiettivi, sono visti da Capra non come equivalenze scientifiche, ma come sovrapposizioni percettive che favoriscono una comprensione più profonda della nostra esistenza e del cosmo.

Dal punto di vista culturale, il libro è stato influente tra i movimenti New Age, che abbracciano interpretazioni che vedono la scienza moderna e le filosofie della saggezza antica come vie non conflittuali per esplorare la realtà. "*Il Tao della fisica*" è stato essenziale per facilitare una discussione più ampia sul ruolo della spiritualità nel mondo scientifico contemporaneo, incoraggiando pensatori e ricercatori a esaminare come diversi domini di conoscenza possano interagire per arricchire la nostra comprensione del mistero universale.

In conclusione, il lavoro di Fritjof Capra rimane un faro per chi cerca di riconciliare le profonde intuizioni della scienza con le esperienze mistiche senza tempo. "*Il Tao della fisica*" sfida il lettore a non limitarsi ai confini di una sola disciplina, ma a guardare oltre, per vedere come la scienza e lo spirito possano unirsi in un dialogo costruttivo, offrendo una visione del mondo che è olistica, interdipendente e infinitamente affascinante.

Lynne McTaggart, e "The Field".

Lynne McTaggart, rinomata giornalista e autrice di libri di grande interesse nel panorama contemporaneo, si cimenta con queste tematiche nel suo celebre libro "*The Field: The Quest for the Secret Force of the Universe*". Questa opera esplora l'interessante ipotesi secondo cui il pensiero e l'intenzione umana non sarebbero solo strumenti di percezione, ma potenzialmente forze capaci di influire sul mondo fisico.

"*The Field*" si basa su una vasta gamma di ricerche scientifiche e testimonianze che suggeriscono come l'universo possa essere considerato come un campo di energie interconnesse, un concetto che risuona profondamente con il principio di non-località quantistica, dove particelle distanti nello spazio possono influenzarsi reciprocamente in modi che sfidano la logica classica. McTaggart sintetizza queste idee proponendo che siamo tutti immersi in questo "campo" energetico, una rete invisibile che interconnette ogni cosa nell'universo.

Uno dei personaggi chiave citati nel libro è il fisico Fritz-Albert Popp, che esplorò il ruolo dei biofotoni, deboli emissioni luminose delle cellule biologiche, suggerendo che essi possano essere una forma di comunicazione intercellulare. Questo lavoro offre un ponte metaforico tra le scienze naturali e l'idea che la coscienza possa influenzare la realtà fisica condivisa. Inoltre, McTaggart esplora esperimenti quali quelli condotti da Robert Jahn alla *Princeton Engineering Anomalies Research* (PEAR) lab, che hanno registrato variazioni inaspettate in dispositivi meccanici e sistemi elettronici in presenza di osservatori umani, suggerendo un'interazione tra mente e macchina.

Un altro esempio notevole include esperimenti di "visione a distanza", dove partecipanti separati da chilometri di distanza riescono a descrivere accuratamente oggetti o scene, supportando l'idea che la non-località possa applicarsi anche a fenomeni mentali. Questi studi aperti a interpretazioni speculative sono usati da McTaggart per unire la scienza moderna a pratiche spirituali antiche e filosofie orientali, come il pensiero taoista, che postula una connessione innata fra tutta l'esistenza.

McTaggart incorpora anche il lavoro del biologo Rupert Sheldrake, noto per la sua teoria dei "campi morfogenetici", proponendo che non solo il comportamento degli organismi ma anche le forme possano essere influenzate da campi informativi invisibili. Questa idea suggerisce che il "campo" possa fungere da veicolo attraverso cui l'intenzione cosciente lascia un'impronta sul mondo materiale.

Culturalmente, "*The Field*" intreccia queste nozioni accattivanti con una narrativa che richiama alla memoria antiche pratiche di guarigione e rituali mistici un tempo banditi dal pragmatismo della scienza moderna, ma che ora tornano a echeggiare grazie a questi nuovi paradigmi scientifici. McTaggart riesce a presentare una visione del mondo dove la scissione tra mente e materia potrebbe non essere così netta, stimolando non solo gli appassionati di scienza, ma anche coloro che cercano significati più profondi e intimi nella natura dell'esistenza umana.

L'opera rappresenta un punto di convergenza tra teorie scientifiche d'avanguardia e intuizioni filosofiche millenarie, restituendo un quadro affascinante della potenziale capacità creativa della coscienza nel modellare la realtà.

Fred Alan Wolf e "Taking the Quantum Leap".

Un concetto importante è la decoerenza quantistica. Questo fenomeno spiega perché il mondo macroscopico appare classico e deterministico, mentre il livello quantistico è pieno di stranezze probabilistiche. La decoerenza è essenzialmente il processo attraverso cui un sistema quantistico perde la sua unità quantica a causa dell'interazione con l'ambiente, impedendo così che gli stati sovrapposti siano mai osservati da un osservatore umano.

Per i teorici del paranormale, la decoerenza potrebbe offrire un ponte per comprendere apparizioni o comunicazioni medianiche. Si parla di "fughe" o "incursioni" da e verso la coerenza quantistica, motivando apparenti manifestazioni paranormali. Un esempio evocativo è il famoso esperimento della doppia fenditura: quando non osservata, una particella attraversa simultaneamente più percorsi; invece, se osservata, la stessa particella prende una sola via. In un contesto paranormale, questa dualità potrebbe spiegare come certi fenomeni possano esistere al margine tra visto e non visto.

In laboratori di tutto il mondo, scienziati stanno cercando di avvicinarsi sempre più alla verifica delle teorie sulla decoerenza. Gli esperimenti con il teletrasporto quantistico, ad esempio, potrebbero un giorno dimostrare connessioni non locali tra particelle su scala macroscopica, offrendo ulteriore supporto all'esistenza di realtà parallele o multiple. Inoltre, lo studio dell'entanglement quantistico, dove particelle rimangono collegate a distanze considerevoli, continua a porre interrogativi affascinanti sui limiti della comunicazione e della presenza.

Uno dei più famosi pensatori ad abbracciare tali concetti è stato Erwin Schrödinger, noto per il suo felino quantistico immaginario che è simultaneamente vivo e morto. Anche lui avrebbe potuto intravedere un collegamento tra queste teorie e i fenomeni inspiegabili che ci affascinano, sfidandoci a oltrepassare i confini del nostro attuale paradigma scientifico.

In conclusione, mentre il mondo moderno marcia verso una comprensione sempre più dettagliata della realtà fisica, il multiverso e la decoerenza quantistica ci ricordano che altre strade potrebbero esistere. Chi può dire quali segreti ancora non svelati custodisce l'universo, o quanti di essi possano, alla fine, essere rivelati sotto il velo della non-località quantistica? Forse, in un futuro non troppo lontano, le risposte a tali domande schiuderanno porte che nemmeno i più visionari di oggi avrebbero potuto immaginare.

Detto ciò, vediamo come alcune delle persone più rilevanti nel campo abbiano cercato di costruire ponti tra la fisica quantistica e i fenomeni paranormali.

Di Deepak Chopra ho già parlato in precedenza.

Tra gli altri vari autorevoli esploratori di questo terreno immerso tra il scientifico e il sovrannaturale, Fred Alan Wolf emerge come un personaggio di spicco.

Fred Alan Wolf, noto anche con il soprannome di *"Dottor Quantum"*, è autore di numerosi libri che affrontano temi ai confini tra scienza e gnosi, tra cui *"Taking the Quantum Leap"* e "*The Spiritual Universe*". In queste opere, Wolf esplora come i principi della meccanica quantistica possano fornire una base per fenomeni che spesso sfuggono alla spiegazione razionale e che molti ascrivono al paranormale. Wolf propone l'idea che la coscienza dell'osservatore giochi un ruolo cruciale nell'esito degli eventi quantistici, una nozione che risuona con alcune interpretazioni dovute al celebre "paradosso del gatto di Schrödinger", che evidenzia come l'osservazione possa influire sullo stato finale di un sistema quantico.

Al cuore delle teorie di Wolf c'è la nozione che l'universo sia intrinsecamente interconnesso a livello profondo, un'idea che si allinea con il concetto di non-località quantistica, dove le particelle possono influenzarsi reciprocamente istantaneamente indipendentemente dalla distanza. Per Wolf, questa interconnessione potrebbe essere alla base di fenomeni che tradizionalmente cadono sotto l'ombrello del paranormale, come la telepatia, la visione a distanza e altre forme di percezione extrasensoriale.

Wolf non è stato mai timido nel portare avanti queste idee in contesti culturalmente e accademicamente diversificati, partecipando a conferenze internazionali e programmi televisivi, tra cui il popolare documentario "*What the Bleep Do We Know!?*", che esamina la connessione tra fisica quantistica e percezione della realtà. Un aspetto distintivo del contributo di Wolf è la sua abilità nel presentare concetti complessi attraverso metafore accessibili e narrazioni accattivanti, rendendo la fisica quantistica un argomento percorribile anche per i profani.

Tra le sue numerose metafore illuminanti, quella del "salto quantico" spicca per la sua semplicità ed efficacia, rendendo accessibile a molti l'idea di transizioni quantiche altrimenti astratte.

Il "salto quantico", un termine che ormai ha permeato il discorso comune per indicare un cambiamento significativo e apparentemente istantaneo, è utilizzato da Wolf per spiegare come le particelle subatomiche possano cambiare "stato" o "livello" senza attraversare le transizioni intermedie.

Analogamente, secondo Wolf, anche la nostra coscienza potrebbe subire "salti" simili, passando da uno stato di percezione o consapevolezza a un altro, senza bisogno di passaggi graduali o continui.

Wolf racconta spesso di come, negli esperimenti di fisica, le particelle sembrano essere dappertutto e da nessuna parte allo stesso tempo fino a che non vengono osservate. Questo concetto è ulteriormente incarnato dal "salto quantico" dove, proprio come un elettrone in un atomo che salta da un'orbita all'altra senza attraversare lo spazio intermedio, la nostra comprensione di una situazione potrebbe cambiare radicalmente con un improvviso balzo di intuizione.

Un esempio frequente che Wolf usa per concludere l'affermazione è tratto dalle svolte della vita reale che sembrano accadere in un istante, sia nelle scoperte scientifiche che nelle rivelazioni personali. Questi momenti riflettono i salti quantici in cui una situazione si riordina magicamente nell'arco di un momento. Come un enigma che rimane insolubile per tempo e poi, improvvisamente, la soluzione appare chiara e ovvia: è il passaggio da uno stato all'altro senza il processo intermedio dettagliato che ci saremmo aspettati.

Questa narrazione simbolica possiede un'affascinante risonanza culturale, non solo nel contesto scientifico ma anche nel paradigma del cambiamento personale e spirituale. Nella televisione, il film "*What the Bleep Do We Know!?*" usa elementi visivi per raffigurare il concetto di salto quantico attraverso la storia della protagonista. Questa persona sperimenta una trasformazione improvvisa nel modo di percepire la sua realtà, grazie a una ridefinizione radicale del suo mondo interiore.

Wolf non solo riesce ad illuminare la straordinaria complessità delle transizioni quantiche, ma solleva domande su come le intuizioni quantistiche possano applicarsi alle esperienze umane quotidiane. Questa abilità narrativa ha fatto sì che le sue opere trovassero eco non solo nelle aule delle università ma anche tra un pubblico più vasto di lettori e appassionati del misterioso mondo dell'introspezione.

Insomma, Fred Alan Wolf non solo ci invita a esplorare il regno enigmatico della non-località quantistica attraverso le sue vivide metafore, ma ci sollecita anche a considerare le potenzialità trasformative della nostra consapevolezza, incoraggiandoci a non temere i salti verso l'ignoto, ma a riconoscerne la meravigliosa, a volte imprevedibile, bellezza.

L'influenza culturale di Fred Alan Wolf è stata significativa, andando oltre l'ambito accademico per influenzare ampi settori della cultura pop e dell'auto-miglioramento. Wolf ha contribuito a ispirare una generazione di pensatori a considerare la possibilità che la coscienza umana non sia solo un sottoprodotto del cervello fisico ma piuttosto una componente fondamentale che interagisce dinamicamente con il tessuto dell'universo.

Nonostante le critiche da parte della comunità scientifica mainstream, che spesso ribadisce la necessità di mantenere una netta separazione tra fenomeni scientificamente provabili e mere speculazioni paranormali, Wolf ha continuato a difendere la sua visione olistica della realtà. In tal modo, spinge il confine del pensiero accademico verso nuove frontiere, dischiudendo spazi per la speculazione e la curiosità intellettuale che potrebbero, in futuro, portare a nuove scoperte e comprensioni della nostra esistenza.

In sintesi, Fred Alan Wolf incarna lo spirito di un perlustratore intrepido, che non teme di osare attraversare il fragile confine tra il conosciuto e l'ignoto. Le sue teorie, per quanto controverse, ci invitano a considerare la possibilità di un universo in cui la coscienza umana gioca un ruolo più significativo di quanto le spiegazioni materialistiche tradizionali possano suggerire.

Il Velo di Maya.

Questo antico simbolo, proveniente dalla filosofia indiana, descrive l'illusione della quotidianità, suggerendo che ciò che percepiamo come reale è, in verità, una maschera che cela una verità più profonda. Ma cosa accade quando un simile concetto viene intrecciato con le teorie della non-località quantistica? E come intreccia i suoi fili con le teorie paranormali?

Questo concetto affonda le sue radici nell'antica filosofia indiana, in Induismo e Buddismo, e rappresenta un'illusione cosmica, un sipario che oscura la vera natura della realtà. Maya non è un'entità personale, bensì un principio, un costrutto che cela l'assoluto (il Brahman) dietro una cortina di fenomeni mutevoli e ingannevoli.

Il termine "Maya" deriva dal sanscrito ed è intimamente legato alla nozione di illusione, suggerendo che ciò che percepiamo come reale è, in effetti, una rappresentazione transitoria e fasulla che maschera la verità ultima. Questo concetto è stato esplorato e approfondito da Adi Shankaracharya, uno dei più grandi filosofi indiani del sistema Vedanta Advaita. Shankaracharya spiegava Maya come la forza che genera una percezione erronea del mondo, distogliendo l'anima dall'esperienza diretta del Brahman eterno, un tema che risuona fortemente con alcune interpretazioni della meccanica quantistica.

Nel mondo occidentale, la connessione con il Velo di Maya viene spesso rielaborata attraverso le considerazioni di pensatori come Fritjof Capra. Nel suo libro "*Il Tao della Fisica*", Capra traccia evidenti parallelismi tra la non-località quantistica e l'illusione di separazione descritta nei testi spirituali orientali.

Questo concetto di interconnessione invisibile in realtà apparentemente disgiunte è un pilastro tanto della fisica moderna quanto dell'antica saggezza indiana.

In un contesto più contemporaneo, studiosi del paranormale come Dean Radin hanno ampliato la discussione su come il concetto di Maya possa avere implicazioni nelle teorie della mente estesa. Radin considera Maya sotto la lente della parapsicologia, suggerendo che la mente umana potrebbe essere in grado di superare le limitazioni di tale illusione attraverso fenomeni come la telepatia o la percezione extrasensoriale. Questa visione si innesta agevolmente con l'idea della non-località quantistica, ove le distanze non sono sempre una barriera alle connessioni tra sistemi apparentemente distanti.

Un aneddoto emblematico che sottolinea questi legami giunge dalla celebre asserzione di Albert Einstein, che definiva la non-località quantistica come *"azione spettrale a distanza"*. In un certo senso, un simile inquietante intreccio di realtà intercetta le medesime ombre che il Velo di Maya desidera dissipare o, per lo meno, problematizzare nell'immaginario collettivo.

Questa complessa e avvincente matrice di interazioni tra il Velo di Maya e le realtà quantistiche spinge il pensiero oltre le barriere convenzionali, sollecitandoci a considerare un universo dove scienza e spiritualità non solamente coesistono ma si fortificano reciprocamente, guidandoci verso una comprensione più profonda e unificatrice del cosmo e del nostro posto al suo interno.

La non-località quantistica e il Velo di Maya.

Il Velo di Maya, filosoficamente, e forse poeticamente, potrebbe spiegare perché le nostre percezioni quotidiane siano così limitate rispetto alla realtà sottostante. Fritjof Capra esplora profondamente queste connessioni, suggerendo che ciò che interpretiamo come separazione tra oggetti è una mera illusione. La non-località, in questa visione, diventa un assaggio di quella realtà olistica nascosta dietro il Velo, affermando che tutto è interconnesso a livello fondamentale.

La connessione tra il Velo di Maya e le teorie paranormali non si esaurisce in semplici speculazioni filosofiche. Prendiamo, ad esempio, l'approccio di studiosi come Dean Radin, che nei suoi studi sulla "*mente estesa*" esplora l'idea che la coscienza possa influenzare direttamente la matrice quantistica della realtà. Questi esperimenti e teorie si allineano bene con il concetto di Maya, suggerendo che, se riuscissimo a sollevare il Velo, potremmo accedere a poteri mentali o inconsci inimmaginabili.

Nelle tradizioni sciamaniche e spirituali, il Velo è spesso rappresentato come una barriera tra il mondo fisico e quello spirituale, un concetto che risuona con molte teorie sulla natura paranormale dell'universo. Non sorprende, dunque, che il Velo di Maya sia stato adottato anche nella letteratura e nel cinema, come metafora della lotta tra illusione e verità, al centro di opere iconiche quali "Matrix", dove la realtà percepita è solo una simulazione.

Il Velo di Maya, dunque, offre sia un ponte tra la scienza e la filosofia che un punto di contatto per le teorie paranormali. Come sottolinea il fisico David Bohm, ogni piccola parte della realtà può riflettere il tutto, come un ologramma. E quando ci avventuriamo nel dominio quantistico, è come se tentassimo di sollevare quel Velo, avvicinandoci a una comprensione non solo dell'universo stesso, ma delle potenzialità nascoste dell'esperienza umana.

In definitiva, il dialogo tra la quantistica, il Velo di Maya, e il paranormale non è solo una curiosità intellettuale, ma uno stimolo per chiederci cosa, dopotutto, sia davvero la realtà. Forse il compito più avvincente della scienza moderna sarà proprio trovare un modo per svelare ciò che questo Velo cela, per gettare luce definitiva sui legami invisibili che ci connettono tutti.

Una critica costruttiva.

Nel regno della non-località quantistica emerge una proposta affascinante: che fenomeni paranormali possano trovare spiegazione attraverso le bizzarre leggi della fisica quantistica. Questa visione alternativa stuzzica l'immaginario con promesse di nuove scoperte, ma richiede anche un esame critico per valutarne i limiti e le potenziali fallacie.

Il concetto di non-località quantistica, che suggerisce una connessione istantanea tra particelle a grandi distanze, ha suscitato interesse tra chi cerca di spiegare fenomeni come la telepatia o la precognizione. Tuttavia, l'applicazione di tali concetti al paranormale è fonte di ferventi dibattiti. Sottolineare la mancanza di prove concrete è essenziale: molti esperimenti che tentano di dimostrare collegamenti diretti tra meccanica quantistica e fenomeni paranormali si scontrano con problematiche di replicabilità.

Prendiamo ad esempio il lavoro di Masaru Emoto sui cristalli d'acqua, che supponeva un'influenza diretta dei pensieri umani sulla struttura molecolare dell'acqua. Nonostante il fascino, le critiche accademiche insistono sulla mancanza di rigorosità scientifica nei suoi metodi, considerando il lavoro più affine all'arte che alla scienza, destinato a stimolare piuttosto che a dimostrare.

Limiti empirici e teorici.

Un ostacolo chiave è l'estrema complessità intrinseca alla verifica empirica di esperimenti sui fenomeni paranormali. La difficoltà nel fornire progetti sperimentali controllati, presenti in studi come il Global Consciousness Project, ha spesso portato a riscontri ambigui o erratici. Questo solleva questioni sulla possibilità che la stessa non-località quantistica, un fenomeno estremamente ben documentato ma limitato al regno microscopico, possa essere trasposto senza alterazioni significative su scale più vaste, umane e "paranormali".

Il fisico Brian Cox, tra molti scettici, evidenzia l'importanza di evitare quello che viene definito il *"quantum woo"*. Con questo termine inglese si definisce l'abuso del linguaggio e dei concetti quantistici, per giustificare affermazioni infondate. Questo abuso ridurrebbe il fenomeno a uno slogan piuttosto che a una solida teoria.

Nonostante le critiche, figure come Deepak Chopra continuano a promuovere una fusione tra fisica quantistica e spiritualità, sostenendo che la nostra comprensione del cosmo non può essere completamente vincolata dalla scienza convenzionale. La popolarità di tali idee, alimentate da una ricca narrativa culturale, dimostra il bisogno umano di esplorare ciò che va al di là del tangibile.

Tuttavia, per avanzare in modo credibile nella comprensione delle dimensioni non fisiche, qualsiasi studio deve rispettare i criteri rigorosi della metodologia scientifica. Sono necessarie replicabilità, chiarezza dei risultati e un'adeguata riduzione dei bias sperimentali per costruire un ponte solido tra fisica quantistica e studi sul paranormale.

Carl Jung e Wolfgang Pauli.

Nel regno della non-località quantistica, dove le leggi convenzionali della fisica sembrano dissolversi, nascono sorprendenti punti di contatto con teorie considerate paranormali. Tra queste intersezioni trova spazio una collaborazione affascinante tra due personaggi straordinari del XX secolo: Carl Gustav Jung e Wolfgang Pauli. Questa sinergia unica tentò di intrecciare le dimensioni scientifiche della fisica con quelle impalpabili della psiche umana, aprendo nuove prospettive nel dialogo tra realtà tangibili e realtà psicologiche.

Carl Gustav Jung, psichiatra e psicoanalista svizzero, fu uno dei padri fondatori della psicologia analitica. La sua opera si è concentrata sull'importanza degli archetipi e dell'inconscio collettivo, percorrendo sentieri che incrociano mito, simbolismo e spiritualità. Dall'altra parte, Wolfgang Pauli, fisico austriaco, è noto per i suoi contributi fondamentali alla meccanica quantistica, in particolare il "principio di esclusione" che porta il suo nome e che è una pietra miliare per comprendere la struttura atomica e la materia stessa.

La loro collaborazione iniziò negli anni '30 e si protrasse per più di due decenni, alimentata da lettere e incontri che esploravano la possibilità di un principio unificante tra materia e spirito. Pauli, affascinato dalle teorie di Jung sull'inconscio, cercava risposte che la fisica da sola non poteva fornire, mentre Jung vedeva nella fisica quantistica un ponte per avvicinare i misteri della mente alle leggi dell'universo.

Uno dei concetti centrali della loro collaborazione fu la 'sincronicità', definita da Jung come *"una coincidenza temporale di due o più eventi acausalmente correlati"*. Pauli offrì il proprio bagaglio matematico e la sua esperienza nell'indagine sui fenomeni quantistici per esplorare questo principio, ipotizzando che la sincronicità potesse essere un equivalente psichico della non-località quantistica, dove eventi distanti nello spazio e nel tempo si connettono senza un nesso causale evidente.

La collaborazione tra Jung e Pauli non portò a una teoria scientifica definitiva, ma ebbe un impatto significativo sia sulla filosofia della scienza che sulla psicologia. Aprì nuovi dibattiti sull'interconnessione tra mente e materia, incoraggiando una visione più olistica della realtà.

Un episodio illuminante della loro collaborazione è legato ai sogni di Pauli, che Jung analizzò per anni. Uno dei sogni più celebri di Pauli fu quello della *"ruota mondiale"*, simbolo di un ordine cosmico nascosto, analizzato da Jung come una riflessione archetipica dell'armonia tra uomo e universo. Questo lavoro di interpretazione sottolineava la potenzialità dei miti e dei sogni di svelare connessioni profonde tra livello personale e universale.

Il sogno aveva come protagonista una magnifica ruota, imponente e complessa, che appariva sospesa nel cosmo. Nella visione di Pauli, la ruota era intricata, composta di numerosi cerchi e sfere intersecanti, e sembrava funzionare come un meccanismo cosmico, una sorta di metafora visiva per l'ordine che governa l'universo. La ruota girava con precisione, come mosso da una forza invisibile che orchestrava il movimento dei corpi celesti. Tuttavia, esaminandola da un punto d vista meccanico, la ruota non avrebbe potuto funzionare perché i meccanismi si ostacolavano a vicenda.

Jung, che vedeva nei sogni una via d'accesso privilegiata all'inconscio, si tuffò nell'interpretazione del sogno della "ruota mondiale" attraverso la sua teoria degli archetipi. Egli suggerì che la ruota potesse essere un simbolo archetipico che incarnava l'idea di totalità e ordine. La ruota, secondo Jung, era una rappresentazione dell'armonia universale e dell'interconnessione tra tutte le cose, un'immagine che rifletteva l'integrazione e l'equilibrio tra aspetti opposti della psiche, come il conscio e l'inconscio.

La ruota era vista anche come un mandala, una struttura simbolica di cui Jung aveva descritto il potenziale di riconciliazione degli opposti e crescita psicologica. In molte culture, il mandala è un simbolo di equilibrio spirituale, rappresentando l'unità del cosmo. La ruota di Pauli, quindi, non era solo una visione di ordine cosmico, ma anche una chiave per comprendere come gli esseri umani possano trovare un equilibrio interiore.

Evidentemente si trattava di una visione utopica, stante il fatto che sul piano pratico il meccanismo era inefficiente. Ciò simboleggiava la disputa fra teorie fisiche materialiste e l'esigenza di coordinarle con le teorie psichiche o spirituali.

L'immagine della ruota porta con sé riferimenti culturali e filosofici ricchi di significato. Simboli di ruote e cerchi si trovano in molte tradizioni religiose: il *Dharma chakra* nel Buddismo rappresenta la legge universale; la ruota del tempo nel simbolismo Hindu è una metafora della ciclicità della vita e della morte. Questi simboli hanno in comune l'idea di un ordine universale che sovraintende il movimento dei fenomeni.

In aggiunta, il sogno di Pauli e la sua interpretazione da parte di Jung si riallacciano a tematiche esplorate da altri pensatori del periodo. Ad esempio, il fisico e teorico filosofico Hermann Weyl fu affascinato dall'idea di simmetria, un concetto centrale sia in fisica che in estetica, che condivide con la ruota di Pauli la proprietà di rappresentare equilibrio e armonia.

La collaborazione tra Jung e Pauli, illuminata da sogni come quello della "ruota mondiale", getta luce nuova sul potenziale che un approccio interdisciplinare può avere nel sondare le profondità della realtà. La visione che la scienza e la psiche siano interconnesse attraverso questi archetipi, simboleggiata dalla ruota, apre la strada a una comprensione più profonda di come teorie scientifiche e esperienze umane intime possano coesistere e integrarsi. Questa collaborazione rimane una testimonianza eloquente di come i misteri dell'universo e quelli della mente possano, e forse debbano, essere esplorati insieme, arricchendo la nostra conoscenza dell'uno e dell'altra.

In conclusione, il dialogo tra Carl Gustav Jung e Wolfgang Pauli rimane un esempio affascinante di come menti brillanti appartenenti a campi apparentemente distanti possano collaborare per esplorare i grandi misteri dell'esistenza. Sebbene non abbiano offerto risposte definitive, il loro tentativo di conciliare la fisica con la psiche ha lasciato un'eredità intellettuale che continua a stimolare riflessioni e dialoghi tra scienza, filosofia e spiritualità. La loro ricerca congiunta è un invito ad abbracciare la complessità della realtà con coraggio e apertura mentale, sfidando i confini tra conosciuto e sconosciuto.

Le interpretazioni quantistiche del paranormale si situano in un terreno intellettuale eclettico: promuovono curiosità, ma anche scetticismo. Sfide significative restano nel fornire dimostrazioni concrete e accettate su larga scala. Mentre la fisica quantistica indaga sempre più i meccanismi dell'universo, è cruciale mantenere la distinzione tra entusiastica esplorazione e evidenza scientifica, garantendo che la soglia tra possibile e probabile non si perda nel vasto reame delle infinite possibilità.

Dubbi, errori e distorsioni comuni nella letteratura corrente.

Nel panorama delle narrative moderne, la fusione tra fisica quantistica e fenomeni paranormali è diventata una tematica affascinante che incanta sia appassionati aspiranti mistici, sia scienziati scettici. Questo territorio, ricco di ipotesi e immaginazioni, spesso inciampa su una serie di trabocchetti che rischiano di distorcere sia la comprensione del pubblico che il rigore scientifico.

Tuttavia, è fondamentale distinguere tra il legittimo impulso di esplorare possibilità teoriche e la pratica di trasformare ipotesi in dichiarazioni conclusive senza un'adeguata base di dati empirici. La diffusa fascinazione per le armonie tra mente e materia, esplorata anche nei racconti culturali attraverso libri e film, non deve deviare la bussola della ricerca scientifica dalla sua rotta cruciale: la ricerca della verità fondata su prove.

In definitiva, sebbene le interpretazioni quantistiche possano offrire affascinanti prospettive di comprensione delle realtà non fisiche, è cruciale navigare queste acque con discernimento. Mantenere una chiara distinzione tra scienza e speculazione è essenziale non solo per proteggere l'integrità della ricerca, ma anche per nutrire una conversazione culturale che promuova una visione del futuro fondata su idee esplorative ma rigorosamente testate.

Culturalmente, la tensione tra il possibile e il provato si riflette anche nelle diverse interpretazioni della realtà. Infatti, le tradizioni spirituali spesso abbracciano l'idea che la mente possa influenzare la materia, un concetto storicamente esplorato anche da Carl Jung nella sua teoria della sincronicità. Tuttavia, gli scienziati avvertono che l'estensione di concetti scientifici complessi per spiegare fenomeni non verificati può servire a diluire e distorcere la comprensione autentica della fisica quantistica.

Questo clima di scetticismo invita a una riflessione critica e costruttiva: mentre è fondamentale avere una mente aperta a nuove possibilità, occorre anche costruire solide fondamenta di prove e un'analisi rigorosa. La vera meraviglia della scienza risiede nella sua capacità di evolvere, ma sempre ancorata a principi di verifica e riproducibilità. L'esplorazione dei confini tra il noto e l'ignoto è un'avventura che richiede tanto l'immaginazione quanto l'onestà intellettuale, un equilibrio delicato ma fondamentale per avanzare nella conoscenza senza scadere nelle sirene dell'imprecisione.

Infine, una critica comune è che le teorie quantistiche, essendo complesse e comunemente male interpretate, possono essere facilmente travisate o utilizzate fuori contesto per dare credibilità a pseudoscienze o credenze infondate. Tuttavia, la possibilità che alcune fenomenologie paranormali possano, in futuro, trovare una spiegazione nel contesto di una fisica allargata o di nuovi paradigmi scientifici, continua a stimolare dibattiti accesi sia nel mondo accademico sia tra il grande pubblico.

La necessità di un nuovo paradigma.

La fisica quantistica, ci si offre una potenziale finestra su una concezione alternativa delle realtà non fisiche e paranormali. Questa evocativa connessione sta portando scienziati e pensatori a mettere in discussione i modelli scientifici tradizionali, aprendo la strada a un possibile paradigma emergente che potrebbe rivoluzionare il nostro modo di comprendere il mondo.

La fisica quantistica, ci si offre una potenziale finestra su una concezione alternativa delle realtà non fisiche e paranormali. Questa evocativa connessione sta portando scienziati e pensatori a mettere in discussione i modelli scientifici tradizionali, aprendo la strada a un possibile paradigma emergente che potrebbe rivoluzionare il nostro modo di comprendere il mondo.

Al cuore di questa discussione si trova il concetto di non-località quantistica. È attraverso questa lente che molti hanno iniziato a ripensare i fenomeni paranormali. Dean Radin, uno dei più noti esploratori di quest'area, ha dedicato gran parte della sua carriera a studiare il rapporto tra la mente umana e le realtà non locali. Radin ha evidenziato come i risultati del *Princeton Engineering Anomalies Research* (PEAR) e del progetto *Global Consciousness Project*, suggeriscano una connessione misteriosa tra la coscienza umana e il mondo fisico.

David Bohm, un fisico che collaborò con Einstein, ha proposto una teoria intrigante: l'universo come ologramma, dove la realtà visibile è solo una manifestazione di un più profondo ordine implicato. Bohm propone una visione compatibile con le tradizioni spirituali che vedono il mondo materiale come una piccola parte di una più grande rete di connessioni. Bohm non era solo nel suo pensiero; anche Fritjof Capra, autore del famoso libro "*Il Tao della Fisica*", ha incoraggiato una sintesi tra la fisica quantistica e le visioni spirituali orientali, evidenziando sorprendenti risonanze tra le due.

Tuttavia, non mancano certo le voci critiche. Brian Cox, per esempio, ha più volte sottolineato come molte delle affermazioni sui fenomeni paranormali manchino di una base scientifica solida, ribadendo la necessità di mantenere un rigore metodologico anche nell'esplorare l'inconsueto.

In questo crocevia tra credenze, paradigmi scientifici e possibilità inesplorate, emerge un bisogno chiaro: ridefinire il nostro approccio ai fenomeni che sfidano l'attuale comprensione scientifica. Anziché respingere a priori ciò che non può essere facilmente spiegato, l'invito è piuttosto a sviluppare nuovi strumenti concettuali che possano includere ed esaminare queste anomalie.

Resta aperta la domanda se riusciremo a sviluppare un nuovo paradigma capace di fondere il rigore scientifico con l'apertura necessaria a esplorare le frontiere dell'inspiegabile. Forse, in quest'era di non-località quantistica, la risposta risiede nel non temere l'ignoto, ma nell'abbracciare una complessa interconnessione di coscienza e realtà che solo ora stiamo iniziando a intravedere.

Un altro aspetto cruciale da considerare è l'evoluzione delle teorie contemporanee che cercano di spiegare i fenomeni paranormali attraverso il prisma della fisica quantistica. Negli ultimi anni, con l'avanzare delle tecnologie e delle apparecchiature di misurazione, diversi ricercatori hanno intrapreso esperimenti innovativi nel tentativo di verificare se esistono davvero correlazioni tra stati quantistici e manifestazioni paranormali.

Un esempio notevole è rappresentato dagli esperimenti di teletrasporto quantistico, che tentano di spostare informazioni da un punto all'altro senza il passaggio attraverso lo spazio tradizionale. Sebbene la scienza tradizionale non riconosca un legame diretto con i fenomeni paranormali, alcuni studiosi hanno speculato che queste tecniche potrebbero gettare luce su come entità o energie possano apparire in luoghi differenti senza un percorso fisicamente tracciabile.

Parallelamente, la fisica delle particelle sta aprendo nuove frontiere con la scoperta e lo studio delle particelle subatomiche e delle loro interazioni. In questo campo, alcune teorie emergenti ipotizzano che le entità considerate paranormali potrebbero interagire con il mondo materiale attraverso particelle o energie non ancora completamente comprese dalla scienza attuale.

In termini di discussione e critica costruttiva del campo, è essenziale sottolineare che, nonostante l'interesse crescente e gli sviluppi tecnologici, il consenso scientifico rimane profondamente scettico riguardo a qualsiasi affermazione di natura paranormale basata su prove quantistiche. Gran parte della comunità accademica sostiene che molte delle ipotesi avanzate mancano di rigore metodologico e di evidenze empiriche sufficienti per essere considerate valide.

Infine, c'è un rinnovato invito da parte di alcuni settori scientifici a proseguire la ricerca in modo più interdisciplinare, coinvolgendo non solo fisici e ingegneri, ma anche psicologi, neuroscienziati e antropologi. L'obiettivo sarebbe quello di costruire un quadro più completo che possa fornire spiegazioni più convincenti o, quantomeno, esplorare aspetti inesplorati sia del mondo quantistico che di quello paranormale.

Concludendo, mentre il terreno comune tra fisica quantistica e fenomeni paranormali rimane in gran parte speculativo, l'espansione continua delle conoscenze scientifiche potrebbe un giorno fornire risposte più chiare, confermando o confutando il potenziale nesso tra questi affascinanti e misteriosi campi di studio.

Possibili integrazioni e sintesi di conoscenza.

Uno dei punti chiave è l'integrazione e la sintesi di conoscenze di diversi ambiti.

In sintesi, per affrontare le interconnessioni tra coscienza e realtà, è fondamentale sviluppare un nuovo paradigma che unisca il rigore scientifico alla capacità di accogliere l'ignoto e l'inspiegabile. Forse solo abbracciando questa complessità riusciremo a gettare nuova luce sui misteri che ci circondano.

Questa apertura verso un nuovo paradigma richiede, di fatto, un dialogo interdisciplinare, che non solo includa fisici e filosofi, ma che si estenda ad antropologi, psicologi e persino studiosi di religioni. Ogni disciplina può offrire un tassello fondamentale per comprendere come le nostre menti interagiscono con l'universo quantistico. La non-località porta con sé implicazioni profonde e tuttora poco esplorate per la nostra comprensione della coscienza e della realtà.

Per approfondire questa comprensione, potremmo guardare ai risultati delle neuroscienze che mostrano come l'attività cerebrale e gli stati mentali siano intrinsecamente collegati alle esperienze soggettive. Anche la fenomenologia, con intellettuali come Maurice Merleau-Ponty, può offrire spunti su come l'esperienza vissuta e la percezione cosciente si intrecciano con il mondo fisico.

In aggiunta, esplorando le tradizioni spirituali e filosofiche orientali, quali il buddhismo e il taoismo, possiamo trovare parallelismi con i principi della fisica quantistica. Queste tradizioni da secoli parlano di interconnessione e dell'illusorietà del mondo materiale, temi che la scienza moderna inizia a svelare tramite la lente della fisica delle particelle.

La necessità di un nuovo paradigma si manifesta anche nella cultura popolare, che sempre più spesso integra concetti scientifici avanzati nella narrativa. Pensa a film e libri che esplorano il multiverso o le dimensioni parallele, rendendo queste idee accessibili al vasto pubblico.

In conclusione, unendo scienza, filosofia, e cultura, potremmo avanzare verso una nuova visione del mondo capace di spiegare tanto le leggi fisiche quanto i fenomeni enigmatici che sfidano la nostra conoscenza. Soltanto tale approccio olistico potrebbe davvero aprire nuove prospettive su ciò che definiamo realtà, abbattendo i confini tra visibile e invisibile, noto e ignoto.

Il ruolo degli scettici.

Con l'emergere di simili teorie, emerge anche la necessità di un nuovo paradigma che affronti le interazioni tra scienza, coscienza e queste misteriose connessioni. In questo contesto, il ruolo degli scettici diventa centrale: essi si ergono a custodi del confine tra scienza rigorosa e pseudoscienza dilagante.

Il fisico Albert Einstein descrisse la non-località come "un'azione spettrale a distanza", sollevando dubbi che ancora oggi riecheggiano tra studiosi di fisica e filosofia. Gli scettici moderni, simboleggiati da figure come il biologo Richard Dawkins o il fisico Brian Cox, puntano a mantenere la scienza saldamente ancorata ai metodi sperimentali e alle evidenze concrete. In un'epoca in cui le teorie quantistiche sono talvolta male interpretate per sostenere idee pseudoscientifiche, il loro ruolo è cruciale.

L'importanza di uno sguardo critico è evidente anche nell'approccio alla non-località. Sebbene esperimenti come quelli di Alain Aspect abbiano fornito evidenze a supporto dell'entanglement quantistico, tradurre queste idee in implicazioni per la coscienza umana o il paranormale richiede prudenza. Gli scettici sollecitano un rigore metodologico che impedisce alla scienza di scivolare nella speculazione selvaggia.

La cultura popolare, che spesso ama giocare con questi temi attraverso media come il cinema e la letteratura, contribuisce a questa sfida. Film come "Interstellar" esplorano le possibilità della fisica quantistica, sollecitando l'immaginazione collettiva, mentre alimentano, talvolta, ambiguità sulle potenziali applicazioni reali di tali teorie.

Il fitto dialogo fra sostenitori delle nuove teorie e scettici diventa quindi una danza necessaria. Da un lato, c'è il bisogno di esplorare audacemente nuove possibilità, mentre dall'altro, la prudenza invita a un'analisi critica e verificabile. Alla radice di questa dialettica c'è il riconoscimento che ogni esplorazione del nuovo richiede una bussola scientifica precisa.

In sintesi, mentre ci avventuriamo nella comprensione della non-località quantistica e delle sue implicazioni, dobbiamo costruire un ponte tra l'ignoto e la conoscenza consolidata, guidati da un nuovo paradigma che concili innovazione e rigore. Gli scettici, con il loro sguardo critico, giocano un ruolo essenziale in questo processo, assicurando che l'esplorazione del mistero sia sempre saldamente radicata nel metodo scientifico.

Implicazioni filosofiche e sociali.

La non-località quantistica, ci mette di fronte a una finestra spalancata su una visione alternativa delle realtà non fisiche e paranormali. Questo fenomeno, che sfida le leggi intuitive della fisica classica, evoca un immaginario ricco di possibilità filosofiche e sociali, portando con sé la necessità di un nuovo paradigma di comprensione del mondo.

Da un punto di vista sociale, l'accettazione della non-località stimola una revisione del modo in cui percepiamo la realtà e la coscienza. Dean Radin e il lavoro della *Princeton Engineering Anomalies Research* hanno sollevato domande intriganti: se le menti umane fossero, in qualche misura, collegate su un piano quantistico? Il pensiero non può fare a meno di sfiorare la possibilità di fenomeni come la percezione extrasensoriale o la telepatia.

Tuttavia, la sfida che si pone è quella di mantenere la scientificità senza cadere nelle trappole del sensazionalismo. Gli scettici, come Richard Dawkins e James Randi, ci ricordano della necessità di una rigorosa verifica empirica per non confondere scienza e pseudoscienza. Queste voci scettiche sono cruciali per bilanciare l'entusiasmo con la realtà scientifica.

Nell'ambito della non-località quantistica, le leggi tradizionali della fisica vengono sfidate da connessioni sconcertanti e fenomeni inspiegabili che appaiono come magie scientifiche. Questa dimensione enigmatica della fisica moderna si presta, altresì, a suggestivi collegamenti con idee da sempre confinanti con il paranormale. È qui che il pensiero di filosofi come Maurice Merleau-Ponty offre un contributo fondamentale, proponendo una visione in cui la percezione e il corpo sono parti essenziali dell'esperienza del mondo, e fornendo così una chiave di lettura unica per i fenomeni di non-località.

Merleau-Ponty, uno dei più influenti filosofi del XX secolo, è noto per aver messo in discussione il dualismo cartesiano tra mente e corpo e aver esplorato l'interconnessione tra percezione, corpo e mondo. La sua idea centrale è che il corpo non è soltanto un veicolo passivo per la percezione, ma un partecipante attivo nella formazione della nostra esperienza con il mondo. Questa prospettiva si traduce in un prezioso strumento interpretativo per affrontare il concetto di non-località quantistica, dove gli stati delle particelle sembrano interagire istantaneamente a distanze siderali, sfidando la nozione di causalità lineare.

Eppure, come può la filosofia della percezione di Merleau-Ponty illuminare un fenomeno così fisico e astratto come la non-località quantistica? Per rispondere, consideriamo la sua idea che vivere significa sempre essere coinvolti nel mondo in modo preriflessivo e immediato. In altre parole, non sperimentiamo il mondo in modo oggettivo e distaccato, ma piuttosto come parte integrante di un tessuto interattivo e interdipendente. Questo scenario potrebbe fornire un'analogia per comprendere la non-località come un fenomeno in cui la separazione tra le entità è un'illusione, e tutte le cose sono già interconnesse in modi che sfidano la nostra percezione tradizionale di spazio e tempo.

Un parallelismo interessante può essere trovato nella cultura popolare e nei racconti di fenomeni paranormali. Si considerino, ad esempio, le esperienze di telepatia o di visione a distanza, che sembrano richiamare il mondo della non-località quantistica. Se consideriamo l'esperienza corporea come inscindibile dalla percezione del mondo, si potrebbe asserire che fenomeni simili rappresentino una forma di percezione non ancora completamente spiegata dalla scienza tradizionale, ma che potrebbe eventualmente trovare una base nei meccanismi sottili della fisica quantistica.

Jung e Pauli, due colossi rispettivamente della psicologia e della fisica, intuivano che la psiche collettiva o inconscia potesse avere connessioni intime con la struttura dell'universo. Merleau-Ponty, benché da un'altra prospettiva, potrebbe suggerire che il corpo e la mente umana sono già predisposti a leggere queste connessioni, anche se spesso senza consapevolezza cosciente. La sua filosofia ci conduce, quindi, a considerare che sia il corpo a mediare un tipo di conoscenza non locale, un sapere che emerge dal nostro essere fisico in costante interazione con il mondo.

In teatro, un regista come Peter Brook ha esplorato concetti simili, suggerendo che il palco può fungere da "spazio vuoto", dove le connessioni tra attori, spazio e pubblico creano una realtà condivisa e interconnessa. È un microcosmo della visione di Merleau-Ponty, dove tutto è percezione e azione simultanea, dimostrando come il corpo possa essere un veicolo per comprendere e manifestare quelle stesse connessioni non locali.

Gli scritti di Merleau-Ponty sulla percezione, quindi, non solo ristrutturano il modo in cui vediamo la nostra vita quotidiana, ma ci forniscono un modo per concettualizzare gli strani fenomeni che il mondo quantistico ci presenta. La sua insistenza sull'importanza dell'esperienza corporea come parte integrante del comprendere l'universo pone un ponte tra le strutture della fisica e quelle della nostra esperienza vissuta, aprendo le porte a nuove possibilità di dialogo tra cultura, scienza e ciò che potremmo chiamare spiritualità quantistica.

In definitiva, l'invito di Merleau-Ponty a vedere la percezione non come uno strumento ma come una modalità di essere può offrire la lente necessaria per esplorare non solo i recessi della mente e dello spirito umano, ma anche quelli profondi e misteriosi del mondo quantistico, amplificando così la nostra comprensione di un universo che è più sconfinato e meno localizzato di quanto avremmo mai immaginato.

Psicologi e antropologi possono contribuire con intuizioni sulle implicazioni sociali e culturali di queste idee, mentre i religiosi possono far risuonare i concetti di interconnessione con tradizioni millenarie.

Nella creazione di questo nuovo paradigma, siamo chiamati a intrecciare la scienza con la filosofia, le esperienze umane con le intuizioni spirituali, in un mosaico che possa riflettere la complessità e la bellezza di un universo che ancora sfugge alla completa comprensione. È un viaggio che, seppur irto di difficoltà, ha il potenziale di aprire nuovi orizzonti sul senso profondo della realtà associata alle nostre vite.

Cambiamenti nella percezione della realtà.

Nel corso degli anni, filosofi come Maurice Merleau-Ponty hanno esplorato la questione di come la nostra percezione formi la coscienza, suggerendo che la nostra esperienza del mondo sia intimamente legata a una realtà interconnessa. Merleau-Ponty proponeva una prospettiva fenomenologica, focalizzandosi sul vivere diretto e prerazionale delle esperienze, cosa che, in un certo senso, risuona profondamente con la non-località quantistica: entrambi suggeriscono una rete di esperienze interconnesse che trascendono le barriere tradizionali.

La teoria dell'ordine implicato di David Bohm porta questa idea ancora oltre. Bohm, suggerendo che le manifestazioni materiali siano proiezioni di un livello più profondo di "*implicate order*", offre una struttura teorica che potrebbe armonizzarsi con i concetti di coscienza come fenomeno non riducibile al solo mondo fisico. Questa prospettiva invita a riflettere se la mente possa essere vista come un campo di informazioni incastonato in una vasta rete quantistica.

Dean Radin porta ulteriori argomenti al dibattito su come l'osservazione e la consapevolezza possano trascendere le delimitazioni classiche. Critici severi come Richard Dawkins e James Randi rimangono fermi nei loro approcci materialistici, contestando queste teorie come mere speculazioni pseudoscientifiche.

Insomma, la non-località non solo scuote le fondamenta della fisica classica, ma sfida anche le nostre percezioni sull'essere e sull'identità cosciente. Mentre esploriamo le implicazioni di una cosmologia quantistica, ci troviamo alle soglie di un possibile cambio di paradigma, dove la filosofia della mente e della coscienza potrebbe consentirci di riscrivere le regole di un'esperienza umana che continuiamo a definire.

Le implicazioni etiche di queste connessioni sono profonde e provocatorie. Se le particelle sono interconnesse in modo indissolubile a distanza, come cambiano le nostre responsabilità individuali e collettive? In un mondo basato sulle connessioni non-locali, i confini tra gli individui si sfumano, suggerendo una sorta di "*etica di interconnessione*" globale, come suggerito dall'ultimo lavoro di filosofi contemporanei che si ispirano alla fisica quantistica.

Le implicazioni etiche di queste connessioni sono profonde e provocatorie. Se le particelle sono interconnesse in modo indissolubile a distanza, come cambiano le nostre responsabilità individuali e collettive? In un mondo basato sulle connessioni non-locali, i confini tra gli individui sfumano, suggerendo una sorta di "etica di interconnessione" globale.

Inoltre, l'opera di Maurice Merleau-Ponty potrebbe essere riletta alla luce di queste scoperte, suggerendo che la percezione e la coscienza umana siano intrinsecamente legate a una rete più ampia di significati e relazioni. Questo implica che la nostra comprensione del sé e del mondo circostante potrebbe dover evolvere, ammettendo una realtà più "viva" e partecipativa.

L'effetto sui movimenti spirituali e religiosi.

Negli ultimi decenni, il concetto di non-località quantistica ha affascinato non solo fisici e filosofi, ma ha anche influenzato profondamente movimenti spirituali e religiosi in tutto il mondo. Questa teoria, che emerge dai paradossi della meccanica quantistica, suggerisce che particelle distanti possano essere connesse in modi che sfidano le intuizioni tradizionali sulle leggi fisiche. Ma cosa significa questo per le realtà non fisiche e paranormali?

Per i movimenti spirituali e religiosi, questa scoperta ha rappresentato una sorta di convalida scientifica per vecchie credenze inerenti all'interconnettività tra tutte le cose. Ad esempio, le antiche filosofie orientali come l'induismo e il buddhismo hanno da tempo sostenuto un'idea di unità e connessione universale. La non-località quantistica, con la sua capacità di collegare l'apparentemente sconnesso, echeggia concetti come il "tutto è uno".

Fritjof Capra, fisico e autore de "Il Tao della fisica", ha esplorato come i concetti scientifici moderni possano essere messi in parallelo con i pensieri mistici. Analogamente, David Bohm, con la sua teoria dell'ordine implicito, ipotizza un universo profondamente interconnesso, dove la separazione è un'illusione. Questa prospettiva ha ispirato molte comunità a riconsiderare il ruolo della coscienza e la possibilità di una realtà intrinsecamente spirituale.

La non-località quantistica, dunque, non offre solo un nuovo modo di interpretare il cosmo fisico, ma una finestra su mistiche possibilità, alimentando un ricco dibattito tra coloro che cercano di conciliare l'antico con il moderno, esplorando potenzialità della mente umana e le profondità dell'esistenza spirituale.

Questa esplorazione non solo rafforza l'idea di un universo interconnesso, ma offre nuove metafore per rispondere alle domande fondamentali sulla nostra esistenza in un mondo ricco di misteri.

Seguendo il filone delle discussioni precedenti, se l'entanglement viene interpretato come testimonianza dell'interconnessione a livelli più profondi dell'esistenza, le implicazioni filosofiche sono immense. La nozione che due particelle possano mantenere uno stato correlato indipendentemente dalla distanza che le separa insinua la possibilità che la coscienza stessa possa esistere in un regno non ancora compreso, un regno che supera le limitazioni spazio-temporali.

Gli scettici, tuttavia, giocano ancora un ruolo cruciale. Richiedendo rigore metodologico e prove tangibili, essi garantiscono che le speculazioni non vadano oltre i limiti che le attuali capacità empiriche possano sostenere. Mantenere un equilibrio tra apertura mentale verso il nuovo e il necessario scetticismo scientifico è fondamentale per non deragliare in congetture infondate.

Da un punto di vista sociale, il progressivo accettare di una realtà che sfida i confini fisici potrebbe portare a una nuova percezione di responsabilità etica e interconnessione umana. Se siamo tutti, in qualche modo, legati da fili invisibili di "entanglement" cosmico, le implicazioni etiche riguardo alle nostre azioni reciproche potrebbero diventare più profonde e urgenti.

Inoltre, l'idea che queste teorie scientifiche possano influenzare movimenti religiosi e spirituali non è lontana dalla realtà. Religioni e pratiche spirituali che hanno già incorporato concetti di interconnessione universale potrebbero trovare nel discorso quantistico una sorprendente validazione, forse alimentando una rinascita spirituale intrecciata con la scienza moderna.

Guardando al futuro, è essenziale che continuiamo a esplorare questi temi con occhi curiosi e spirito critico, assicurandoci che le scoperte scientifiche rimangano strumenti di illuminazione e comprensione, piuttosto che di divisione o mistificazione. La sfida è grande, ma le ricompense intellettuali e spirituali potrebbero essere incommensurabili.

Risonanze con le visioni cosmologiche orientali.

Nelle culture dell'Est, la percezione di un universo interconnesso è radicata da millenni. Si pensi al concetto di Brahman nell'induismo, descritto come l'unità cosmica e la realtà ultima da cui tutto deriva, o al pensiero buddista che ritiene la separazione un'illusione della mente. Ecco che la non-località diventa un ponte tra la fisica moderna e l'antico sapere orientale.

Secondo Fritjof Capra, la concezione orientale della realtà, come una macro-unità di fenomeni interconnessi e interdipendenti, trova nella non-località quantistica una sorprendente risonanza scientifica.

Ma questa non è solo una questione di paralleli dottrinali. Personaggi come il fisico teorico David Bohm hanno proposto modelli complementari a queste idee ereditate dall'Oriente. Il suo concetto di "ordine implicato" suggerisce che la separazione è un'illusione, e che tutte le cose nell'universo sono in un certo senso già connesse a livello profondo e sottile. Bohm, influenzato dalla fisica di Bohr e dall'indagine spirituale, parlava con grande ammirazione delle similitudini fra le sue scoperte e il misticismo orientale, sostenendo che una nuova comprensione potrebbe emergere se si considerassero questi antichi saperi.

Questa nuova visione del cosmo non è rimasta confinata ai testi accademici; ha stimolato anche i movimenti spirituali contemporanei. I praticanti delle discipline orientali vedono nella non-località una conferma moderna delle loro pratiche meditative e contemplative, che da sempre pongono l'accento sul superamento dei confini individuali e fisici.

Emerge così una narrativa affascinante: mentre la scienza continua a scrutare i misteri quantistici, sembra ritrovare nelle percezioni cosmologiche orientali risposte sorprendenti, riflessioni che danno nuova vita a pratiche culturali antiche. La non-località quantistica, dunque, non si limita a rivoluzionare la fisica tradizionale, ma apre vie per riconsiderare il ruolo della spiritualità nell'era moderna, sfidando i nostri limiti percettivi e spingendoci verso una più profonda comprensione della fondamentale unità del tutto.

Rinascita della spiritualità nell'epoca della scienza.

In un'epoca in cui la scienza e la spiritualità sembravano camminare su strade divergenti, la non-località quantistica ha offerto un inaspettato punto di incontro. Questa scoperta, che sfida la nostra comprensione tradizionale del mondo fisico, non solo ha aperto nuove dimensioni alla ricerca scientifica ma ha, sorprendentemente, alimentato una rinascita dello spiritualismo contemporaneo.

In un momento storico caratterizzato da una crescente richiesta di significato e connessione, questa "rinascita dello spiritualismo nell'era della scienza" offre non solo conforto ma, paradossalmente, una modalità di ricerca robusta e razionale nei confronti del sacro. È un invito a contemplate un universo dove scienza e spiritualità non sono opposti, ma capitoli di una medesima storia: quella della ricerca umana della verità.

L'invito alla ricerca di nuovi modi di pensare l'universo, resa possibile dallo studio della non-località quantistica, ci spinge a considerare l'interconnessione tra tutto ciò che esiste. Questa interconnessione non è solo una stupefacente conseguenza matematico-fisica, ma potrebbe anche suggerire nuove prospettive sull'origine della coscienza e dell'identità personale. Alcuni teorici propongono che la coscienza stessa possa emergere da queste connessioni non locali, offrendo potenziali spiegazioni ai fenomeni che attualmente sfidano la nostra comprensione razionale.

In tale contesto, vi è una rinascita di interesse per le pratiche spirituali tradizionali, alcune delle quali sembrano aver intuitivamente colto il concetto di interconnessione universale molto prima che la scienza moderna iniziasse a descriverle matematicamente. Per esempio, la filosofia orientale, come quella buddhista e taoista, considera la realtà come una rete di relazioni in cui il singolo elemento non può essere compreso separatamente dal tutto. Questo approccio olistico alla comprensione del mondo risuona profondamente con le intuizioni della fisica quantistica, suggerendo un punto di convergenza tra antica saggezza e scienza moderna.

In parallelo, la discussione su questi temi sprona anche un ripensamento e una riformulazione delle modalità in cui concepiamo il progresso scientifico e tecnologico. Se la realtà è intrinsecamente interconnessa e interdipendente, ci spinge a riflettere su come le nostre azioni vadano ad influenzare non solo il nostro ambiente immediato, ma anche il tessuto stesso dell'universo. La responsabilità etica, quindi, si espande ben oltre la nostra consueta comprensione. Questa nuova prospettiva etica potrebbe aiutare la società a rivalutare le proprie priorità globali, ponendo maggiore enfasi sulla sostenibilità e sull'armonia con l'ambiente.

In definitiva, l'incontro tra la non-località quantistica e le realtà non fisiche e paranormali offre un vasto terreno inesplorato capace di ridefinire le fondamenta del nostro sapere e del nostro essere. Questo dialogo emergente, tra rigore scientifico e apertura spirituale, potrebbe portare a nuove scoperte che non solo arricchirebbero la conoscenza umana, ma che potrebbero anche trasformare profondamente il modo in cui viviamo e comprendiamo il nostro ruolo nell'universo.

Verso un nuovo rinascimento del sapere.

All'alba di una nuova era del sapere, la non-località quantistica si erge come un faro che illumina territori inesplorati della realtà. Questo fenomeno, che sfida il senso comune e le leggi della fisica newtoniana, apre una finestra su dimensioni alternative del possibile. Confermata dagli esperimenti di Alain Aspect, la non-località suggerisce che le particelle possono influenzarsi reciprocamente istantaneamente, indipendentemente dalla distanza che le separa. Ma quali implicazioni rivestono questi risultati per le future ricerche e applicazioni nella nostra comprensione della realtà?

Per alcuni, come David Bohm, che ha proposto l'idea di un "*ordine implicito*" nascosto sotto la superficie del nostro universo osservabile, queste scoperte potrebbero portare a una comprensione più profonda della realtà come un tutto unico e interconnesso. Un concetto che trova eco nelle antiche filosofie orientali, come il concetto di Brahman nell'induismo o l'interconnessione universale del buddismo, ponendo le basi per un dialogo costruttivo tra scienza e spiritualità.

Nella storia del pensiero, ci sono stati momenti in cui scienza e spiritualità sono sembrati avvicinarsi, solo per divergere nuovamente. Tuttavia, con l'affermazione della meccanica quantistica, vi è la possibilità di un'effettiva congiunzione di questi mondi. Fritjof Capra, con il suo celebre lavoro "*Il Tao della fisica*", ha esplorato le parallele tra i misteri quantistici e le antiche saggezze orientali, incoraggiando una visione complementare piuttosto che dicotomica della realtà.

La non-località apre le porte non solo a sviluppi tecnologici nell'informatica quantistica e nelle comunicazioni, ma anche nella comprensione della coscienza e nella ricerca sui fenomeni paranormali. Dean Radin, noto per i suoi studi sulla relazione tra coscienza e fenomeni fisici, solleva quesiti intriganti: se le particelle possono essere interconnesse, potrebbe lo stesso principio applicarsi alla coscienza umana e alle sue esperienze extracorporee o intuitive?

In questo contesto, Maurice Merleau-Ponty, con la sua filosofia fenomenologica, diventa rilevante, suggerendo che l'esperienza soggettiva e il modo in cui percepiamo la realtà sono cruciali per comprendere questi fenomeni. Questa ricerca porta ad abbattere i confini tra mente e materia, tra fisico e metafisico, puntando verso una futura scienza unificata che tenga conto di entrambe le prospettive.

Per costruire questo nuovo rinascimento del sapere, è essenziale promuovere un dialogo interdisciplinare. Fisici, filosofi, teologi, e studiosi di tradizioni esoteriche devono lavorare insieme per affrontare le sfide e le opportunità che sorgono da queste nuove idee. Ciò potrebbe portare a un rinascimento spirituale, che rievochi lo spirito di apertura e esplorazione del passato, quando arte e scienza erano parti integranti di uno stesso tessuto di conoscenza.

Infine, mentre ci muoviamo verso questa nuova frontiera, le parole di Einstein echeggiano ancora: "*Dio non gioca a dadi con l'universo*". Eppure, potrebbe essere che l'universo sia molto più sorprendente di quanto avessimo mai immaginato, spingendoci a una comprensione più profonda e umana della nostra stessa esistenza.

L'entanglement quantistico, in particolare, rivela un universo di interconnessioni profonde e misteriose, un tessuto cosmico in cui ogni particella pare risuonare con ogni altra particella, indipendentemente dalla distanza che le separa.

Questo fenomeno, così alieno alla nostra intuizione basata sulla fisica classica, offre uno specchio scientifico per le idee già trovate in alcune delle tradizioni spirituali più antiche del mondo. Le filosofie orientali hanno da sempre abbracciato una visione del mondo come un tutto interconnesso, dove ogni entità è intrinsecamente legata alle altre. Fritjof Capra esplora con passione come i nuovi paradigmi della fisica moderna e le antiche concezioni di unità e interconnessione possono dialogare e potenziare l'un l'altro.

Da queste connessioni emerge l'immagine di un cosmo vivente e dinamico, un luogo in cui la separazione tra il fisico e il non-fisico si dissolve in un arazzo di possibilità infinite.

Da un punto di vista culturale, la rinascita del dialogo tra scienza e spiritualità è visibile anche nella maniera in cui i movimenti spirituali contemporanei abbracciano con entusiasmo concetti di fisica moderna per spiegare fenomeni paranormali e realtà non fisiche.

Guardando al futuro, la sfida sarà quella di costruire un linguaggio e una prassi comuni tra scienziati, filosofi e studiosi esoterici, per far sì che questo rinascimento del sapere non resti un dialogo a due voci, ma che sbocci in una sinfonia corale di conoscenze interdisciplinari. Un futuro in cui la scienza diventi celebratrice della complessità dell'esperienza e in cui ogni scoperta sia vista come un ulteriore passo verso una comprensione più profonda della nostra interconnessione con il tutto.

È una visione, questa, che ci invita non solo ad esplorare l'universo esteriore, ma anche a rivolgere lo sguardo verso l'interno, verso il nostro modo di percepire e interagire con il mondo, abbracciando con consapevolezza e rispetto l'unità profonda che ci lega al cosmo. E, chissà, forse è proprio in questa fusione di sapere antico e moderno che possiamo scoprire nuove verità sul nostro posto nell'universo, in un viaggio che è tanto scientifico quanto spirituale.

La costruzione di una scienza più inclusiva.

L'eco di un universo che si dispiega in modi che sfidano la nostra comprensione classica ha risuonato forte e chiaro quando Alain Aspect, nel 1982, condusse esperimenti che confermarono il fenomeno dell'entanglement quantistico. Queste scoperte hanno suscitato un'ondata di discussioni non solo fra gli scienziati, ma anche tra filosofi, teologi e appassionati di fenomeni paranormali. Albert Einstein stesso, ricordato non solo per la relatività ma anche per il suo scetticismo verso certi aspetti della meccanica quantistica, si era mostrato riluttante ad abbandonare i fondamenti di una scienza locale e deterministica.

Tuttavia, nel secolo successivo, la scienza ha iniziato a riconoscere che per comprendere davvero la realtà quantistica, potrebbe essere necessaria una scienza più inclusiva, in grado di abbracciare aspetti della conoscenza che trascendono il fisico e il misurabile.

Questa visione ha trovato risonanza anche in pensatori come Fritjof Capra, che ha sottolineato le somiglianze tra la fisica quantistica e le tradizioni spirituali orientali nel suo libro "*Il Tao della fisica*". Qui, la saggezza antica si intreccia con i risultati scientifici moderni, suggerendo che l'interconnessione e l'unità del cosmo non sono solo nozioni religiose, ma anche intuizioni scientifiche valide.

Tuttavia, una scienza inclusiva non significa abbracciare indiscriminatamente ogni teoria o credenza. Personalità accademiche come Richard Dawkins e il prestigiatore James Randi hanno costantemente combattuto contro la pseudoscienza, esortando alla necessità di mantenere il rigore scientifico come guardiano della verità. Grazie ai loro sforzi, cresce la consapevolezza che un approccio multidisciplinare può fare ponte tra la scienza tradizionale e una più ampia comprensione della realtà, che possa integrare antropologia, psicologia, filosofia e studi religiosi.

E in un'epoca in cui la cultura di massa spesso traduce complessi concetti scientifici in una narrativa accessibile diventa sempre più chiaro che il dialogo tra scienza e altre discipline è fondamentale. Un tale dialogo non è solo accademico: riflette la nostra sete collettiva di comprensione e la speranza di trovare un senso in una realtà che sembra essere infinitamente più vasta delle lenti riduzionistiche con cui tradizionalmente l'abbiamo osservata.

Quindi, quali passi deve fare una scienza inclusiva per affrontare le realtà non fisiche e paranormali? Un primo passo potrebbe essere quello di sviluppare metodologie e linguaggi che permettano alle diverse discipline di comunicare tra loro, facilitando una collaborazione che non solo rispetta le differenze, ma che le considera come un arricchimento. Questa dialogica interdisciplinare potrebbe non solo svelare nuovi orizzonti nella nostra comprensione del cosmo, ma anche produrre una scienza che, pur rimanendo rigorosa, sappia rispecchiare l'essenza complessiva dell'esperienza umana.

Come ha sostenuto il filosofo Maurice Merleau-Ponty, è essenziale riconoscere la fenomenologia della percezione come un mezzo per esplorare e includere nella scienza aspetti della realtà che non possono essere semplicemente ridotti a misure e quantificazioni. La prospettiva futura che si apre è affascinante: una scienza che non soltanto accresce il nostro sapiente archivio di conoscenza, ma che amplifica profondamente la nostra comprensione del mondo e del nostro posto in esso.

Verso una nuova epistemologia.

L'epistemologia è una branca della filosofia che si occupa dello studio della conoscenza. In particolare, l'epistemologia esplora la natura, le fonti, i limiti e la validità della conoscenza.

Nella fisica quantistica, dove le particelle sembrano danzare a ritmo di leggi bizzarre che sfidano l'intuito comune, emerge una connessione intrigante con le teorie paranormali, soprattutto quando ci si addentra nel concetto di non-località. A questo proposito, l'epistemologia offre un'ottica critica privilegiata, non solo per comprendere questi fenomeni ma anche per rielaborare i fondamenti della conoscenza stessa.

L'epistemologia è la branca della filosofia dedicata allo studio della conoscenza. In altre parole, si occupa di domande come: "Che cos'è la conoscenza?", "Come viene acquisita?" e "Quali sono i suoi limiti?".

Tra i suoi temi principali vi è il "problema di Gettier", cioè una sfida all'idea tradizionale second cui la conoscenza è una "credenza vera e giustificata".

È come dire che, sebbene possiamo credere una cosa e questa cosa può essere vera, non sempre ciò costituisce conoscenza se manca il giusto tipo di giustificazione.

La natura della conoscenza esplora cosa significhi veramente "sapere" qualcosa. Platone fu uno dei primi a definire la conoscenza come "credenza vera giustificata", suggerendo che per sapere qualcosa, dobbiamo crederci, deve essere vero, e dobbiamo avere giustificazioni per tale credenza.

Razionalismo ed empirismo rappresentano due approcci fondamentali alle *fonti della conoscenza*: Mentre il razionalismo, promosso da filosofi come René Descartes, sostiene che la conoscenza può essere acquisita attraverso la ragione e la logica, l'empirismo, come sostenuto da David Hume, afferma che la conoscenza deriva dall'esperienza sensoriale.

I limiti della conoscenza sono temi ricorrenti e includono il problema dello scetticismo radicale, che interroga se possiamo mai avere conoscenze certe. Un esempio provocatorio è il celebre paradosso del gatto di Schrödinger, in cui una particella quantistica (o un gatto) può essere in più stati contemporaneamente fino all'osservazione. Da ciò deriva l'idea che la conoscenza può avere limiti intrinseci.

La giustificazione è alla base delle discussioni tra gli epistemologi, su come le credenze diventano giustificabili. Karl Popper, in particolare, è noto per aver introdotto il concetto di "falsificabilità" come criterio per la scientificità di teorie, contribuendo a distinguere tra vere scienze e pseudoscienze.

Collegamenti con la non-località quantistica.

Nel contesto quantistico, fenomeni come l'entanglement mostrano come due particelle, una volta interconnesse, possano influenzarsi a distanza istantanea, indipendentemente dalla distanza che le separa. Questo contraddice la visione classica del mondo e richiama alla mente antiche teorie spirituali sulla "connessione universale". Non a caso, Albert Einstein era scettico. Ciò suggerisce che le nostre concezioni tradizionali di conoscenza potrebbero dover essere ridefinite alla luce di queste scoperte.

Inoltre, la natura incerta e probabilistica del mondo quantistico può sembrare paragonabile a idee paranormali, spesso respinte in quanto non scientificamente verificabili. Tuttavia, mentre la fisica quantistica opera entro rigidi paradigmi matematici e sperimentali, le teorie paranormali rimangono largamente fuori da tali ambiti scientifici riconosciuti. In questo senso, l'epistemologia ci offre gli strumenti per discernere la legittimità della conoscenza, esplorando le modalità con cui verità scientifiche emergono e si distinguono da mere credenze.

n sintesi, l'epistemologia ci accompagna alla frontiera della comprensione umana, invitandoci a riflettere non solo su ciò che conosciamo, ma su come conosciamo, specialmente in un'epoca in cui la fisica quantistica continua a spingere i limiti del possibile e dell'immaginabile.

Che cos'è la conoscenza?

Questo concetto implica definire cosa significa sapere qualcosa e distinguere la conoscenza da altre forme di credenze, come le opinioni o le ipotesi.

La domanda "Che cos'è la conoscenza?" è una delle questioni epistemologiche più intriganti e durature. Tradizionalmente, la conoscenza è stata definita come "credenza vera giustificata" (*Justified True Belief*), un concetto che deriva dall'antica filosofia greca, con Platone che offrì forse i primi tentativi sistematici di definizione. Tuttavia, l'emergere della fisica quantistica ci costringe a riesaminare questa definizione. Possiamo davvero dire di sapere qualcosa se le basi del nostro sapere stesso sembrano violate dai fenomeni quantistici come la non-località?

Immaginiamo una situazione quantistica in cui due particelle siano così entangled che cambiare lo stato ad una determini un cambiamento immediato nell'altra, indipendentemente dalla distanza che le separa. Questo fenomeno, sfida l'intuizione classica e sembra indicare che le nostre conoscenze sulle relazioni di causa ed effetto necessitino di una revisione.

Conoscenza o credenza?

Se la conoscenza implica una credenza vera e giustificata, come possiamo applicare questa definizione quando la giustificazione si basa su principi che non possiamo completamente intuire, come la non-località? Una derivazione di questo interrogativo può essere trovata nelle questioni sollevate dal filosofo David Hume, che mise in dubbio la nostra capacità di definire causalità e connessione naturale. La non-località sembra sfidare le idee umane, suggerendo che le nostre credenze scientifiche potrebbero essere interpretate più come strumenti pragmatici che come conclusioni epistemologicamente definitive.

Il dialogo con il paranormale.

Un aspetto interessante è il ponte che la non-località sembra formare verso spiegazioni che, storicamente, venivano relegate al regno del paranormale. Per secoli, aneddoti di telepatia o di fenomeni psichici sono stati considerati pseudoscientifici. Eppure, oggi, alcuni si chiedono se la non-località possa fornire una base teorica, anche se ancora non comprovata, per spiegare tali fenomeni. Qui, l'epistemologia moderna è chiamata a distinguere con chiarezza tra ciò che costituisce una teoria scientifica rigorosa e le semplici speculazioni, rimettendo in discussione i confini tra conoscenza e credenza.

Aneddoti sulla complessità della conoscenza scientifica diventano parte del nostro dialogo culturale, illuminando le sfide intrinseche nel sapere.

L'effetto della non-località sulla nostra concezione della conoscenza è un richiamo potente a rivedere le nostre supposizioni fondamentali. In quest'ottica, l'epistemologia può beneficiare dell'integrazione di nuovi paradigmi quantistici per esplorare più profondamente i limiti della conoscenza umana. Non è più sufficiente una semplice giustificazione tramite il meccanismo causa-effetto; la conoscenza, in questo nuovo regno, sembra più un puzzle multidimensionale, un mosaico costruito tenendo conto delle verità apparenti, delle incertezze intrinseche e delle meraviglie dell'ignoto.

Come si acquisisce la conoscenza?

L'epistemologia esamina i processi e i metodi attraverso i quali otteniamo conoscenza, come percezione, ragionamento, intuizione e testimonianza.

La fisica quantistica, con i suoi principi controintuitivi e spesso sconcertanti, ha gettato una nuova luce su come percepiamo e comprendiamo il mondo. Una delle sue caratteristiche più intriganti, la non-località, ha stimolato non solo la comunità scientifica, ma anche filosofi e pensatori di ogni genere, spingendoli a rivedere i fondamenti del sapere umano. Di fronte a un universo in cui le connessioni istantanee tra particelle sfidano le nozioni di spazio e tempo, siamo chiamati a chiederci nuovamente: come si acquisisce la conoscenza?

Tradizionalmente, l'acquisizione della conoscenza è vista attraverso diverse lenti epistemologiche: percezione, ragionamento, intuizione e testimonianza. Ma come si riformulano questi processi alla luce della non-località quantistica?

Percezione e la sfida del percepibile.

La percezione è il nostro primo contatto con il mondo. Tuttavia, la fisica quantistica ci insegna che ciò che percepiamo è solo una parte limitata della realtà. Come affermò il fisico Werner Heisenberg:

"Quello che osserviamo non è la natura in sé, ma la natura esposta al nostro metodo di interrogazione".

La non-località sottolinea l'interconnettività oltre la nostra capacità percettiva, spingendoci a riconoscere i limiti di ciò che gli occhi vedono e le mani toccano. In effetti, i racconti della storia delle scienze abbondano di aneddoti di scoperte realizzate escludendo la percezione sensoriale, come nel caso della scoperta delle onde elettromagnetiche di Maxwell, invisibili ma fondamentali.

Ragionamento oltre il determinismo classico.

Il ragionamento, pilastro del metodo scientifico, spesso si fonda sul principio di causalità. Eppure, la non-località sfida il nostro concetto di causa-effetto. Richard Feynman, una delle menti più brillanti della moderna fisica, esortava a pensare in modi nuovi per comprendere il mondo quantistico, sostenendo che la vera comprensione potrebbe addirittura non essere mai completamente raggiungibile. Questo suggerisce che il ragionamento debba evolversi per incorporare incertezze e probabilità, piuttosto che solamente leggi certe e inamovibili.

Intuizione nell'incertezza.

In un universo dove la certezza classica viene meno, l'intuizione può emergere come un'importante risorsa epistemologica. Albert Einstein stesso, pur essendo uno dei principali avversari della meccanica quantistica, usava l'intuizione per arrivare a concetti rivoluzionari come la relatività. Nella complessità del regno quantistico, l'intuizione potrebbe guidare verso concetti che al momento la logica pura stenta a comprendere. Tuttavia, come sottolineato da Karl

Popper, l'intuizione deve sempre essere temperata dal rigore scientifico e dalla verificabilità.

Testimonianza e la nascita della conoscenza interconnessa.

Infine, la testimonianza, o l'affidarsi alle esperienze e alle parole degli altri, è stata un metodo fondamentale di trasmissione della conoscenza. Nel contesto quantistico, la testimonianza si allarga alla collaborazione globale tra scienziati che, anche quando separati da oceani, possono lavorare su esperimenti comuni come quelli di LHC al CERN, ampliando la base della conoscenza collettiva.

Cultura, scienza e paranormale.

Il fascino della non-località va oltre il dominio scientifico, sfidando e coesistendo con idee presenti nella cultura popolare e in ambiti più esotici del sapere, come le teorie paranormali. Aree come la telepatia o i "fenomeni psi", spesso ricondotte al mistico, si trovano rivisitate alla luce di una possibile base scientifica, seppur ancora da esplorare e verificare. Questa convergenza tra rigorosa scienza e speculazione sottolinea la necessità di un approccio epistemologico aperto ma critico, una curiosità che non sacrifichi il rigore sull'altare della fantasia.

Riflettere su come si acquisisce conoscenza alla luce della non-località ci invita a un viaggio intellettuale in cui i preconcetti vanno sfidati. L'epistemologia deve espandersi per abbracciare non solo le novità scientifiche, ma anche la ricca complessità del sapere umano, accettando il mistero come stimolo per l'indagine e non come ostacolo. Solo così possiamo sperare di continuare ad espandere i confini della nostra comprensione, un fotone alla volta.

Quali sono i limiti della conoscenza?

Qui si esplorano le barriere che incontra la nostra comprensione, e in quali campi o situazioni la conoscenza può essere considerata incerta o inconoscibile.

Nel regno della non-località quantistica, la domanda "Quali sono i limiti della conoscenza?" assume una complessità affascinante e inquietante. La non-località, un fenomeno quantistico che suggerisce che particelle possono influenzarsi reciprocamente a qualsiasi distanza, senza mediazione apparente, sfida le nozioni tradizionali di causalità e vicinanza. Ma cosa significa questo per i limiti della conoscenza umana?

La fisica quantistica, da Einstein a Heisenberg, ci ha insegnato che il mondo microscopico non si comporta secondo le nostre aspettative classiche. Einstein stesso, pur riconoscendo le stranezze del quantistico, era scettico nei confronti della non-località. Tuttavia, esperimenti moderni hanno confermato che le correlazioni quantistiche esistono e sono reali, costringendoci a rivedere la nostra comprensione del mondo.

Un esempio pertinente è il principio di indeterminazione di Heisenberg, il quale afferma che non è possibile conoscere contemporaneamente con precisione assoluta certe coppie di proprietà di una particella, come posizione e momento. Questo principio non solo impone un limite fondamentale alla precisione delle nostre misurazioni, ma implica anche che c'è un livello di conoscenza intrinsecamente irraggiungibile.

Quando si tratta del comportamento delle particelle subatomiche, la nostra conoscenza è spesso ridotta a previsioni probabilistiche piuttosto che certezze definitive.

L'incertezza quantistica si rispecchia anche nelle interpretazioni che riguardano teorie paranormali. Fenomeni come telepatia o la visione a distanza, spesso liquidati come pseudoscienze, hanno trovato nuova linfa nelle discussioni speculative sulla correlazione quantistica e sui mondi dotati di una connessione profonda ed invisibile. Questo non implica una legittimazione scientifica di tali fenomeni, ma pone la questione se esistano aspetti della realtà che restano al di là del nostro attuale orizzonte di spiegazione.

La conoscenza, quindi, può essere limitata sia dall'incapacità intrinseca di osservare direttamente certe scale della realtà, sia dalle strutture linguistiche e concettuali che utilizziamo per descriverla. Anche nelle teorie della conoscenza, il concetto classico di "*credenza vera giustificata*" è messo alla prova. Come possiamo giustificare credenze su fenomeni che non possiamo misurare o sperimentare direttamente?

In conclusione, esplorare i limiti della conoscenza nel contesto della non-località quantistica ci porta a confrontarci con un mondo dove l'intuitivo diventa ineffabile e l'incomprensibile diventa parte integrante del reale.

Le nostre barriere concettuali sono messe alla prova, esigendo umiltà nell'assumere che, forse, ciò che oggi vediamo come incerto o inconoscibile potrebbe un giorno rivelarsi sotto una luce completamente nuova. Ciò potrebbe accadere grazie a quelle stesse teorie che oggi mettono in discussione le fondamenta della nostra conoscenza.

Quando una credenza è giustificata?

Questa domanda riguarda i criteri che rendono una credenza valida o giustificata, cioè quando possiamo dire che una credenza è supportata da prove sufficienti.

L'epistemologia è da sempre il terreno su cui si interroga il significato, le fonti e i limiti della conoscenza umana. Se ci chiediamo: "Quando una credenza è giustificata?", entriamo in un dibattito che ha impegnato filosofi per secoli. Tuttavia, con l'avvento della fisica quantistica, le risposte a questa domanda hanno acquisito nuove e inaspettate dimensioni.

In termini semplici, il fenomeno dell'entanglement propone che due particelle intrecciate possano influenzarsi reciprocamente indipendentemente dalla distanza che le separa.

Questa inquietante connessione sembra sfidare l'intuizione comune e le nozioni classiche di causalità e tempo. La non-località, pertanto, interroga direttamente l'idea che le nostre credenze possano essere giustificate secondo criteri tradizionali di evidenza fisica e separazione spaziale.

Werner Heisenberg, con il principio di indeterminazione, sostiene che non possiamo mai conoscere con assoluta precisione coppie di proprietà fisiche, come posizione e quantità di moto, di una particella. Questo aggiunge un ulteriore livello di complessità: se il mondo quantistico è intrinsecamente probabilistico, quando possiamo dire di avere conoscenza certa e giustificata di un fenomeno?

In questo panorama, le teorie paranormali appaiono sotto una nuova luce. La percezione extrasensoriale, la telepatia e altri fenomeni spesso relegati nel regno del fantastico, potrebbero sembrare meno impossibili se analizzati attraverso la lente della non-località quantistica. Se due particelle possono comunicare istantaneamente al di là dello spazio, perché non considerare la possibilità di una connessione simile tra le menti? Anche se al momento mancano prove scientifiche per convalidare tali fenomeni, la fisica quantistica ci invita a non escludere a priori certi tipi di credenze solo perché sfidano la nostra comprensione attuale? Anche se al momento mancano prove scientifiche per convalidare tali fenomeni, la fisica quantistica ci invita a non escludere a priori certi tipi di credenze solo perché sfidano la nostra comprensione attuale.

La giustificazione delle credenze, quindi, secondo la fisica quantistica, potrebbe richiedere un aggiornamento dei nostri criteri. Se in passato una credenza era giustificata solo da prove empiriche e replicabili, oggi potremmo avere bisogno di includere l'accettazione dell'incertezza e del paradosso. La scienza stessa ci insegna che le certezze di ieri possono diventare i miti di domani.

In un certo senso, le discipline umanistiche e le scienze fisiche si ritrovano a dialogare in modi nuovi, ridefinendo la natura della realtà e il modo in cui la percepiamo. Nel regno delle possibilità quantistiche, l'apertura mentale diventa un elemento chiave. Forse, in questa era, la vera giustificazione di una credenza risiede nella sua capacità di adattarsi e integrarsi in un modello di comprensione che accoglie la complessità dell'universo.

n conclusione, la domanda "Quando una credenza è giustificata?" nel contesto della non-località quantistica e del paranormale, ci richiede di espandere la nostra concezione di evidenza e di verità per navigare meglio le profonde e misteriose acque del sapere umano.

Qual è la natura della verità?

L'epistemologia cerca di capire la relazione tra la conoscenza e la verità, e cosa significa, per una dichiarazione, "essere vera".

Mentre ci addentriamo nei territori inesplorati della fisica quantistica, ci troviamo a interrogare la stessa essenza della verità, un concetto che per secoli è stato al centro delle riflessioni epistemologiche. La domanda "Qual è la natura della verità?" assume nuove complessità quando si osserva il comportamento bizzarro delle particelle subatomiche. Ciò che nel mondo classico appariva chiaro e distinto, nel regno quantistico si dissolve in un miscuglio di possibilità.

Albert Einstein, con il suo famoso dissenso sul principio di indeterminazione, aspirava a un universo ordinato e prevedibile. Per Einstein, la verità era legata a una realtà oggettiva e indipendente dall'osservatore. Questo approccio si scontrava però con le prospettive di colleghi come Werner Heisenberg, il padre del principio di indeterminazione, che ci suggerisce una verità che appare sfumata e strettamente legata all'atto stesso di misurazione. Heisenberg sosteneva che non si può conoscere contemporaneamente la posizione e la velocità di una particella con precisione assoluta. Tale incertezza non è solo una limitazione degli strumenti umani, ma un principio ontologico, implicando che la verità su una particella è qualcosa che si manifesta solo nel nostro atto di osservarla.

Un esempio istruttivo di questa nuova concezione della verità è il celebre paradosso del gatto di Erwin Schrödinger. Immaginiamo un gatto chiuso in una scatola con un dispositivo che può ucciderlo, attivato dal decadimento di un atomo radioattivo. Finché la scatola rimane chiusa, il gatto è contemporaneamente vivo e morto, esistendo in una sovrapposizione di stati. Quando un osservatore apre la scatola "costringe" la natura a rivelare una verità definita. In questa ottica, la verità non è uno stato preesistente ma emerge dal complesso gioco tra l'osservatore e il sistema osservato.

Richard Feynman, noto per la sua abilità di spiegare concetti complessi con semplicità, illustra quanto sia arduo parlare di verità in un universo in cui una particella può esistere in due stati e due luoghi allo stesso momento.

L'incontro tra fisica e percezioni paranormali.

Il concetto di non-località ha suscitato interesse anche nei campi del paranormale e della metafisica. Alcuni teorici suggeriscono che questi principi potrebbero fornire una qualche spiegazione per la telepatia o altre percezioni extrasensoriali, sebbene manchi una solida base scientifica. Sebbene attraente come connessione, la verità riconosciuta dalla comunità scientifica è che, allo stato attuale, le teorie paranormali rimangono, appunto, nel regno delle speculazioni.

La verità, nell'era quantistica, potrebbe essere meglio intesa come una rete di probabilità e interconnessioni piuttosto che un'immutabile realtà oggettiva. In questa nuova prospettiva, l'epistemologia avanza verso territori in cui la verità è più di una semplice corrispondenza con fatti oggettivi, ma un dialogo costante con il misterioso comportamento della natura stessa. Si apre così un palcoscenico in cui fisici, filosofi e anche sognatori si incontrano per reinterpretare antiche domande, sotto la luce delle nuove scoperte scientifiche.

Prospettive future e implicazioni per la conoscenza umana.

Il concetto di non-località quantistica ha spianato la strada a una rivoluzione che potrebbe ridefinire la nostra comprensione della realtà. Questa sfida all'intuizione promette di condurci verso un nuovo rinascimento del sapere, un periodo in cui le barriere tra scienza, filosofia e spiritualità potrebbero dissolversi, permettendo una fusione di conoscenze in grado di espandere l'orizzonte dell'esperienza umana.

La storia ha visto spesso momenti in cui le scoperte scientifiche hanno richiesto una revisione dei paradigmi esistenti. La relatività di Albert Einstein ne è un esempio cardine: un'idea radicale che ha trasformato le nostre concezioni di spazio e tempo. Eppure, ironicamente, è stato Einstein stesso a esprimere una delle prime critiche alla meccanica quantistica, definendo "spettrale" l'azione a distanza implicita nella non-località. Nonostante il suo scetticismo, esperimenti successivi come quelli condotti da Alain Aspect negli anni '80 hanno consolidato l'idea che le particelle possono mantenere connessioni istantanee al di là delle limitazioni spaziali.

Queste scoperte non solo mettono in discussione la fisica classica, ma aprono anche una porta a interpretazioni più speculative, suggerendo una nuova sintesi di sapere che potrebbe ispirare una rinascita spirituale in un'epoca scientifica.

Un rinascimento del genere richiede, tuttavia, una collaborazione interdisciplinare, dove fisici, filosofi e studiosi delle scienze esoteriche uniscano le forze. Il lavoro pionieristico del Princeton Engineering Anomalies Research (PEAR) lab è un esempio di come la scienza possa avventurarsi oltre i suoi confini tradizionali per esplorare fenomeni apparentemente paranormali, come l'influenza della mente sulla materia.

Nonostante lo scetticismo di figure come Richard Dawkins e James Randi, che sottolineano la necessità di rigore scientifico e l'assenza di prove convincenti per molte affermazioni paranormali, c'è chi sostiene che tali indagini potrebbero rivelare aspetti ancora sconosciuti della psiche e della realtà.

La possibilità di una nuova sintesi, in cui il mistico e il razionale convivano, potrebbe arricchire la nostra percezione della realtà in modi impronosticabili. Questa visione potrebbe implicare nuove modalità di comprensione del cosmo e della nostra posizione in esso, avvicinandosi alle intuizioni di pensatori come Maurice Merleau-Ponty, che enfatizzava l'importanza del corpo e dell'esperienza diretta come fonti di conoscenza.

Indubbiamente, il cammino verso questo nuovo rinascimento sarà disseminato di ostacoli. La scienza, per sua natura, è riluttante ad abbandonare il rigore sperimentale, e qualsiasi nuova teoria dovrà confrontarsi con il peso dell'evidenza empirica. Tuttavia, il solo fatto che stiamo esplorando queste possibilità è il segno di un innegabile fermento culturale.

Mentre guardiamo al futuro con la curiosità di esploratori audaci, l'incontro tra non-località quantistica e realtà alternative, fisiche e non-fisiche, potrebbe gettare le basi per una comprensione più completa e profonda dell'universo e dell'uomo. In un'era di connessioni istantanee, sia tecnologiche che concettuali, non è forse giunto il momento di abbracciare una visione più unificata del sapere, pronta a portare l'umanità verso nuove e più luminose albe conoscitive?

Bibliografia selezionata.

Aczel Amir D.	"Entanglement: The Greatest Mystery in Physics"	*Four Walls Eight Windows, 2001.*
Albert David Z.	"Quantum Mechanics and Experience"	*Harvard University Press, 1992.*
Aspect Alain	"Quantum \[Un]speakeables: From Bell to Quantum Information"	*Springer, 2002.*
Atmanspacher Harald & Primas Hans (Eds.)	"Complementarity: Beyond Physics"	*Springer, 2011.*
Baggott Jim	"The Quantum Story: A History in 40 Moments"	*Oxford University Press, 2013.*
Barrett Jeffrey A.	"The Quantum Mechanics of Minds and Worlds"	*Oxford University Press, 1999.*
Bohm David	"Causality and Chance in Modern Physics"	*Routledge, 1984.*
Bohm David	"Wholeness and the Implicate Order"	*Routledge, 1980.*
Bohm David & Hiley Basil J.	"The Undivided Universe: An Ontological Interpretation of Quantum Theory"	*Routledge, 1993.*
Chalmers David J.	"The Conscious Mind: In Search of a Fundamental Theory"	*Oxford University Press, 1996.*
Cho Adrian	"The Quantum Frontier: The Large Hadron Collider"	*Johns Hopkins University Press, 2009.*
Clegg Brian	"The God Effect: Quantum Entanglement, Science's Strangest Phenomenon"	*Robinson Publishing, 2006.*
Clegg Brian	"The Quantum Age: How the Physics of the Very Small has Transformed Our Lives"	*Icon Books, 2014.*
Davidson Richard J. & Begley Sharon	"The Emotional Life of Your Brain: How Its Unique Patterns Affect the Way You Think, Feel, and Live"	*Hudson Street Press, 2012.*
Davies Paul	"Other Worlds"	*Penguin Books, 1980.*
Dean Radin	"Entangled Minds: Extrasensory Experiences in a Quantum Reality"	*Pocket Books, 2006.*

Dean Radin	"Real Magic: Ancient Wisdom, Modern Science, and a Guide to the Secret Power of the Universe"	*Harmony, 2018.*
D'Espagnat Bernard	"On Physics and Philosophy"	*Princeton University Press, 2006.*
Di Biase Francisco	"Quantum Psyche: Quantum Field Theory and the Nature of Consciousness"	*CreateSpace Independent Publishing Platform, 2009.*
Dossey Larry	"The One Mind: How Our Individual Mind Is Part of a Greater Consciousness and Why It Matters"	*Hay House Inc., 2013.*
Drossel Barbara	"Quantum Theory: A Very Short Introduction"	*Oxford University Press, 2012.*
Edelman Gerald M. & Tononi Giulio	"A Universe of Consciousness: How Matter Becomes Imagination"	*Basic Books, 2000.*
Feynman Richard P.	"QED: The Strange Theory of Light and Matter"	*Princeton University Press, 1985.*
Garcia Lior Suchoi	"The Quantum World: Quantum Physics for Everyone"	*Yilin Press, 2010.*
Goswami Amit	"The Self-Aware Universe: How Consciousness Creates the Material World"	*TarcherPerigee, 1995.*
Gribbin John	"In Search of Schrödinger's Cat: Quantum Physics and Reality"	*Bantam, 1984.*
Gribbin John	"Schrödinger's Kittens and the Search for Reality: Solving the Quantum Mysteries"	*Back Bay Books, 1995.*
Grossman Wendy M.	"Quantum Clarity: Reversing Entropy in an Uncertain World"	*Quantum Publications, 2012.*
Hawking Stephen & Mlodinow Leonard	"The Grand Design"	*Bantam Books, 2010.*
Heisenberg Werner	"Physics and Philosophy: The Revolution in Modern Science"	*Harper Perennial Modern Classics, 2007.*
Herbert Nick	"Quantum Reality: Beyond the New Physics"	*Anchor Books, 1985.*
Hoffman Donald D.	"The Case Against Reality: How Evolution Hid the Truth from Our Eyes"	*W. W. Norton & Company, 2019.*

Hofstadter Douglas & Dennett Daniel	"The Mind's I: Fantasies and Reflections on Self & Soul"	*Basic Books, 1981.*
Hyman Ray	"The Elusive Quarry: A Scientific Appraisal of Psychical Research"	*Prometheus Books, 1989.*
Jahn Robert & Dunne Brenda J.	"Margins of Reality: The Role of Consciousness in the Physical World"	*Harcourt Brace Jovanovich, 1987.*
Jammer Max	"The Philosophy of Quantum Mechanics: The Interpretations of Quantum Mechanics in Historical Perspective"	*Wiley, 1974.*
Jost John T. & Banaji Mahzarin R.	"The Mind and the Quantum: Philosophy of Mind and the Quantum Gravity Hypothesis"	*Oxford University Press, 2014.*
Kafatos Menas & Nadeau Robert	"The Conscious Universe: Part and Whole in Modern Physical Theory"	*Springer, 1990.*
Kafatos, Menas	"The Conscious Universe: Parts and Wholes in Physical Reality"	*Springer, 1991*
Kak Subhash C.	"Matter and Mind: The Volume Particle Duality and its Foundations in Quantum Theory"	*Open Science Publishers, 1999.*
Kastrup, Bernardo	"Why Materialism is Baloney: How True Skeptics Know There is No Death and Fathom Answers to Life, the Universe, and Everything"	*Iff Books, 2014*
Kornwachs, Klaus and Jacquette, Dale (Eds.)	"The Problem of Quantum Reality"	*Springer, 1996*
Krauss Lawrence M.	"The Physics of Star Trek"	*Harper Perennial, 1995.*
Ladyman James & Ross Don	"Every Thing Must Go: Metaphysics Naturalized"	*Oxford University Press, 2007.*
Lanza, Robert and Berman, Bob	"Biocentrism: How Life and Consciousness are the Keys to Understanding the True Nature of the Universe"	*Benbella Books, 2009*
Laszlo, Ervin	"Science and the Akashic Field: An Integral Theory of Everything"	*Inner Traditions, 2007*

Lockwood Michael	"Mind, Brain and Quantum: The Compound 'I'"	*Blackwell Publishers, 1989.*
Lothane, Zvi	"In Defense of Schreber"	*Analytic Press, 1992*
Maharishi Mahesh Yogi	"Science of Being and Art of Living: Transcendental Meditation"	*Plume, 2001.*
McTaggart Lynne	"The Field: The Quest for the Secret Force of the Universe"	*Harper Perennial, 2008.*
Milligan Timothy F.	"The Language of the Universe: A Visual Exploration of Physical and Theoretical Concepts"	*Quantum Computation Press, 2015.*
Mitchell, Edgar	"The Way of the Explorer: An Apollo Astronaut's Journey Through the Material and Mystical Worlds"	*G. Putnam's Sons, 1996*
Mobiot, Rutherford	"Quantum Entanglement and Paranormal Phenomena"	*New Science Library, 2019*
O'Neill John	"The Energy Spectrum: From Quantum Entanglement to Consciousness and Everything In Between"	*Abbott Books, 2014.*
Orzel Chad	"How to Teach Quantum Physics to Your Dog"	*Scribner, 2009.*
Pagels Heinz R.	"The Cosmic Code: Quantum Physics as the Language of Nature"	*Dover Publications, 1982.*
Peat F. David	"Synchronicity: The Bridge Between Matter and Mind"	*Bantam, 1987.*
Penrose Roger	"The Emperor's New Mind: Concerning Computers, Minds, and the Laws of Physics"	*Oxford University Press, 1989.*
Penrose Roger	"Shadows of the Mind: A Search for the Missing Science of Consciousness"	*Oxford University Press, 1994.*
Penrose, Roger	"The Emperor's New Mind: Concerning Computers, Minds and The Laws of Physics"	*Oxford University Press, 1989*
Penrose, Roger	"Shadows of the Mind: A Search for the Missing Science of Consciousness"	*Oxford University Press, 1994*

Pirbhai, Marian	"A Theoretical View of Paranormal Realities"	*Silver Spring Press, 2008*
Polkinghorne John	"Quantum Physics and Theology: An Unexpected Kinship"	*Yale University Press, 2007.*
Popov, David	"Quantum Mysteries: Science and Paranormal Connections"	*Random House, 2018*
Prakash, S.	"Mysticism and Quantum Science"	*Sage Publishing, 2020*
Pratt Jeremy	"Entangled Realities: The Secret Life of the Quantum"	*Entangled Press, 2019.*
Putoff Harold E.	"The Ultimate Non-Locality: An Overview of the Quantum Paradigm"	*Quantum Horizon Publishing, 2006.*
Radin Dean	"The Conscious Universe: The Scientific Truth of Psychic Phenomena"	*HarperOne, 1997.*
Radin, Dean	"Entangled Minds: Extrasensory Experiences in a Quantum Reality"	*Paraview Pocket Books, 2006*
Radin, Dean	"The Conscious Universe: The Scientific Truth of Psychic Phenomena"	*HarperOne, 1997*
Radin, Dean	"Real Magic: Ancient Wisdom, Modern Science, and a Guide to the Secret Power of the Universe"	*Harmony, 2018*
Rae Alastair	"Quantum Physics: A Beginner's Guide"	*Oneworld Publications, 2005.*
Rosenblum Bruce & Kuttner Fred	"Quantum Enigma: Physics Encounters Consciousness"	*Oxford University Press, 2006.*
Rosenblum, Bruce and Kuttner, Fred	"Quantum Enigma: Physics Encounters Consciousness"	*Oxford University Press, 2006*
Rovelli Carlo	"Reality Is Not What It Seems: The Journey to Quantum Gravity"	*Riverhead Books, 2016.*
Rush, Anne	"The Art of Psychic Development: Practical Energies for Creativity in Your Life"	*Harmony Books, 1992*
Sassone Anna	"Beyond Physical Reality: Quantum Non-Locality and Its Implications for Consciousness and the Paranormal"	*Universe Publishing, 2020.*

Schlosshauer Maximilian	"Decoherence and the Quantum-To-Classical Transition"	*Springer, 2007.*
Schrödinger Erwin	"What Is Life? With Mind and Matter and Autobiographical Sketches"	*Cambridge University Press, 1992.*
Sheldrake, Rupert	"The Presence of the Past: Morphic Resonance and the Habits of Nature"	*Park Street Press, 1995*
Sheldrake, Rupert	"Science Set Free: 10 Paths to New Discovery"	*Deepak Chopra Books, 2012*
Shimony Abner	"Search for a Naturalistic World View"	*Cambridge University Press, 1993.*
Siegel Daniel J.	"Mindsight: The New Science of Personal Transformation"	*Bantam, 2010.*
Smith Quentin	"The Ontology of Time"	*Cornell University Press, 1993.*
Smolin Lee	"Three Roads to Quantum Gravity"	*Basic Books, 2001.*
Smolin Lee	"Time Reborn: From the Crisis in Physics to the Future of the Universe"	*Houghton Mifflin Harcourt, 2013.*
Stapp Henry P.	"Mind, Matter and Quantum Mechanics"	*Springer, 1993.*
Stapp, Henry P.	"Mind, Matter and Quantum Mechanics"	*Springer, 1993*
Stewart Ian	"Does God Play Dice? The New Mathematics of Chaos"	*Penguin Books, 1997.*
Strogatz Steven H.	"Sync: The Emerging Science of Spontaneous Order"	*Hyperion, 2003.*
Talbot Michael	"The Holographic Universe"	*Harper Perennial, 2011.*
Talbot, Michael	"The Holographic Universe: The Revolutionary Theory of Reality"	*Harper Perennial, 1991*
Targ, Russell and Puthoff, Harold E.	"Mind-Reach: Scientists Look at Psychic Ability"	*Delacorte Press, 1977*
Tarnas, Richard	"Cosmos and Psyche: Intimations of a New World View"	*Penguin Group, 2006*
Tegmark Max	"Our Mathematical Universe: My Quest for the Ultimate Nature of Reality"	*Vintage, 2014.*
Tipler Frank J.	"The Physics of Immortality: Modern Cosmology, God	*Doubleday, 1994.*

	and the Resurrection of the Dead"	
Toms Michael C.	"Paradigm Shift: The New Promise of Information Technology"	Gordon, 2002.
Utts, Jessica	"An Assessment of the Evidence for Psychic Functioning"	American Institutes for Research, 1995
Verlinde, Erik	"Gravity, Explained: From Quantum to Cosmos"	Cambridge Effusions, 2016
Von Lucadou, Walter	"Chance, Coincidence and Chaos: The Amazing Power of Synchronicity in the Universe"	Stuttgart University Press, 2021
Walker, Evan Harris	"The Physics of Consciousness: The Quantum Mind and the Meaning of Life"	Perseus Publishing, 2000
Wheeler, John Archibald	"Geons, Black Holes, and Quantum Foam: A Life in Physics"	W.W. Norton & Company, 1998
Wigner, Eugene	"Symmetries and Reflections: Scientific Essays"	Indiana University Press, 1967
Wolf, Fred Alan	"Taking the Quantum Leap: The New Physics for Nonscientists"	Harper & Row, 1981
Wolf, Fred Alan	"Mind into Matter: A New Alchemy of Science and Spirit"	Moment Point Press, 2001
Zohar, Danah and Marshall, Ian	"The Quantum Society: Mind, Physics and a New Social Vision"	William Morrow & Company, 1994
Zukav, Gary	"The Dancing Wu Li Masters: An Overview of the New Physics"	William Morrow Paperbacks, 1979

Bibliografia generale.

Aguirre Anthony	Zen e multiversi
Al-Khalili	La fisica del diavolo
Allen Steve	Inganni della logica
Ambesi Alberto	Il panteismo
Amir Dan Aczel	L'equazione di Dio
Amir Dan Aczel	Il mistero dell'alef
Amir Dan Aczel	Entanglement..
Anderl Sybilla	L' universo e io.
Andreoli Vittorino	L'origine della coscienza
Anthes Emily	Guida rapida per cervelloni: la mente
Arecchi Tito & Eva	I simboli e la realtà
Argentieri Niccolò	Ci sono elettroni nel mondo della vita?
Armstrong David	Che cos'è la metafisica
Asimov Isaac	L'universo invisibile
Asimov Isaac	In principio.
Asimov Isaac	Il libro della fisica
Baker Staphen	Il potere segreto dei matematici
BakerJoanne	Fisica quantistica. 50 grandi idee
Barbillini Amidei	Le domande di tutti
Barbour Julian	Il punto di Giano
Barbour Julian	La fine del tempo. Einaudi.
Barone Vincenzo	Albert Einstein. Il costruttore di universi
Barrow Tipler	Il principio antropico.
Barrow John David	Il mondo dentro il mondo
Barrow John David	Dall'Io al Cosmo
Barrow John David	L'universo come opera d'arte
Barrow John David	Il libro degli universi.
Barrow John David	L'infinito
Barrow John David	1+1 non fa (sempre) 2
Barrow John David	I numeri dell'universo
Barrow John David	Da zero a infinito ..
Barrow John David	Perché il mondo è matematico?
Barrow John David	Le Origini dell'universo
Barrow John David	Le immagini della scienza
Battiston Roberto	La prima alba del cosmo.
Beitman Bernard	I messaggi delle coincidenze.
Bellone Enrico	I corpi e le cose
Benini Arnaldo	Neurobiologia della volontà
Bergson Henri	Saggio sui dati immediati della coscienza

Berkeley George	Opere filosofiche
Bersani- Peres	Matematica proverbiale
Bersani R, Peres E.	Matematica. Corso di sopravvivenza
Berti Enrico	Storia della metafisica
Bocchi G, Ceruti M.	Origini di storie
Bodanis David	E=mc². Biografia dell'equazione che ha cambiato il mondo
Bodel-Tonelli	La nuova fisica delle particelle e i segreti dell'universo
Bogdanov Igor	Prima del Big Bang.
Bohm - Khrisnamurti	Dove il tempo finisce
Bohm - Khrisnamurti	I limiti del pensiero
Bŏhm Conrad	Le chiavi del cosmo
Bohm David	Sul dialogo
Bojowald Martin	Prima del Big Bang.
Bonaventura, Colombo, Miluzio	L' universo su misura. Viaggio nelle incredibili coincidenze cosmiche che ci permettono di essere qui
Boncinelli Edoardo	Gli enigmi del tempo
Boncinelli, Ereditato	Tutto si trasforma. Breve storia dell'energia
Bui Daniele, LeoniSilvio	Mente, cervello e coscienza.
Burgin Luc	Errori della scienza
Byung-Chul Han	Le non cose.
Cambray Joseph	Sincronicità.
Campbell, Joseph	Le distese interiori del cosmo.
Campbell, Joseph	Dee. I misteri del divino femminile
Cantalupi - Santarcangelo	Psiche e realtà
Cantucci Pierluigi	La rivoluzione dell'intelligenza artificiale
Cappelletti Valentina	Dall'ordine alle cose. Saggio su Werner Heisenberg
Capra F. Luisi P.L.	Vita e natura. Una visione sistemica.
Capra Fritjof	La scienza della vita
Capra Fritjof	Verso una nuova saggezza
Capra Fritjof	Il Tao della fisica.
Capra Fritjof	Il punto di svolta
Carlson W. Bernard	Tesla. L'inventore dell'era elettrica
Casati Roberto	La scoperta dell'ombra
Castorina Paolo	La «particella di Dio» e l'origine della massa
Cattabiani Alfredo	Planetario
Cederquist John	Le coincidenze non esistono.
Centini Massimo	Il megalisismo. Luoghi sacri e di potere
Cercato Adriana	La scatola di luce
Cesati Cassin Marco	Non siamo qui per caso.
Chalmers David	Che cos'è la coscienza?

Chalmers David	Più realtà. I mondi virtuali e i problemi della filosofia
Chandrasekhar Sub.	Verità e bellezza.
Chiaberge Riccardo	La variabile Dio
Chinnici Giorgio	Guarda caso. I meccanismi segreti del mondo quantistico
Chopra Deepak	Le coincidenze. Sperling & Kupfer.
Ciuffardi, Perissi ok	La fine della coscienza? Dalla mente bicamerale alla intelligenza artificiale
Clark Michael	I paradossi dalla A alla Z
Close Frank	Teorie del tutto
Colpi Monica	Buchi neri evanescenti
Couliano Joan	I viaggi dell'anima
Crespi Marco	L'equazione della coscienza
Currivan Jude	L'ologramma cosmico
D'Agostini (Manuali)	Illuminismo
D'Ancona Vittorino	Mitologia greca
Dal Buono Lucio	Dall'atomo all'anima.
Damasio Antonio	Emozione e coscienza
Damasio Antonio	Sentire e conoscere
Damasio Antonio	L' errore di Cartesio.
Danielsson Ulf	Il mondo in sé. La coscienza e il tutto nella fisica
Dask Mike	Al di là dei confini
Davies Paul	La mente di Dio
Davies Paul	L'universo che fugge
Davies Paul	Il cosmo intelligente
Davies Paul	Dio e la nuova fisica
Davies Paul	Come costruire una macchina del tempo
Davies Paul	Siamo soli?
Davies Paul	Gli ultimi tre minuti
Davies Paul	Sull'orlo dell'infinito.
Davies Paul	I misteri del tempo.
Dawkins Richard	L'orologiaio cieco
De Agostini	Biologia
De Crescenzo Luciano	Ordine e disordine
De Crescnzo Luciano	Il tempo e la felicità
De Santillana Giorgio Von Dechend Hertha	Il mulino di Amleto.
Dehaene Stanislas	Cervello e coscienza
Delmastro Marco	Particelle familiari. Le avventure della fisica e del bosone di Higgs.
Dennett Caruso	A ognuno quello che si merita
Dennett David	Coscienza. Che cosa è
Di Francesco Michele, Marraffa, Tomasetta	Filosofia della mente.
Dizionario Mondadori	Dizionario della saggezza orientale

Donà Massimo	Magia e filosofia
Du Sautou Marcus	L'equazione da un milione di dollari
Du Sautou Marcus	Il disordine perfetto
Du Sautou Marcus	Le teorie impossibili.
Dumezil Geoges	La religione romana arcaica
Edelmen, Tononi	Un universo di coscienza.
Einstein Albert	Albert Einstein. Relatività e nuova fisica
Einstein Albert	Pensieri, idee, opinioni
Einstein Albert	Il mondo come io lo vedo
Einsten, Infeld	L'evoluzione della fisica
Ekelan Ivar	Il caos
Ereditato Antonio	Le particelle elementari
Fabbro Franco	I fondamenti biologici della filosofia.
Fabbro Franco Astrolabio Ubaldini	Neuroscienze e spiritualità.
Facchini Fiorenzo	L'avventura dell'uomo. Caso o progetto?
Facchini Fiorenzo	Origini dell'uomo e evoluzione culturale
Faggin Federico	Silicio
Faggin Federico	Irriducibile, La coscienza, la vita, i computer e la nostra natura
Falletta Nicholas	Il libro dei paradossi
Ferrini Federico	Le onde gravitazionali. Una nuova porta sul cosmo
Ferris Timothy	L' avventura dell'universo. Da Aristotele alla teoria dei quanti.
Ferrone Vincenzo	Una scienza per l'uomo
Feynman Richard	Sei pezzi facili
Feynman Richard	QED
Feynman Richard	Il senso delle cose
Fiscaletti Davide	Il quadro olografico. Le frontiere non locali della fisica moderna
Ford Kenneth	Il mondo dei quanti.
Forno Guido	Una memoria di ferro
Fosar-Bludorf	Ipercoscienza. L'intelligenza nasosta nel DNA
Foster Charles	Noi esseri umani. 40.000 anni di storia della coscienza
Franchi E.M.	La teoria dei tipi psicologici di Carl Jung
Fraser J. T.	Il tempo: una presenza sconosciuta
Frova Andrea	Luce. Una storia da Pitagora ad oggi
Frova Andrea	Il cosmo e il Buondio. Dialogo su astronomia, evoluzione e mito
Frova Andrea	Perché accade ciò che accade
Galfard Cristophe	Come capire E=mc2
Galilei Galileo	Dialogo dei massimi sistemi
Gallippi Angelo	Federico Faggin. Il padre del microprocessore
Gamow George	Gravità

Gamow George	Nuovo Mondo di mr. Tompkins
Gamow George	Trent'anni che sconvolsero la fisica
Gamow George	Le avventure di mr. Tompkins.
Gasperini Maurizio	L' universo prima del big bang. Cosmologia e teoria delle stringhe
Gazzaniga Michael	L coscienza è un istinto.
Giacomelli Giorgio	Dal quark al big bang
Giuliodori Lucio	Tra fisica e metafisica. Alcune implicazioni filosofiche della meccanica quantistica
Giuliodori Lucio	Sul concetto di sincronicità: Jung tra psicanalisi e quantismo
Gleick James	Caos. La nascita di una nuova scienza
Goff Philip	L'errore di Galileo. Fondamenti per un nuovo studio della coscienza
Goswami Amit	Evoluzione creativa.
Goswami Amit	Guida quantica all'illuminazione.
Graves Robert	I mito greci
GrazianoMichael	Ripensare la coscienza
Grecchi Vittorio	Il campo cervello mente
Greco Pietro	L' origine dell'universo
Greene Brian	Fino alla fine del tempo.
Greene Brian	La realtà nascosta
Greene Brian	L'Universo elegante
Greene Brian	La trama del cosmo. Spazio, realtà.
Gribaudo	Simply Meccanica quantistica
Gribbn John	Dizionario enciclopedico di fisica quantistica
Guido Paolo	Da Buddha a Einstein
Hack Margherita Ferreri Cossard	Il lungo racconto dell'origine.
Hall Nina	Caos. Una scienza per il mondo reale
Hand David	Il caso non esiste.
Harner Michael	La via dello sciamano
Harrison Edward	Le maschere dell'universo
Hawking - Penrose	La natura dello spazio e del tempo
Hawking Heckler	Il grande disegno.
Hawking -Mlodinov	Dal Big Bang ai buchi neri. Breve storia dell'universo. Mondadori
Hawking Stephan	Buchi neri e universi neonati
Hawking Stephen	La teoria del tutto. Origine e destino dell'universo. Mondadori.
Hawking Stephen	La grande storia del tempo. Mondadori
Hawking Stephen	L'universo in un guscio di noce.
Hawking Stephen	Lo sguardo rivolto alle stelle
Heckler Ricchard	Coincidenze
Heidegger, Martin	Che cos'è metafisica?
Heidegger, Martin	Il concetto di tempo

Heisenberg Werner	Fisica e filosofia
Hermann Greta	Fisica e filosofia
Hertog Thomas	Sull'origine del tempo
Hillman, James	Il codice dell'anima
Hoestatder, Dennett	L'io della mente
Hope Murry	IL segreto di Sirio
Hoyle Fred	L'origine dell'universo e l'origine della religione
Humphrey Nicholas	Polvere d'anima. La magia della coscienza
Hunter Tobias	Una nuova idea del mondo
Hurter Tobias	Una nuova idea del mondo
Jaffè Aniela	Sogni, profezie, apparizioni
James William	Esiste la "coscienza?
Jauch J. M.	Sulla realtà dei quanti
Jaynes Julian	La natura diacronica della coscienza
Jaynes Julian	Il crollo della mente bicamerale.
Johnson Steven	Dove nascono le grandi idee.
Joseph Frank	Il potere delle coincidenze.
Jou David	Riscrivere la Genesi.
Jung Carl	Psicologia dell'inconscio
Jung Carl	Esperienza e mistero
Jung Carl	Animus e anima
Jung Carl	Jung parla Interviste e incontri
Jung Carl	Il libro rosso. Liber novus.
Jung Carl	L'analisi dei sogni.
Jung Carl	La dimensione psichica
Jung Carl	L'uomo e i suoi simboli
Jung Carl	L'io e l'inconscio
Jung Carl	Tipi psicologici
Jung Carl	Ricordi sogni e riflessioni.
Kaku Michio	L'equazione divina
Kaku Michio	Il futuro dell'umanità
Kaku Michio	Iperspazio
Kane Gordon	Il giardino delle particelle elementari.
Kinnebriock Werner	Dove va il tempo che passa.
Kippenhahn Rudolf	Cosmologia da tasca.
Koch Christof	Sentirsi vivi
Koch Christof	Una coscienza. Confessioni di uno scienziato romantico
Koch Christof ok	La ricerca della coscienza
Kornelius Martin	Einstein Light
Kosko Bart	Il fuzzy-pensiero
Krauss Lawrence	Il cuore oscuro dell'universo. Alla ricerca della «Quinta essenza
Krauss Lawrence	L'Universo dal nulla
Kumar Manjit	Quantum. Da Einstein a Bohr, una nuova idea della realtà.

Kundera Milan	L'immortalità
Lalumera Elisabetta	Cosa sono i concetti
Lambert Karel, G. Gordon	Introduzione alla filosofia della scienza
Lanternari Vittorio	Religione magia e droga
Lanza R. + Herman	Biocentrismo
Lanza Robert	Il grande disegno biocentrico
Lanza Robert	Oltre il biocentrismo
Lederman -Hill	Fisica quantistica per poeti
LeDoux Joseph	Lunga storia di noi stessi
Ledoux Joseph	Il cervello emotivo
Licata Ignazio	Osservando la Sfinge.
Linden David J.	La bussola del piacere.
Lindley David	La luna di Einstein
Lipton Bruce	La biologia delle credenze
Livio Mario	La sezione aurea.
Lu Tung-pin	Il segreto del fiore d'oro
Magrini Marco	Cervello. Manuale dell'utente.
Marchesi Fabio	La fisica dell'anima
Marchesi Fabio	Exotropia
Marchi Vittorio	La scienza dell'Uno. Chiave dell'universo nascosto
Marconi Momolina	Preludio alla storia delle religioni
Marletto Chiara	La scienza dell'impossibile. Alla ricerca delle nuove leggi della fisica
Marraffa Massimo	Percezione, pensiero, coscienza
Mastrogiovanni G.	Un'introduzione elementare alla fisica quantistica
Mavaldi Marco	Le due teste del tiranno.
Mc Taggart Lynne	The Bond. Il legame quantico
Mc Taggart Lynne	La forza segreta dell'universo.
McAll Kenneth	Fino all radici
Mecacci Luciano	Identikit del cervello
Michell John	Astroarcheologia
Miramonti Reseghetti	Neutrino. La particella fantasma
Morowitz Harold	La nascita di ogni cosa
Mortier Roland	Impostori e creduloni nel secolo dei lumi
Motterlini Matteo	Trappole mentali.
Mugnos Sabrina	L'universo che pensa
Mullis Kary	Ballano nudi nel campo della mente
Musso Paolo	La scienza e l'idea di ragione....
Nagel Thomas	Una brevissima introduzione alla filosofia
Neumann Erich	Storia delle origini della coscienza
Nicolau Fausta	Costellazioni
Noe Alva	Perché non siamo il nostro cervello
Northoff Georg	Il codice del tempo. Cervello, mente e coscienza
O'Keane Veronica	Il bazar della memoria.

O'Regan J. Kevin	Perché i colori non suonano. Una nuova teoria della coscienza
Odifreddi Piergiorgio	Una via di fuga.
Oliverio Alberto	Dove ci porta la scienza
Ortoli - Pharabod	Metafisica quantistica
Pacori Marco	I segreti del linguaggio del corpo
Palazzi Pablo	La grande illusione
Palmarini e altri	Musica, luce, colori, la nuova energia
PanekRichard	Il secolo invisibile
Paolelli Ermanno	Neuro-quantistica. La nuova frontiera delle neuroscienze
Parigi Silvia	Magia e scienza nell'età moderna
Paris Giorgio	In un volo di storni. Le meraviglie dei sistemi complessi
Pauli Wolfgang	Psiche e natura
Pearson Carol S.	L'eroe dentro di noi
Peat David	Sincronicità. Un connubio tra materia e psiche.
Peat David	I sentieri del caso
Pecere Paolo	La natura della mente
Peiretti Federico	Il matematico si diverte.
Pellegrini Massimo	Fisica quantistica per principianti
Penrose Roger	La strada che porta alla realtà
Penrose Roger	L'Universo è ancora un segreto
Penrose Roger	La mente nuova dell'imperatore
Perconti Pietro	Coscienza. Lessico filosofico
Piazza Manuela – Pavani F.	Le neuroscienze cognitive
Pim van Lommel	Coscienza oltre la vita
Pizzuti Marco	Dall'uomo 2.0 alla matrice universale della coscienza.
Platone	Tutte le opere
Poli Eric Francesca	Anatomia della coscienza quantica
Polkinghorne John	Teoria dei quanti
Popper Karl	L'Io e il suo cervello
Poretti Giacomo	Un allegro sconcerto
Powell Arthur	Il corpo astrale e relativi fenomeni
Prattico Franco	Dal caos… alla coscienza
Privitera Agata	MBT La teoria di Myers-Briggs e le 16 personalità
Proietti Massimiliano	Relazioni cosmiche…Universo partecipatorio
Proverbio Edoardo	Archeoastronomia
Radin Dean	Menti interconnesse.
Randall Lisa	Passaggi curvi.
Ranucci Stefano	Fisica dell'altro mondo.
Reda Giuseppe	L'energia e le sue forme di esistenza
Reeves Hubert	L' evoluzione cosmica
Regge Tullio	Infinito

Renn Jurgen	L'evoluzione della conoscenza
Rey Olivier	Itinerari dello smarrimento.
Rezzolla Luciano	L' irresistibile attrazione della gravità.
Rhine Louisa	Psicocinesi. La mente domina la materia.
Richet Pascal	Una storia naturale del tempo
Romano Giuliano	Archeoastronomia italiana
Romano Giuliano	Orientamenti ad sidera
Rosati Giancarlo	Coscienza cosmica. Percorso verso l'illuminazione
Rossanese Emanuele	Che cos'è una particella
Rossi Daniela	Materia che sogna
Roth Reme	I cercatori di Dio
Rovelli Carlo	Buchi bianchi
Rowan Robinson	I nove numeri del cosmo.
Rucker Rudy	La quarta dimensione.
Russel Bertrand	Dizionario di logica fisica e morale
Russo Michele	La vita è un "caso" della materia?
Sacks Oliver	Il fiume della coscienza
Saggio Isabella	L'età, se esiste
Sale Musio Carla	Comunicare con chi non ha più un corpo
Salerno Vincenzo	Gli enigmi del cervello cosciente.
Salvati Marco	I neuroni di Dio
Santamaria Giando	ChatGPT revolution
Savoldi, Ceroni, Vanzago	La coscienza. Contributi per specialisti e non specialisti.
Schumacher Ernst	Una guida per i perplessi
Searle John	La mente
Searle John	Il mistero della coscienza
Serra Pietro	Dall'anima alla coscienza. Una incursione nelle pieghe della mente
Seth Anil	Come il cervello crea la nostra coscienza
Severino Emanuele	La filosofia antica
Shapira Haim	Lezioni sull'infinito
Sheldrake Rupert	La presenza del passato
Sheldrake Rupert	Le illusioni della scienza.
Sheldrake Rupert	La mente estesa.
Siegfried Tom	Il numero dei cieli. Una storia del multiverso e della ricerca per comprendere il cosmo
Sigman Mariano	La vita segreta della mente. Come funziona il nostro cervello quando pensa, sente, decide
Singer Charles	Breve storia del pensiero scientifico
Sissa ISAS laboratori	Caos e complessità
Solms Mark	La fonte nascosta. Un viaggio alle origini della coscienza
Sorensen Roy	La stanza delle meraviglie filosofiche

Sparzani e Panepucci	Jung e Pauli. Il carteggio originale:
Spilli (Manuali)	L'illuminismo
Stanzani Maserati	Coscienza e significato
Stapp Henry	Quantum Theory and Free Will. Springer International Publishing.
Stapp Henry	Mindful Universe
Stapp Henry	Mind, matter and quantum mechaniscs
Styer Daniel	Capire davvero la relatività. Alla scoperta della teoria di Einstein
Suenens Jozef	Il riposo nello Spirito
Sun-Tzu	L'arte della guerra
Surace Graziano	Il Quanto di sfida
Surprise Kirby	Sincronicità. Capire e utilizzare le coincidenze significative
Tagliagambe Malinc	Jung e il libro rosso: il Sé e il sacrificio dell'Io. Moretti & Vitali.
Tagliagambe Malinc.	Pauli e Jung. Un confronto su materia e psiche. Raffaello Cortina Editore.
Tagliagambe Silvano	Lo sguardo e l'ombra
Tagliagambe, Desideri, Vitiello, Pieri	Mente, cervello, ambiente: questioni
Teilhard de Chardin	L'avvenire dell'uomo
Teilhard de Chardin	Il fenomeno umano
Teillard De Chardin	Le singolarità della specie umana
Teillard De Chardin	Il posto dell'Uomo nella Natura
Teodorani Massimo	L'atomo e le particelle elementari. Macro Edizioni
Teodorani Massimo	Sincronicità. Il legame tra fisica e psiche. Da Pauli a Jung a Chopra. Macro Edizioni.
Teodorani Massimo	Tesla. Lampo di genio
Teodorani Massimo	Raccontare l'universo. Introduzione divulgativa all'astrofisica
Teodorani Massimo	La mente creatrice. Dall'universo fisico alla vita intelligente. Macro Edizioni.
Teodorani Massimo	Entanglement. L'intreccio nel mondo quantistico: dalle particelle alla coscienza.
Teodorani Massimo	Bohm. La fisica dell'infinito. Macro Edizioni
Teodorani Massimo	I grandi numeri celesti
Teodorani Massimo	Teletrasporto
Tesla Nicola	Le mie invenzioni. L'autobiografia di un genio
Tesla Nikola	Sull'incremento dell'energia umana
Tipler Frank	The physics of immortality. Doubleday.
Tonelli Guido	Materia. La magnifica illusione
Tonelli Guido	La nascita perfetta delle cose
Tonelli Guido	Tempo. Il sogno i uccidere Chronos
Toni Paolo	Scintille matematiche. Giochi e gare di creatività e logica
Tononi Edelman	Un universo di coscienza

Tononi Giuio	PHI Un viaggio dal cervello all'anima
Tutto (De Agostini)	Illuminismo
Vaas Rudiger	Hawking. Universo, spazio, tempo
Vassallo Nicla	Filosofie delle scienze
Vidali Paolo	Storia dell'idea di natura. Dal pensiero greco alla coscienza dell'antropocene
Vincenzi Lorenzo	Illuminismo.
Von Franz Marie-Louise	Psiche e materia
Von Franz Marie-Louise	Le fiabe interpretate
Von Franz Marie-Louise	Divinazione e sincronicità. Psicologia delle coincidenze significative
Von Franz Marie-Louise-ok	Tipologia psicologica. Le funzioni della coscienza: pensiero e sentimento, intuizione e sensazione
White John	L'incontro tra scienza e spirito.
Widmann Claudio	Sincronicità e coincidenze significative.
Widmann Claudio	Introduzione alla sincronicità. Edizioni Magi.
Wiener Anna	La valle oscura
Wigner Eugene	L'irragionevole efficaci della matematica nelle scienze naturali
Wilber Ken	Questioni quantistiche
Wilson Edward	L'armonia meravigliosa
Wolf Andrea	Il passaggio di Venere
Wolf Fred	Anelli temporali e torsioni spaziali.
Zeilinger Anton	Il velo di Einstein
Zeilinger Anton	La danza dei fotoni
Zichichi Antonino	L' irresistibile fascino del tempo.
Zichichi Antonino	L'infinito
Zolla Elemire	Archetipi. Aure. Verità segrete. Dioniso errante
Zoppi Giorgio	Cosmologia a sei livelli di difficoltà
Zukav Gary	La danza dei maestri Wu Li
Zukav Gary	Storie dell'anima. Storie vere che possono cambiare la vita

Bruno Del Medico, blogger, scrittore, editore, specializzato nella divulgazione di temi legati alla attualità sociale e alle nuove frontiere della scienza. È autore di molte pubblicazioni, tra cui una collana specializzata su fisica e metafisica quantistica.

\# entanglement quantistico, fisica quantistica, non-località quantistica, fenomeni paranormali, telepatia, poteri psichici, lettura del pensiero